思想與人物

林毓生　著

目次

三

四

自序

這部《思想與人物》主要是收輯了我自一九七五年以來陸續用中文撰寫的不同類型的文字，以及與幾位青年朋友合譯的原用英文發表的論文。一九七五年以前我只寫過兩、三篇當時必須寫的文章，在這裡也一併收入。談起用中文撰文的因緣，不能不提到一段往事。一九七四年年底，我與家人藉著一個難得的機會，重返闊別了十年的台灣，我計劃在半年裡做一些研究，並重返母校教一點書。過了農曆年節，尚未回臺大歷史系講授「思想史方法論」之前，知道友人余英時先生那時剛巧也在台北，我去看他，他談到我們旅美的人文學者應該撥出一部分時間用中文撰文，並特別強調這種工作的重要性。他一再鼓勵我也要努力一試，當時甚感其盛意，心中頗為所動。開始授課之後，又剛巧遇到一批奮發有為的青年朋友。在台灣種種不良的社會與文化風氣籠罩之下，這批純潔的青年居然無動於衷；從他們的身上，我重新燃起了對台灣的關懷，也重新更具體地看到了中國文化前途的曙光。這批青年大都極為關心中國文化的未來，並誠懇地企盼著能夠獲得更正確的思想取向、更精密的思想方式、與更豐實的思想內容。我受了他們對於思想問題的重視的鼓勵，覺得應該把自己歷年來的思索所得儘量明晰地、周延地提出來與他們以及別的中文讀者一起來切磋，這樣也許可能對中國文化未來的發展產生一點直接的影響。

在我自己的思想的成長過程中，一九七五年也是一個分水嶺。在這之前，我的工作的重點主要可分為兩個方面：一方面，我曾盡力去了解西方自由主義的歷史發展與理論根據，以及繁富的自由人文主義傳統所肯定的價值與理念；另一方面，我也曾盡力建立一個比較思想史的基礎，希望站在這個基礎上能夠應用分析思想史的方法，探討多年來一個一直困擾著我的問題：「為什麼在中國實現多元化的自由主義是那麼艱難？」可是，因為個人能力有限，而承受的文化也帶來了不少阻力；另外，也因為這兩方面工作的本身的確並非易事；我在國外困思、苦讀，從最初漫無頭緒到後來能夠整理出一些條理來並逐漸形成一套比較有系統的看法的過程，足足花了十四年的歲月。在這兩方面的工作交互為用的情況下，我在一九七四年返台之前完成了探討五四激烈反傳統主義的成因、內容與涵義的英文著作（*The Crisis of Chinese Consciousness*）的初稿。根據這部著作所提出的、及其衍生涵義所提供的觀點，我心中產生了對於五四以來在中國占有勢力的一些思想與風氣的來源的看法，以及面對未來，中國思想與文化應該往何處去的意見。有了這些看法與意見，自己也自然有主動表達出來的意願。就這樣，我開始在一九七五年用中文撰文。

回想自一九六〇年負笈來美以來，其間有許多年對中國現實的許多方面，甚感失望，以致變得很是消極——自覺無論個人如何努力，將來終究不會發生多大作用；個人只能在純學術的範圍之內做一點研究工作。可是，即使在最悲觀的時候，卻總不能忘懷自己同胞的苦難，也總不能不想到中國民族的未來。同胞的苦難與民族的未來需要大家關心，從各方面謀求解救與發展，所以每個人（當然包括我自己在內）都需站在個人的崗位上，盡一己之力；而這一念不能忘卻的心情，在十四年後導使我藉著外緣與內在思想發展之間相互激盪所產生的刺激，發為文章——現在看來，毋寧是一樁極為自然之事。但，用中文撰述我希望表達的看法與意見，真是談何容易！這種工作不但要把新的理念引進到中文世界裡來，而且要把產生與論析這些理念的思想方式引進到中文世界裡來。我在撰寫本書各文時，於文字層面曾遭遇到許多困難，這些困難只能慢慢地克服，再加上我的其他工作很是忙碌，所以每年只能寫成兩三篇，成績是很有限的。

中文是世界上最優美的文字之一，它特別能夠表達具體的感情與豐富的意象，所以它特別適合抒情。有人說，中國文化是詩的文化，中國民族是重情的民族，如只看這句話所要表達的重點所在，它不是沒有道理的。這裡「詩」的意思主要是指抒情詩。同時，中文也特別適合用來激發情感或情緒，無論動之以義憤，動之以憐憫，或動之以仇恨，以中文為文都是很有效的。但如果希望用中文表達比較曲折、精密、處處要加以限定的（qualified）論式，這種工作雖然並不是不可能，但作文的人可就苦字臨頭了。在人類學與語言學界，有些人認為一個民族的思想性質決定於它的語言與文字。我是不同意這種語言與文字命定論的，何況中文是往前演進的自然語言。我覺得無論論式是如何繁複、需要引進中文世界的理念是如何生疏，只要作者自己先想清楚了、先消化了，而且在遇到困難的時候並不洩氣，他終究可以把他的看法與意見明晰而周延地表達出來。本書所收各篇文字，行文力求避免俗套與沒有必要的成語，以免讀者產生無關的聯想。我在看清樣的時候，又曾花了三個禮拜的時間仔細校正過一次，希望儘量能使一般讀者於本書各文都可順暢地看下去。

下面我想對書中所採用的基本取向與書中內容的基本涵義做一點扼要的說明。基本上，本書所提出的是一些有關中國思想現代化的意見。這項工作在於引進有用的西方理念與思想方式而不被其所蔽。我肯定了五四運動所揭櫫的自由、理性、法治與民主的目標。但，我卻對五四思想的實質內容與思想方式的許多方面做了嚴格的批評。我在本書探討了作為五四思想基調的全盤性反傳統主義[1]的歷史淵源，指出許多五四人物雖然主觀上自覺地極力要攻擊中國的傳統，但事實上，他們卻未能從傳統一元論的思想方式的影響中解放出來，以致犯了許多形式主義的謬誤。我們從歷史的觀點知道，許多五四人物的內在限制有客觀的因素在，他們思想的膚淺與錯誤，雖然不能完全化約或歸咎到客觀的環境或時代的影響——因為我不是一個絕對的歷史主義者（absolute historicist），但了解了客觀的因素可使我們對五四人物不必深責。不過，我們站在關懷未來思想與文化發展的立場，卻需對五四思想中某些至今仍占勢力的部分加以嚴格的批評，以免重複其錯誤，以便使它們不再在中國發生惡劣的影響。我一方面主張對五四人物不必過分深責，另一方面又主張對之做嚴格的批評，這兩個立場看來似很矛盾，實際上並不矛盾，而且都是必要的。因為兩者的層次不同，前者是歷史的層次，後者是思想的層次。從歷史的層次來看，我們可以對五四人物內在的限制與受了五四的影響到現在仍然呈現在文化界與思想界的許多混淆加以說明。這樣可以對我們的處境有一些客觀的了解。但，另一方面，站在關懷未來中國思想發展的立場來說：當我們對五四思想的實際內容做了合理的批評以後，我們才易不受其影響，然後才能自由地為繼續作為我們的理想的五四目標而奮鬥。

所以，本書採取的觀點是：邁出五四以光大五四。在這方面的工作，我們除了對五四思潮需做一番歷史的了解與分析的批評以外，更需超越五四時代對自由、理性、法治與民主的口號式的了解的層次，進而掌握這些理念的實質內容與它們之間的相互關係。本書對這些現代國民均應明瞭的基本理念曾盡力加以切實的說明。另外，我們必須重新界定中國人文傳統的優美質素的現代意義，在這方面，我做的很不夠，只在論述鍾理和先生一生所表現的中國人文精神的那篇文字中，做了一些簡要的說明。（我曾在一篇英文論文中根據「仁」的哲學，對儒家道德

1 Totalistic antitraditionalism or totalistic iconoclasm 我在以前的文字中有時直譯為「整體性反傳統主義」或意譯為「全盤性反傳統主義」。現在看來以意譯的方式在中文中表達我的原意比直譯為佳。這個名詞在本書各文中，未能劃一，謹此致歉。今後讀者如需引用，盼能一律使用我意譯的名詞。

自主性的觀念做了一些闡釋，可惜此文中譯，尚未完成。）希望今後能夠在這方面多做努力，也希望關心中國文化未來的朋友們一起努力。

從純正自由主義的觀點來看，維持社會與文化的穩定而又同時促進社會與文化的進步（易言之，維護與滋養自由的）最重要的條件之一是一個豐富而有生機的傳統。懷海德（A. N. Whitehead）曾說：「生命有要求原創的衝動，但社會與文化必須穩定到能夠使追求原創的冒險得到滋養；如此，這種冒險才能開花結果而不至於變成沒有導向的混亂。」（這句話在本書正文頁一一四亦曾引用。）有生機的傳統對於維護自由與促導進步的重要性是懷海德、博蘭霓、海耶克——這三位二十世紀傑出而深刻的思想家——共同的識見，也是歷代純正自由主義思想家所公認的。可是，二十世紀中國思潮的主流卻偏偏是：一方面企盼與要求自由、理性、法治與民主的實現與發展，另一方面則是激烈反傳統主義的興起與氾濫。（這兩方面當然都有強有力的客觀因素在；只就反傳統的激烈性而言，我們的傳統在西潮東漸之時，已經相當僵固，其僵固性促進了後來反傳統運動的激烈性。）這是中國近代與現代思想發展的最大矛盾之一，也是過去中國自由主義內在的最大困擾之一。從本書所提出的分析的觀點來看，我們知道：自由、理性、法治與民主不能經由打倒傳統而獲得，只能在傳統經由創造的轉化而逐漸建立起一個新的、有生機的傳統的時候才能逐漸獲得。這是中國知識分子當前最重大的課題，這也是本書不厭其煩地多次提出這個目標，並試著探討其進行步驟的主因。這項艱鉅的工作是急不來的，必須以深思與篤實的態度進行才能奏效。這也是我多次提倡「比慢精神」的主因。（比慢不是比懶，是在心情不受外界干擾的情況下，用適合自己的速度，走自己所要走的路。）

本書是散篇文字的結集，各文撰寫的時間不同，文體未能劃一（有的是講演稿改寫的，有的是學術論文，有的是校正與增訂過的訪問稿，有的是議論文字），內容也難免有重複之處，尚望讀者勿做求全的責備。既然是散篇的結集，讀者自然不一定要按照編定的順序閱讀，儘可自由地根據自己的興趣選閱。不過，初看我的文字的讀者，也許先看本書的第五部分，比較合適。另外，初看我的文字的讀者，如發現本書的文字與句法不夠淺易，但卻仍有興趣看下去的話，我私心希望書中幾處在不同脈絡中出現的重複可以提供一些「緩衝地帶」，這樣也許能夠幫助這些讀者徹底了解書中的許多論式。

本書的次序，不是根據各文發表的時間之先後編定的，大致是根據篇章的性質編定的。為了幫助一般讀者選讀的便利，我簡略地說明一下各部分篇章的論旨：第一部分是由四篇理論性的文字組成。其中三篇是論析自由主義所肯定的幾項重要理念與價值以及它們之間相互的關係。另外一篇則是討論有關中國人文重建的種種。希望這四篇文字能在理論的層次上與論說的轉折上使中國自由主義往前推進一步。第五部分的「論民主與法治的關係」，也應收在這裡。那篇文字是今年二月才寫成的，當時書稿已經發排，所以只能放在正文的最後。第二部分包括三篇論析五四激烈反傳統主義的歷史成因與涵義以及與其有關的一部分道德保守主義的歷史困境的英文論文的中譯。第三部分有四份內容不同的訪問稿與一篇論及台灣當前文化發展的短文。另外一篇是以一個具體的實例說明人文學科與社會科學的研究院教育不可或缺的精讀原典的種種。第四部分包括四篇文字。頭兩篇論述先師殷海光先生的志業與他的未竟志業的現階段應有的進展。後兩篇則是介紹海耶克先生的行誼與風格，並對他這樣一類具有原創力的思想家的頭腦運作方式，做了一些說明。第五部分包括兩篇論析我所敬佩的兩位文藝作家的人文精神，與他們的創作在思想上的意義。另一篇是為新生代政治人物而作。我希望他們能夠根據「責任倫理」的原則從泛道德主義與激動的情緒中得到觀念的解放，進而突破過去處世行事的局限，使中國自由主義在政治層面獲得實質的進展。（至於新生代政治人物是否能夠了解與力行此文所論析的原則，那要看他們的氣度、能力與智慧了。）另一篇是我對幾位當代新儒家的一些簡要的看法。本書附錄收存了四篇不同性質的文字。第一篇是史華慈先生與我的中英文對照的「對話錄」，檢討了一些二十世紀中國思想、文化與政治的問題。第二篇是殷海光先生與我的「書信錄」代序。這篇文字除了談到一些有關的事情以外，在正文與注釋中特別說明了我現在的思想與殷先生的思想在內容與論式方面已頗有不同以及這些不同的來由；當然，在基本方向與大原則方面仍是一致的。（在繼續堅持殷先生所提出的大方向與大原則的前提之下，我覺得我現在與殷先生的差異毋寧是在先師的自由精神薰陶之下的自然發展。這也許是自由學派與一些別的學派的基本不同之一。）最後兩篇是我在大學時代跟隨殷先生讀書的時候所作的翻譯。第一篇曾經殷先生細心校改過。收錄在這裡，一方面做一個紀念，另一方面做一個比照：希望看過本書前面各文的讀者能夠察覺到我現在所主張的自由主義，在內容與論式上與羅素所講的那些粗枝大葉與相當武斷的看法的不同之處。

本書各文得以撰成，多承去年故世的徐復觀先生，與周德偉先生、夏道平先生、夏志清先生、余英時先生、張亨先生、韋政通先生、沈君山先生、李歐梵先生、陳宏正先生、高信疆先生、王慶麟先生、鄭淑敏女士，以及許多識與不識的讀者的督促與鼓勵，封面又承臺靜農先生惠賜題簽，謹此敬致謝忱。過去在聯經公司任職的陳秀芳小姐為了此書，多年來與我保持連繫，可惜我未能在她離職去日之前脫稿，但後來繼任的林載爵先生則以同樣的熱忱照顧本書的編排與出版，聯經公司負責人多年來容忍我的遲延，這都是我非常感念的。本書各文最初多由內子宋祖錦女士清抄後才寄出發表的，這些年來如無她對我的工作無條件的支持與協助，我是無法進行的，本書也就不可能出版，我在這裡向她敬致衷心的感謝。

林毓生序於北美旅次

一九八三年五月二十六日

中國人文的重建

「中國人文的重建」這個題目可以從很多觀點來談：可以從很籠統的觀點來談，可以從知識論的觀點來談，也可以從歷史的觀點來談。我今天不想從艱深的知識論的觀點來談，我想先從結論談起。本來我想用論式的（argumentative）方式，一點一點的討論與證明我的看法；但現在我想先把我的結論講出來，然後再談為什麼我會有這樣的結論。

什麼是人文？

首先，什麼是「人文」？我們關於人文研究的種種，呈現著非常混亂的現象。什麼是「人文」許多人都沒弄清楚，甚至有人把「人文學科」（humanities）叫做「人文科學」，好像不加「科學」兩個字就不覺得這種學問值得研究似的。我認為「人文學科」絕對不能把它叫做「人文科學」。當然，名詞上的纏繞也不一定就是那麼重要；但，如果我們可以使用一個比較恰當的名詞來指謂我們所要指謂的東西，那麼我們就應該放棄那個比較不恰當的名詞。事實上，「人文學科」與「科學」是有很大差別的。那麼，究竟什麼是「人文」呢？為什麼有的人——當然不是每個人——願意研究「人文」裡面的一些學問，而不願把「人文學科」稱做「人文科學」呢？簡單地說，答案如下：因為我們是「人」而不是「機器」。因為是「人」，所以有特別對自己的要求；因為我們是人，所以要肯定人的價值，找尋人的意義。可是用什麼辦法來找尋人的意義，用什麼辦法來說明「人」有意義呢？

假如有人問這個問題的話，我的第一個答覆就是：「因為我們想找尋人的意義，所以要找尋人的意義。」為什麼這麼說呢？要解釋這一點，我可以用一個例子來說明。大家都知道柏拉圖寫了許多「對話錄」。其中有一篇叫做〈米諾〉（Meno），是記述米諾與蘇格拉底的對話。在這篇「對話錄」裡有一段交談的大意如下：蘇格拉底說他不知道道德的意義是什麼，因此，他要找尋道德的意義。他常常到市場裡去找些年輕人問：「你們活著為了什麼？」有的年輕人就開始回答他的問題，蘇格拉底然後繼續問下去，等到年輕人沒有話講的時候，他就再找另一個人問，這就是西方最有名的蘇格拉底的教學方法。但是，米諾卻反問蘇格拉底：「你是不是在找尋人生的意義呢？」蘇格拉底說：「對，我是在找尋人生的意義。」米諾問：「你現在是否已經找到了人生的意義？」蘇格拉底說：「我還沒有找到人生的意義，我正在找尋人生意義的過程當中，我希望能找到人生的意義。」米諾說：「你既然還沒有找到人生的意義，只是在過程當中，那麼你如何能找到人生的意義？假若有一天有人告訴你人生的意義究竟是什麼，而他的答案是正確的，可是你如何曉得他的答案是正確的呢？你用什麼標準來衡量，來鑑別那是正確的答案呢？」這個問題是柏拉圖《對話錄》裡最重要的問題。這個問題的涵義（implications）的探討在西方思想界起承轉合幾千年，有時候高，有時候低，最近幾十年由於博蘭霓（Michael Polanyi）的哲學的工作，又重新發揚起來。這個問題的細節牽涉到非常複雜的知識論的問題，今天在這個場合不適合一點一滴地用論式的方法予以細緻的解釋；不過，這個問題所涉及之確切涵義是很重要的，可以簡單地提示出來。

當我們想找尋人生意義的時候，這找尋的本身已經蘊涵了人生有意義；要不然，假定人生沒有意義，為什麼還去找尋呢？換句話說，這個找尋的活動已經蘊涵了對人生意義的肯定，這是第一點。其次，這種找尋的活動已經蘊涵我們已經得知了一個方向，我們雖然不一定對於人生的意義已經有了精確的了解，但我們已經有了方向，所以當你覺得人生應該有意義，或者在你找尋人生意義的時候，事實上已經蘊涵你已經對人生的意義加以肯定了，而且已經相當地知道人生意義的方向。易言之，當你找尋人生意義的時候，已經「知道」人生有意義了。要不然，沒有辦法找尋，也無從找尋起。假若這個觀點是正確的，則「人文學科」所關心的問題，基本上是無法用「科學方法」、或是一般人所了解的「社會科學」來解答的；雖然，社會科學的成果可以作為「人文學科」工作人員的參考。什麼是「社會科學」呢？社會科學也與人有關係，但是觀點不一樣；社會科學所關心的是人的社會，是關心人際關係的一種學問，是要了解一群人集合在一起的時候，在什麼規律，什麼秩序之下大家容易生活在一起；在什麼情況之下，不容易產生秩序，大家不容易生活在一起。這種學問與追尋人生意義的學問或創造活動是非常不同的。換句話說，社會科學所關心的是人類活動的「功能」（functions）與「功效」（effects）（有人說，社會科學也關心「價值」〔value〕；但，實際上，這種「價值」也只是「功能」而已），所以社會科學並不觸及人類活動本身的意義，因此用社會科學的方法來找尋人生的意義，是辦不到的。那麼，什麼學科和創造活動與找尋人生的意義有直接的關係呢？哲學、文學、注重人文學科方面的史學、宗教、藝術（包括音樂、舞蹈、雕刻、繪畫等等）的研究與創造活動，才是與找尋人生意義有密切關係的活動。

當我們對於上述各種人文學科進行研究或在人文的領域內進行創造活動的時候，我們應該採取什麼樣的態度和用什麼樣的方法來進行呢？換句話說，我們用什麼態度與方法才能使這種活動比較豐富，比較有成果？

中國人文內在的危機：權威的失落

在討論這個問題以前，我想先談談我們現在所處的環境。對我們的環境我們應該有一個歷史的了解，這樣，對我們所願意進行的各種活動容易產生比較有效的辦法。我想很少人會不同意我下面這個看法：我們的「人文」實在是處於極嚴重的危機之中；而這個危機是雙重的，它有內在的一面，也有外在的一面。內在的危機方面甚多，現在我想特別討論一點，也是比較主要的一點，那就是「權威的失落」。

「人文學科」的工作必須根據權威才能進行，不能任憑自己進行，如果一切皆由自己從頭做起，那只得退回「周口店的時代」。（這裡所謂的權威是指真正具有權威性的或實質的權威〔authoritative or substantive autbority〕而言，不是指強制的或形式的「權威」〔authoritarian or formal authority〕而言。）我可舉一個例子來說明：譬如你現在對文學特別有興趣，你想做一個文學家，做一個小說家或詩人，或做一個研究文學的學者。那麼，你如何開始呢？如何進行呢？首要之務就是：必須服從你所心悅誠服的權威，如果你不根據權威來進行，就根本沒有辦法起步。首先，你必須先服從語言的權威，這在美國就有很大的困難。（我所接觸到的美國的各種現象和我所接觸到的國內的各種現象有許多相似的地方，也有許多彼此非常不一樣的地方。美國現在有一個很大的危機，就是很多年輕人不會英文，現在一般美國大學幾乎有百分之二、三十的學生連情書都不會寫，因為他們不知道該怎樣寫，每一句話裡都有文法錯誤，而且他們腦筋裡沒有什麼語彙，只會幾句口頭上說的話，稍微要表示一點自己意思的時候，就會犯文法的錯誤。為什麼會這樣呢？原因很複雜，諸如美國人反對學校裡教文法，對「進步的觀念」很是誤解，以及電視的影響等等。）一個人如要寫文章，一定要能駕馭語言，那麼語言才能做很好的工具。如何使語言成為很好的工具呢？第一，要相信你底語言是對的；第二要服從對這種語言有重要貢獻的人的權威性。以寫中國舊詩為例，你必須承認李白、杜甫寫得好，晚唐的李賀雖然有些問題，但也不失他的權威性。服從了某些權威，根據這些權威才易開始你的寫作。假如像美國一些年輕人那樣，連文法都不相信的話，那麼起步都不能，當然做不了詩人了。假如你要寫小說，就必須學習如何寫小說。我們中國人特別聰明，有些在高中的少年，經過兩、三年的努力和老師的啟發，就可以駕馭我們非常困難的語言，就可以寫出很漂亮的中文來。但是，他們卻遇到一個問題，就是作品沒有什麼內容，寫來寫去還是那幾句很漂亮的話。很可惜的是，一些成名的作家卻一直停留在這種青春期。為什麼呢？因為他們從來沒有服從過深厚的權威，沒有根據深厚的權威來演變。大家要是看過托爾斯泰的小說，如果看過杜思妥也夫斯基寫的《卡拉馬助夫兄弟們》的話——我相信在座的朋友當中一定有人看過這些小說——就會曉得我說的是什麼意思：當你真正要寫小說的時候，當你真正欣賞別人寫的經典之作的時候，當你發現那種經典之作真是了不起，那些著作就很自然地變成了你的權威，那麼，你就能根據你所信服的權威一步一步地演變，為自己的工作開出一條路來——當然你不一定要一直完全信服那些權威，更不必也不可重複別人寫的東西。然而，我們只能在「學習」中找尋「轉化」與「創造」的契機；而在學習的過程中，我們必須根據權威才能進行。

可是，我們中國的人文世界中就是缺乏真正的權威；我們中國就是發生了權威的危機。為什麼呢？最主要的原因是：我們中國好歹發生了五四運動，五四運動主要的一面是反傳統的思潮，經過這個思潮的洗禮以後，我們傳統中的各項權威，在我們內心當中，不是已經完全崩潰，便是已經非常薄弱。當然，有些人覺得傳統了不起，聽說有些研究所的老師收學生的時候，要學生燒香，向他磕頭。這只是一個顯著的例子，其他同類與不同類的例子也很多。然而，那種非常沒有生機的活動，那種使人覺得「疏離」（alienating）的活動，那種與現在生活習慣距離很遠，非常勉強的活動，實在不能產生真正的權威性，不能使人心悅誠服，不能使人對「權威」產生敬佩之心，不能從敬佩之心中根據權威來發展自己。另外，當內在的權威發生深切危機的時候，有些人發生一種情緒的衝動：自己傳統的崩潰使他內心很煩躁，常用並不能言之成理的辦法來維護自己的傳統。這種勉強的、以情緒為基礎硬搞的辦法，常常不是發榮滋長的途徑，不是很有生機的辦法。首先「硬搞」在理論上常常站不住腳；其次，在實際環境中常常會使得別人發生很大的反感。所以常使維護傳統與反對傳統的兩派產生強辭奪理、相互爭論（polemical）的關係。這樣並不能對維護傳統這件事產生實質的貢獻。這種辦法很難使傳統在現代的環境中發揚，用我的話來講，很難使傳統達到「創造的轉化」的結果。

了解外國文化之不易：以檢討對西方「理性」與「民主」的浮泛之論為例

當然，有人會說，內在權威的確失落了，不太管用了；不過，我們有外來的權威：有沙特、佛洛依德，有外國的學者與思想家可以作為我們的權威。

可是，大家要曉得，了解外國文化，談何容易？把外國的東西當作權威，常常會變成口號。我來舉個實例，大家就會了解：西洋從第二次大戰以後，花了許多錢去訓練研究中國的學者。拿美國來講，已經花了幾千萬美金，或幾億美金（詳細數字我從前看過，現在已記不清）來訓練許多研究生去從事中國歷史、文化、政治及其他方面的研究。現在已經有許多人可以看中文，跟你說中文，到飯館吃飯用中國話點菜。但是，我們平心靜氣地看一看美國人的著作，除了極少數的例外，有多少美國學者的著作真正對我們中國文化的精微之處，對我們中國文化的苦難，對我們中國文化起承轉合、非常複雜的過程，與因之而產生的特質，有深切的、設身處地的了解？我可以說，非常、非常之少。談到這裡，有人也許會說，美國人當然不容易了解我們了；我們是一個幾千年的文化古國，他們怎麼能夠很容易地了解了呢？何況，花錢辦教育與思想的境界並沒有直接的關係；深刻的思想不是金圓可以買得到的。他們的學術界，深受實用觀點的影響，為了實用而了解，當然不易深刻。然而，反觀我們自己，自清朝到現在，要了解西洋已經有一百多年的歷史，在這個歷史的過程中，對西洋的態度也產生了許多重大的變化，而且在來自西洋的專業學問上，也有人已經獲致傑出的成就；然而，我們平心靜氣地自問一下，我們對西洋文化的精微之處，對它的苦難，對它起承轉合、非常複雜的過程，與因之而產生的特質，又有多少深切的、設身處地的了解呢？我也可以說：非常、非常之少。

例如，多年來，許多中國知識分子，包括終生崇拜美國文明的胡適，主張新傳統主義的唐君毅，以及許多主張行為科學的、甚至一些提倡人文研究的年輕的一代，都一致認為西洋文明是注重理性的。這種看法，從粗淺的觀點來說，也不是一點都不對，但「理性」究竟是什麼呢？我們卻不能從他們底著作中看到確切的解釋。可是，韋伯（Max Weber）經由精微的分析以後卻說，西洋近代工業文明的發展主要是來自「工具理性」，這種「工具理性」是自喀爾文教派反理性、不人道的「宿命論」衍變而來。易言之，「工具理性」背後的動力是一極不理性的東西，而「工具理性」本身有許多面與「價值理性」不但根本不同，而且基本上是衝突的。「工具理性」的發展造成了西方今日社會與政治的「官僚化」（bureaucratization）、「形式化」，因之，導向個人的「異化」。所以，我們可以說「工具理性」發展的結果，從謀求合理的人生的觀點來看，是很不理性的。韋伯底理論，此處無法細述。我在這裡稍稍提出，只是要說明粗淺地指謂西洋文明是注重理性的這一看法，因為過分簡單，無法使我們進一步了解西洋文化的實質。

從以上的陳述，我們知道了解另外一個文化是非常困難的事。把另外一個文化的一些東西當作口號是相當簡單的，但口號式的了解並不是真正的了解。這種口號是一種很做作的、不自然的、反映我們內心問題的假權威，而不是真權威。台灣文學界從前流行過「現代主義」，聽說現在在台灣教英美文學的先生們，有人還在提倡所謂「新批評」（New Criticism），這些隨便把在外國環境當中因特殊的背景與問題而發展出來的東西當作我們的權威，實在是沒有根的。這種辦法的結果是：可怕的口號變成了權威。這樣自然產生了我在別處提到的，「形式主義的謬誤」（formalistic fallacy）。當你覺得有幾個口號對你很有用的時候（例如「現代主義」中的那幾個口號，「心理分析」的那幾個口號），而不知那些口號所代表的觀念的複雜性，和它們在特殊歷史情況下演變出來的性格；亦即把外國的一些觀念從它們的歷史的來源中切斷，斷章取義地變成了自己的口號的時候，自然就會犯「形式主義的謬誤」。

「形式主義的謬誤」是什麼呢？這可以從兩點來談：第一，「形式主義的謬誤」是指只看事情的表面的謬誤。看事情不能深入是很糟糕的；不過，這不是我所最關心的問題。因為世界上總有人非常淺薄，我們也沒有工夫管那麼多。我所特別關心的是下面一點：就是當我們在腦筋裡思索問題的時候，我們必須根據一些東西想——世界上從來沒有空想這件事——假若我們根據的東西只是一些口號而我們又不知這些口號裡面的含意與後面的歷史背景，亦即不曉得這幾個名詞真正意義的時候，我們常常把我們自己想像出來的意義投射到這幾個口號上。我們常常會根據我們的觀點、我們的問題、或我們所關心的事情來解釋這些名詞；這種解釋常常與這些名詞所代表的思想沒有多大關係。假若是這樣的話，幾乎無可避免地會產生「形式主義的謬誤」。

我來舉一個實例說明一下。大家都曉得，我們應該實行民主。我們覺得民主非常好，事實上，我也覺得民主好。但是「民主是好的」這個觀念在我看來，借用帕普爾（K. R. Popper）的話，是指民主是最不壞的一種政治制度而言——所以比較好（其他政治制度比這個制度還壞，所以民主比較好）。實行民主會產生許多問題，這些問題與實行別的政治制度所產生的問題比較起來，雖然最不壞，但卻是相當不理想的。

那麼，實行民主會有什麼問題呢？在台灣一般人的腦筋裡有一個想法，認為民主的社會一定會產生獨立的精神。因為我們過去沒有民主的傳統，我們常常被中國封建社會中遺留下來的許多毒素所壓制，同時也被一些政治的勢力所壓制，所以我們覺得以人權為基礎的民主社會裡面的人比較能夠獨立。這些觀念當然不是不對。以人權與法治為基礎的民主社會，可以給予個人的獨立與自由許多保障，從比較能夠免於外在政治勢力的干擾的角度來看，民主社會裡面的人是比較能夠獨立的。但，如果有人說「民主的社會容易產生獨立的精神」，這句話就有問題了。事實上，免於外在政治勢力干擾的民主社會裡的人並不見得容易產生獨立的精神。因此，假若我們認為：「民主的社會是比較容易產生具有獨立精神的人的社會」，這樣講，實際上很容易演變成一種形式主義的謬誤。

為什麼呢？我們首先要了解民主社會是什麼？民主社會裡的人有權利對許多事情做決定，而民主的社會也鼓勵個人對許多事情做決定，政治方面的投票，自己應該並且可以做決定，其他事情也要自己做決定，我是一個人，我有權利為我的生活、我的思想、我的愛好做決定，所以有人說民主容易產生獨立的人格。我覺得「自由」容易培育獨立的人格（「自由」與「民主」相互有關，但卻是很不同的兩件事），「民主」卻不易培育獨立的人格。為什麼呢？假若一個社會很民主，生活是以民主為基調，在那個社會裡會產生一種風氣，一種每個人對什麼事都要自己做決定的風氣。對於與自己有關的任何事的看法，總要以自己為中心，不重視師長、父母、朋友的意見，他的第一個衝動是我自己要對與我有關的事做決定。這種風氣表面上好像很能表現獨立的精神，事實上，卻影響人們不易獨立思考，不容易有真正個人主義的精神。為什麼會這樣呢？因為以個人為中心的民主生活方式變成根深柢固、視為當然的生活習慣以後，換句話說，當什麼事我自己都要做決定的時候，常常會發生不喜或漠視傳統的與實質的權威的現象。那麼，下面一個問題就發生了：「什麼事你都要做決定，但你根據什麼做決定呢？」結果是：形式上每個人都是根據自己的意思、想法、愛好做決定，但實質上，他的根據常常是當時流行的風氣。因為每個人都受外界的影響。當父母的權威、教會的權威、學校的權威、師長的權威、典籍的權威都不被相信的時候，亦即傳統的權威與實質的權威，在以自己為中心的民主社會裡失去了權威性的時候，個人只相信「自己」，但「自己」是什麼呢？「自己」的心靈，因為已經沒有傳統的與實質的權威可憑藉並受其保護，所以很易被外界當時流行的風氣所侵占。因此，「自己」的心靈常常是外界流行的風氣的反映而已。

美國現在就發生這種現象，美國家庭制度產生了很大的危機，年輕人不願聽父母的話，有的年輕人在成長的過程中必須與父母的意願相反才覺得自己不再是小孩子，而是一個獨立的成人。從前教會在美國非常重要，現在教會也失去了權威性。（最近有一些復興的現象，但這是很情緒化的東西，不是有根的。）為什麼在一個表面上到處要求與讚揚獨立的社會裡，一般人反而變得主觀上自認什麼事都是由自己做決定，而實質上這種決定卻多是受了當時流行風氣的影響的呢？因為在這種社會裡，人們內心非常貧瘠，沒有不同權威的支持來抗拒社會流行的風氣。假若一個人是對教會權威心悅誠服的天主教徒，外面流行的東西不見得會對他發生多大的影響。因為根據他的宗教背景，他會覺得對社會上流行的事並不喜歡，或並不都喜歡。如果你對你的家族的特殊傳統感到驕傲的話，當許多流行的風氣與你的家族傳統不合的時候，你覺得別人喜歡這種東西，你卻不必喜歡，因為你們家裡的人就是這樣。但現在這些根據都沒有了，你沒有辦法根據你的家族傳統，沒有辦法根據你的地域觀念，也沒有辦法根據你的教會來做決定，你對傳統的與實質的權威都不相信了，你只相信自己，但是，你是誰呢？你的「愛好與看法」只是社會流行的風氣的一種反映而已。

假若我上面的分析是對的話，那麼，實際上民主的結果和我們想像的民主的結果是有很大的不同。換句話說，我們對於民主能夠培育獨立精神的看法，實際上是經由我們的想像把我們的希望投射到「民主」這個口號上的結果。這種形式的思維跟實際上的情況是有很大距離的，有的時候甚至相反。因此，當我們提倡民主的時候，不可忘記我們之所以要實行民主，是為了自由；民主是手段，是維護自由的手段，自由才是我們真正的目的。這樣，至少在觀念上對這個手段所能帶來不令人喜歡的結果能夠產生自覺的警惕；如此，我們容易得民主之利，而不受其害了。

評胡適所謂「大膽的假設，小心的求證」——形式主義的謬誤的進一步說明

以上主要談的是我們的「內在的危機」——內在權威失落以後所發生的一些問題，並兼及了解西方觀念之不易——容易發生形式主義的謬誤——的問題。下面我想再進一步談一談外來的危機。

這裡我想只先談一點，也是特別重要的一點。我們大家都知道，自從鴉片戰爭以後我們被外國人欺辱的很慘，本來我們不想學外國，最初是要採取傳統的「以夷制夷」的辦法來拒斥外國，後來則提倡所謂「中學為體，西學為用」的洋務運動，想用西洋式的工業技術與軍事技術來維護傳統的政治制度與文化精神，結果耽誤四十幾年的時間。後來發現除了「船堅礮利」以外，連西洋的政治制度和西洋的文化與思想也要學，學到「五四」的時候，覺得西洋好得很，後來變得崇洋，甚至有人提出，大概只能發生在中國的，「全盤西化」的謬論。

這段歷史有一個基調，就是在我們學習西洋的時候，我們並不是平心靜氣地學，我們是想把外國東西學好以後，使我們的力量增加，使我們強起來：我們最基本的衝動是一個功利的衝動，而不是一個人文的衝動（當然也有例外，如王國維先生早年對叔本華的了解）。當功利的衝動導使我們學習西洋的時候，常常發生一種迫不及待的心情。那麼複雜的外國現象與學問，

人家演變了幾千年，我們哪裡有工夫都學呢？我們所要學的是我們所最需要的東西。第一、我們要學最新的東西，舊東西不管用。第二、我們要學方法，有了方法以後，才能學到真正好的外國東西，所謂「工欲善其事，必先利其器」。胡適就是犯了這種「趨新」與「方法至上」的謬誤的著名代表。

學方法的結果如何？學方法的結果是什麼西洋的精華都沒學到。事實上，學方法最不能學到真正的東西。我來舉一個例子。胡適說我們如要學習科學，首要之務是要學習科學方法。照他說，科學方法的精義可由十個大字來說明：「大膽的假設，小心的求證。」（任何問題經胡適的膚淺的心靈接觸以後，都會變得很膚淺；從嚴格的學術觀點來說，大可略而不談。胡適一生的言論，也不是無一是處；雖然，他的貢獻與地位，從歷史的觀點來看，越來越與他生前所享的大名成反比。我之所以特別把他對科學的庸俗的見解提出來討論，主要是因為他的這種看法到今天仍然影響著許多人——甚至一些極為反對他的思想的新儒家們，當他們對科學要加以解說的時候，也照抄他的口號，把他的看法視為當然。在今天的文化脈絡中，胡適的看法不能不視為中國文化前進的阻力，所以應該提出來批評。）然而，科學方法是不是「大膽的假設，小心的求證」呢？科學的發展是不是要依靠「大膽的假設，小心的求證」呢？在科學研究的時候，工作人員是不是要在假設上看誰膽子大，誰就容易有成績？你的膽子大，然而我的膽子比你還大，所以我的假設就容易導使重大的科學發現？然後再小心的求證，像做考據那樣，一點一滴的，看看版本，最後發現《紅樓夢》的作者是姓曹，不姓李。是不是這樣就是從事科學研究了呢？

首先我們要認清，胡適倡導科學方法的方式與商人做廣告，政客搞宣傳，在思想層次上沒有多大區別。那是一個極現實的層次，主要是使用在一個特定時空裡能特別產生效果的語言使別人相信他說的那一套，根本不注重他所說的那些話本身是否含混，是否有問題。例如胡適談「大膽假設」的時候，只注重提倡懷疑精神，以為懷疑精神是科學的神髓（這是對科學很大的誤解），故提「大膽」兩字以示醒目，他卻沒有仔細研究科學假設的性質到底如何？因為科學假設可能是對的，也可能是錯的；但都必須是夠資格的假設（competent hypothesis）。但經他提出「大膽」兩字，情況就變得混淆了，因為這種說法，如不加以限定（qualify），使人以為越大膽越好，豈知許多大膽的假設，雖然發揮了懷疑的精神，卻並不夠資格成為科學的假設，此種假設是與科學無關的。

從實質的觀點來看，胡適對科學方法所做的解說，與科學研究及進展的情況是甚少關聯的；也不能說一點關聯沒有，因為他所說的「小心求證」涉及到一點點粗淺的歸納法的解釋與應用，但歸納法的應用並不像他說得那麼簡單；其次，歸納法在科學發展上遠非如胡適所想像的那麼重要。像地質學、植物分類學這一類的科學研究是與歸納法有相當關係的。但，像數學、物理學、化學等理論性的自然科學，它們裡面重大的發展與突破是與歸納法關係很少的，甚至毫無關係。例如哥白尼的天文學說、愛因斯坦的相對論，根本不是應用歸納法得到的。這些偉大的發現可說是哥白尼與愛因斯坦底思想的「內在理性」（internal rationality）的發展所致。

如果你讀過博蘭霓（Michael Polanyi）底《個人的知識》（*personal Knowledge*）與孔恩（Thomas Kuhn）底《科學革命的結構》（*Structure of Scientific Revolutions*），便會知道科學的發展主要是靠研究的時候是否能夠產生正確的問題。科學的發展必須依據正確、有效、比較有啟發性的方向，易言之，即是必須有正確的、具有尖銳想像力的問題。想要為胡適所謂「大膽的假設」辯護的人也許會說，他所謂的「大膽」就是你所說「尖銳的想像力」。但「尖銳的想像力」本身並不能促進科學的進展，必須有「正確的、尖銳的想像力」才成。在這種地方說話，必須精確，做廣告或搞宣傳的辦法是不行的。那麼，這種正確的，而不是不正確的問題，是怎樣產生的呢？那必須根據許多傳承，用孔恩的觀念，即必須根據「典範」（paradigm）。

孔恩底「典範」的觀念，正如他自己所說，是從博蘭霓的知識論中「支援意識」（subsidiary awareness）的觀念衍發而來。「典範」主要是指由定律、學說、實驗工具和方法所形成的實際操作的具體範例（examples）。與這種範例常接觸，於潛移默化中產生了科學傳統中「未可明言的知識」（tacit knowledge），這種「未可明言的知識」是產生正確問題的泉源。換句話說，當你提出問題的時候，已經意會到了找尋答案的方向與答案的眉目，但卻無法明說出來。這種問題才是科學家的問題。你在追求一個答案的時候，你覺得要在這條路走，而不在那條路走，是可能得到答案的。當然，找到答案的路可能是迂迴的；但卻是有跡可尋，而不是機械地用歸納法試出來的。科學家為了證明自己所提出的「假說」，最初所走的路可能走不通，得另外再試。但他所能走的路是有限的。他的信心、時間與資助單位所供給的金錢都是有限的。如果一試、再試，總是得不到結果，那麼，他的內在的信心與外在的聲譽以及資助單位的信任勢將瓦解，他便無法繼續科學的研究了。因此，他所提議應走的路，必須一開始就有相當的準確性。

科學家研究的導向是來自哪些資源呢？第一、由於他在研究中的感受。第二、與他的老師的指導有關，他與他的老師有一種默契。從科學史上我們知道，某一個學派的學生，看問題的方法往往是根據這個學派的傳統與格調來看。因為這個學派的大師用這個方法看問題產生了很好的答案。（甚至後來這個學派的學生反對他們老師的說法，他們之所以能夠反對這個學派前期的說法，也是因為深受其傳承的影響所致。別的學派的人，看這個學派的問題便往往看不到那麼深刻，那麼到家，所以要反對也反對的不夠得體。）這樣的研究，才可能產生比較有效的科學理論；根本與當初開始時，是否有「大膽的假設」沒有多大關係。

我們知道，大部分科學家都是很保守的，他們通常是應用早年學到的「典範」去解決尚未被別人接觸到的一些中型的與小型的問題。在實驗中如發現反證，他們通常並不立刻放棄「典範」，而是希望著反證是假的或無關的。但，當「典範」越來越不能解釋被人視為有關的現象時，科學發展便出現了嚴重的危機，此時若有不世出的大科學家——如愛因斯坦，能夠以最尖銳的想像力（也是有所師承的）提出有效的新問題（愛因斯坦說他之所以能夠發現「相對論」，是「深受」馬赫（Ernst Mach）的影響），這樣依據這個新問題產生了觀察現象的新方向，從這個新方向中產生了突破過去「典範」的新理論，這個新理論經由實驗證明其有效性並能解釋許多過去不能解釋或不知道的現象時，便漸漸被別人信服，如此新的「典範」得以建立；「危機」經由新的「秩序」而得以解決，科學史便又從「非常科學」（extraordinary science）的階段進入「正規科學」（normal science）發展的階段。

另外還有一點需要特別說明：科學史上有不少重大的發現與「頑固」的關係很大，而不是與大膽的懷疑有關。有的科學家硬是特別信服他的老師的學說或一般人已經接受的理論。他覺得這種理論底蘊涵比別人所發現的還要豐富，還要更有意義。從這種觀點出發，有時會獲得極為重大的發現。例如，在一九一二年數學家Max von Laue對結晶體使X光折射（diffraction of x-rays by crystals）的發現，便是對已經接受的，有關結晶體與X光的理論，更具體的信服的結果。

上面所講的使我們知道在我們學習西洋的時候，往往只學到了一些形式上的東西。多年來，許多著名的中國知識分子，在提倡科學的時候，主張我們首先要學習「科學方法」，而胡適對「科學方法」的解釋實是「形式主義謬誤」的顯例。形式主義的謬誤是如何構成的呢？好比對於一件事，應有十點意見，但其中七點意見我們並不知道，我們只知道其中的三點意見，可是我們後來又把與之無關，但卻可扯在一起的兩點意見投射到那件事上去，這樣變成了五點意見。由於這五點意見並未經過精確的界定，本身就相當的含混，所以總可似是而非地推演在一起，這樣形成的理論，便犯了形式主義的謬誤。用懷海德（A. N. Whitehead）的名詞來描述，即是「錯置具體感的謬誤」（fallacy of misplaced concreteness）——把具體感放錯了地方的謬誤。一個東西本身有其特殊性：它不是這個，也不是那個；它就是它。它有自身的特性；但，如果把它放錯了地方，那麼他的特性被誤解，給予我們的具體感也就不是與它的特性有關了。換句話說，它本來沒有這個特性，但因為它被放錯了地方，我們卻覺得他有這個特性，這就是「錯置具體感的謬誤」。例如，胡適說科學方法的一項主要原則是「大膽的假設」，便是把科學研究錯放在「大膽假設」這個口號上了。又如民主會產生社會同一性（social conformity），使得人不易獨立。但我們卻認為「民主」會使人獨立，實際上，這是把我們對民主的「了解」的具體感放錯了地方的緣故。（民主制度保障獨立精神，但並不促進獨立精神。真正相當地實現了民主的社會，反而阻礙個人獨立精神的發展，所以美國是一個最趨尚時髦的社會，連享有種種法律保障的學術界也是如此。）

人文重建所應採取的基本態度：「比慢」

我們目前的情況，如果是像以上分析的那樣：內在失去了傳統的權威，而外在又加上了許多「形式主義的謬誤」——了解西洋常常是斷章取義，常常是一廂情願的「亂」解釋。那麼，應該用什麼辦法來應付我們的問題呢？這就是現在我所要講的最後一部分。

第一是態度的問題，即我們應該用什麼心情來承擔我們的苦難，來想辦法解決我們的危機，來往前走，更上一層樓——不再在原地轉圈子。首先我們必須有一種歷史感。我們的文化綿延四、五千年，是世界上唯一繼續不斷綿延的古老的文化。但在今天這個古老文化的基本結構已經崩潰的情況之下（基本結構的崩潰並不蘊涵其中每個因素都已死滅），短期之內我們不可能徹底地解決我們的問題。如果我們為了中國文化危機的解決真的能夠攜手並進，共同奮鬥，那麼，在經過長時間的努力以後也許有獲得比較令人滿意的答案的希望。因為維繫我們這麼大的一個數千年的文化傳統的基本結構崩潰以後，從歷史的觀點來看，不可能在幾代的時間之內就能夠解決了這個空前的危機。我們的問題，絕不是某人寫了幾首詩，某人寫了幾篇文章，或某人寫了幾本書就能解決的。在這種情況之下，我們應該抱持什麼態度才能面對我們的問題呢？

如以形式主義的觀點來看我們的問題，很容易產生下面這個看法：現在問題實在太大了，我們得趕快的努力，我們要加油，要快一點。我覺得這個態度雖然其心可嘉，可是並不管用。從康梁時代到現在，我們已經著急了近一百年，然而，這種迫不及待的心情卻沒有給我們帶來許多重大問題的深遠有效的答案。中國近代知識分子在每個時代所說的、所寫的、所悲歌慷慨地申訴與控訴的，大多只是反映了他們的苦難而已。至於這些苦難究竟應該如何得到實質的解決，他們卻沒能提出有系統的、深切的答案。（當然，更有不少玩物喪志，自我陶醉的聲音，這不是我現在所關心的問題。我現在所關心的是真正誠心努力的成績為什麼這麼有限。）我覺得與其在平原上繞圈子繞上幾十年，最後發現自己疲憊不堪，卻並無進境，不如採另外一個態度：對我們的問題先採取一個歷史的觀點來觀察，從這個觀點來看我們的問題，我們知道我們的問題非常之嚴重，我們的責任非常之龐大，我們不能喊口號，我們不能自我陶醉於「量」的貢獻，我們必須做「質」的突破。

當我們深切地知道我們的問題的嚴重性與龐大性以後，我們知道我們無法一下子就能真正解決中國文化的危機。個人能力有限，我們不能解決所有的問題，不如立志深下功夫，做一點實質的工作。在這種情況之下，我們要發揮我以前曾經提到過的「比慢精神」。（比慢並非比懶，這一點要先弄清楚。）你寫書用了五年，我要與你「比慢」，我要用八年的時間去寫一本書，這樣才有達到「質」的突破的可能。否則仍然是在原地繞圈子，並無進步可言。我們要做最深切、最根本的努力，要下決心，要有志氣，不要不爭氣，不要沒出息，要以最大的決心來跟別人比「慢」。我所說的這種「比慢精神」，作為一個口號來講是很容易講的，但實際上並不容易做到。為什麼呢？因為我們的確著急，的確急得不得了，你要我「比慢」，但我比不了，因為實在沒有這個本領。

那麼究竟怎麼做才能「比慢」呢？我的答案是：當你很努力、很努力工作以後，真正得到了一點實質成果的時候，你才真正能夠「比慢」。當你經過多少煎熬，多少困難——想問題老是想不通，今天覺得想通了，寫得很得意，覺得簡直是神來之筆。第二天再看時，卻發現仍是根本不通；當你有這樣苦思的經驗，當你在這樣的煎熬、這樣的自我批評、這樣堅強的精神支持之下得到一點實質成績的時候，得到一個突破性的學術理論的時候，你會發現，的確是一分耕耘，一分收穫：你的努力並沒有白費，這種切實的成就感，會使你的心情變得不像別人那樣著急了，你真實地感受到只有在不栖栖遑遑的心情下才能為中國文化做一點事，今後當然要本著原來的態度繼續努力，以求獲得更多一點成績。同時，這種成就感自然會使你產生一種真正虛心的態度：你知道你的能力的確有限，你花了那麼多歲月與那麼大的力氣，才獲得這麼一點點成績，中國文化的問題這麼多，你實在沒有本領樣樣都管，你只能腳踏實地，用適合你的速度，走你所能走的路。換句話說，「比慢精神」是成就感與真正的虛心辯證地交融以後所得到的一種精神。心靈中沒有這種辯證經驗的人，「比慢精神」很難不變成一個口號；相反地，有這種精神，自然會超越中國知識分子所常犯的一些情緒不穩定的毛病：過分自謙、甚至自卑，要不然則是心浮氣燥、狂妄自大。

近年來，我之所以一有機會就提倡「比慢精神」，原因之一是我深感我們文化的危機是無法用「才子」式的辦法來解決的。我們的問題是：老老少少的「才子」太多，現在更有文化明星的加入，這些人的言論與著作，實際上，除了反映了我們的文化危機以外，只是自欺欺人而已。對於這些「才子」而言，假若我們對他們還抱有一點希望，不認為他們將來的一切活動均無意義；那麼我們除了要求他們要把持知識與文化的良心以外，還要給他們再教育。要使他們的意識中能夠產生極為需要的歷史感。當他們深切感到他們過去自鳴得意、沾沾自喜的作品，實際上不過是中國文化危機的反映的時候，他們就不會那麼容易得意與自喜了，寫作時便可能斟酌起來。一旦他們比較能夠採用斟酌的態度，他們便會發現他們所要寫的題材，實際上是非常艱難的，這樣慢下來，經過長時間的努力，獲得了一些真正的成就以後，他們的成就感會導使他們進入「比慢」的途徑以謀求更大的成就。

人文重建所應持有的觀念：「特殊」與「具體」

上面談的是我們應該採取的基本態度，下面我要談的一點是我們所應持有的基本觀念。

我們根據什麼觀念才能有效地從事人文工作呢？首先，我們要認清人文學科與社會科學在研究或創造的時候，其基本意圖是不同的。人文學科所最關注的是具體的特殊性而不是普遍的通性。我來舉個例子。人文學科中很重要的是文學。例如，有一個中國人寫了一本小說，一個俄國人寫了一本小說，一個美國人寫了一本小說，這三本小說都是談浪漫的愛情的，它們都是探討浪漫的愛的意義的。那麼，每一本小說是不是都主要的在談浪漫的愛的通性呢？如果只是談浪漫的愛的通性，假若他們都有很高成就的話，這三本小說應該大致相同才對。換句話說，它們最關心的不是通性，雖然通性將來可以從這三本小說中演變出來。這三本小說，每一本最關心的是它所接觸到的浪漫的愛情的特殊性，是這個男子與那個女子之間所發生的愛的特殊意義。這個特殊的意義導使這個作者非寫不可。這兩個人之間的愛情當然是來自人性，但他們之間的愛是來自人性的特殊表現，特殊的感受，特殊的心靈的交流。這種特殊的東西是要從這本小說中表示出來的，是我們要從這本小說中知道的。當另外一對男女發生了真正愛情的時候（請注意「真正」兩字），那是另外一個愛情故事，與這個故事沒有多大關係。黃春明先生寫的《看海的日子》，我個人覺得是台灣文學幾十年來非常了不起的一篇短篇小說。那篇小說講的是什麼呢？那篇小說談的不是彰化的人，也不是屏東的人，是講東台灣南方澳的一個女子的感受、掙扎與努力。這種特殊的感受、掙扎與努力並不能重複。假若黃春明先生寫的那個主角可以放在其他地方也是一樣，代表一項共同性的話，那篇小說不可能寫得很好。

所以在我們從事人文工作的時候，我們必須追求具體的特殊性。我們用什麼辦法追求具體的特殊性呢？我們為什麼可以追求人文中各個特殊性呢？因為人的心靈中有一種特別的能力，這種能力是人性中最光輝的幾項能力之一。那就是我雖然與那個人不一樣——黃春明先生與《看海的日子》中的主角並不一樣（而且有許多地方不同，你們曉得黃春明先生是陽剛式的人物），但他為什麼能夠寫出來那篇小說中的特殊性來呢？因為他有一項本領，這項本領能使他產生設身處地的同一之感（empathy），這種本領能使他感受到別人的感受，當你從事人文活動，有這種感受的時候，你的活動就比較有生機，而不是口號式的與形式主義的了。

對「新批評」的批評——談人文研究的另一個基本觀念：注重思想

第二個基本的觀念是：我們從事人文工作的時候，必須注重思想，以思想作為基礎。從前有人說，文學是感性式的，哲學是思想式的；一談到歷史便使人覺得那是搞考據的。這是最不通的話。以文學為例，我從來不覺得文學最基本的任務是表現感性；而沒有學通的「哲學家」（這種「哲學家」多得很，中外都有），是最不能做思想工作的。最了不起的文學必須有深刻的思想做基礎。你拿杜甫、屈原、曹雪芹為例，或拿杜思妥也夫斯基、托爾斯泰、湯瑪斯·曼為例都可以。現在台灣是否還有人提倡「新批評」呢？我知道從前在這裡曾流行過好些年。「新批評」是在五〇年代在美國流行的一派文學批評的理論，有它的歷史背景。今天不必細談。「新批評」已經在美國很過氣了。（我不是說過時的東西一定不好；不過，「新批評」是既過時，又不好。）「新批評」認為文學的研究與創造不必講究思想，它認為文學是文學，思想是思想。若談思想，你研究或寫哲學著作好了，為什麼還要研究文學呢？文學是要注重文學層面的東西，這包括象徵（symbols）、技巧（techniques）、意象（images）等，並不包括思想；因為文學作品所呈現的思想並不是作品的文學層面。這種論式，從表面看去，很合邏輯，有其尖銳性。（這也是「新批評」過去能夠在學術界占有勢力的原因之一。）但，實際上，卻犯了形式主義的謬誤——它一開始就假定文學作品裡文學的東西不包括思想，然後照此推演下去，自然得到了這種不注重思想研究的結論。其實，文學作品所蘊涵的思想只能得自文學，是文學的重要部分。有許多思想與感受不是能夠從哲學的著作中，用論式的（argumentative）方式，以直接的語言說出來的。許多特殊而複雜的感受往往是需要用間接的文學語言，在經由創造而得的文學的具體脈絡中展現的。文學的作品（特別是小說與戲劇），因為能夠呈現不同人文現象的特殊性與具體性，使他能夠蘊涵哲學、史學與宗教著作中所不能或不易展現的思想。

談到這裡，我們必須面對「新批評」所提出來的一個很尖銳的技術性問題：即它所駁斥的「意圖的謬誤」（intentional fallacy）。「新批評」興起之前，許多研究文學的學者往往把文學研究看得很機械、很粗淺。他們認為研究文學主要的是要研究作者的意圖，即作者當初想寫什麼東西，想要在他的作品中表達什麼。換句話說，這些舊式的學者認為文學研究主要的是要知道作者的原意是什麼。這樣便發生了兩個不能解答的難題：一、作者原意與寫出來的結果不一定一樣；二、讀者對這篇作品的了解不可能與作者的原意完全相同，也不必完全相同；而且，即使他要根據許多歷史資料努力還原作者的原意，無論他研究的多好，在邏輯上也無法證明他研究的成果就是作者寫作時的原意。因此，「新批評」派的學者說，把研究作者的意圖當作文學研究的工作是不通的，這種研究犯了「意圖的謬誤」。他們認為作者寫完作品以後，作品便是宇宙的一部分，文學研究者應該研究作品本身，其意義與作者的原意無關。新批評的這種說法，如不考慮其他有關的複雜因素，有相當的說服性，自從被提出來以後，頗能吸收一批二流人材，追隨其後，推波助瀾。當初提出這個學說的幾位批評家，在這個封閉的邏輯系統裡，頗為自鳴得意，曾盡量推動此一運動，再加上有「群眾」追隨，遂形成了很大的風氣，以為研究文學並不要研究作品的思想，主要是要研究作品的象徵、技巧、意象等。結果是：這種不注重思想的「文學批評」使得研究工作變得非常乾涸；研究象徵、技巧與意象的工作成為「玩物喪志」的遊戲。

「新批評」的問題出在哪裡呢？主要是它把事情看得太簡單。它對舊式「文學批評」的駁斥是相當有道理的；然而，作者原意與寫出來的作品雖然不一樣，我們卻不能說作者的思想、意識與作品沒有關係，尤其是偉大的作品——沒有一部偉大的作品背後是沒有深厚的思想基礎的。其次，雖然我們對作品的看法不能也不必與作者原意完全相同，但，我們卻不能說「文學批評」就是一種遊戲，沒有更高的意義。事實上，對於作品中的象徵、技術與意象的研究並不是目的，而是手段；對它們的了解是幫助我們了解作品本身思想意義的手段，而了解作品本身的思想意義才是文學批評的目的。讀者所了解的作品的本身意義，當然與作者原意不能也不必盡同。然而，如果我們對於作家，尤其是偉大的作家底思想背景和創作時的感受與關懷，沒有深切的了解的話，我們對於作品的了解往往要流於武斷與纖巧；因此，對於作品與作者的歷史的了解是文學批評工作的重要環結。一部偉大的文學作品往往是對於一個時代所發生的具體而特殊的震撼的反應，並由此而激發出來的對於人文現象（愛、恨、生、死、美、醜、神、宇宙、自然等等）具有內在緊張的、多層面的、特殊而複雜的看法。這種由作者的思想與在創作過程中產生的靈感所構成的看法，通常不易由論式或陳述語言來表達。因為論式或陳述語言只能直接地明示，而可由直接地明示的東西是很有限的。關於這一點，任何對人文現象有感受的人均不會持有異議。因此，一個具有文學資質而又有豐富想像力與深刻感受的人，往往要訴諸文學的語言與形式來表達他的感受與思想。因為在小說與戲劇中，經由具體的情節、人物、與人物之間的關係交錯地在許多層面呈現的人文現象更能蘊涵豐富的意義。我這裡所分析的關鍵，著重「具體」二字。論式與陳述的語言不易展現具體的人文現象，而文學的語言能夠展現具體的人文現象。經由文學的形式與語言所展現的具體的人文現象更能蘊涵豐富與複雜的意義。在文學作品中，人文現象的具體展現特別能刺激與引發讀者的想像力與設身處地的「同一之感」（empathy）。這種想像力與「同一之感」與讀者本身的關懷交互影響以後，便產生對於作品意義的探討與解釋。這項探討與解釋當然不能也不必與作者原意盡同，而且每個讀者，見仁見智，對同一部文學作品的看法亦不能也不必盡同。然而，對於文學作品的意義的探討與解釋必須是合理的。如要合理，就必須對作者的思想背景與關懷，及作品所處的時代有深切的了解才成。不同讀者的不同解釋也必須是合理的，這樣便有彼此切磋、相互發明的樂趣，也有使每一解釋達到更合理的境界的可能。我在這裡並不主張也不希望，對於作品的解釋要使某一家之言達到定於一尊的境況。然而，我們要求對文學作品的解釋要有合理性，而且越有涵蓋廣、見解深的合理性越好。因此，作者的思想與靈感、作品本身所呈現的思想與意義、一個讀者單獨的解釋、與不同讀者的不同解釋之間便產生了密切的關係與匯通的需要。終極地說，既然要求文學的創造與解釋必須具有高度的合理性，那麼文學創作與解釋就必須注重非閉門造車式的、合理的思想了。

如何注重思想？

一、不可過分重視邏輯與方法論

前面談的是，文學的創造與研究為什麼應當注重思想。文學的研究既然要注重思想，哲學、史學、宗教與藝術的研究也應當注重思想，此處不擬一一詳述。可是，我們究竟如何才能注重思想呢？

首先，從消極的方面來說，我們要放棄對邏輯與方法論的迷信，邏輯與方法論在學術界自有其一定的地位與功能，但過分加以提倡，會產生許多弊端；從積極的方面來說，我們要培育視野開闊、見解邃密、內容豐富、敏銳而靈活的思想能力。其次，從應當採取的途徑上著眼，我們要精讀原典，同時要隨時隨地進行自我批評。精讀原典可以增進我們的思想能力，隨時反省自己所提出的問題與看法，可以使我們更靈敏的意識到我們的問題與看法是否重要——是否仍是常識性的死板的老問題、老看法，抑或是尖銳的、具有原創性的新問題與新看法。這樣，我們可能突破過去的困囿，庶幾不再在原地繞圈子。

我曾在別處提到過這些意見，而且也曾撰文詳論精讀原典的種種；今天我不擬再談精讀原典的意義與功效，祇想以實例進一步對「不可過分重視邏輯與方法論」與「必須以自我批評的方式使思想靈敏與邃密」這兩點，做一些具體的說明。

五四以來中國的文化與思想界之所以浪費了許多寶貴的時間，以致至今仍有許多人對傳統的中國文化與衝激我們的西方文化的了解仍停留在記誦與喊口號的階段，原因當然很多；不過其中一個主要的原因是：許多知識分子對邏輯、科學方法與方法論產生了迷信。事實上，過分提倡邏輯與科學方法並強調「方法論」的重要性最易使自己的思想變得很膚淺。我的這種看法可說是與五四以來許多中國知識分子所抱持的觀點針鋒相對。許多人認為方法是有利的工具，所以研究學問或從事創造必須先把方法弄通，這樣不但能夠順利進行，而且還可以事半功倍。其實，這種看法犯了形式主義的謬誤。為什麼呢？首先，如果對於經驗事實做一番歷史的考察，我們會發現在人文研究與創作的領域（其實在自然科學的領域也是一樣），有成就的人都不是先把方法弄通，或先精研邏輯與方法論，然後才獲致重大成就的。莎士比亞並不是先學了「戲劇寫作法」、司馬遷也不是精研了「歷史研究法」才能動筆的；孔子與柏拉圖更不是研究了「哲學方法」以後才能思索問題的。也許有人會說，這幾個例子並不恰當，這些人都是不世出的天才，天才總是例外的。其實，天才與凡人的不同只是程度的不同，並不是種類的不同。博蘭霓說：「天才是能夠承受無限痛苦的能力。」（Michael Polanyi, *Personal Knowledge*, p. 127.）天才與凡人的不同在於他特別能夠執著，特別能夠沉潛，特別能夠關心別人關心不到的問題，並特別能夠在謀求解答的過程中忍受一般人不易忍受的煎熬；他在這種奮鬥的過程中，努力不懈，才能夠提出重大而原創的問題並找到有力的解答。天才思索問題與從事創作的時候，與一般人做同類工作時的不同既然只是程度的不同而不是種類的不同，那麼，一般人如要有所成就，當然也要做類似的奮鬥。說得更精確一點，任何方法論的著作，因為只能對一門學問的研究過程予以形式的界定，所以根本無法說明這門學問實質層面中無法形式化的創造活動。用博蘭霓的哲學術語來說，影響一個人研究與創造的最重要因素，是他的不能明說的、從他的文化與教育背景中經由潛移默化而得的「支援意識」(subsidiary awareness)。因為這種「支援意識」是隱涵的，無法加以明確描述的，所以方法論的著作無法處理它。換句話說，邏輯與方法論不能對研究與創作活動中最重要的關鍵加以界定，更談不上指導了。一個真正創造（或發現）的程序不是一個嚴謹的邏輯行為；我們可以說，在解答一個問題時所要應付的困難是一個「邏輯的缺口」(logical gap)。

博蘭霓曾引述法國數學家朋加萊（H. Poincaré）所列舉的學術發現的四個階段：（一）準備（Preparation）階段，（二）潛伏（Incubation）階段，（三）豁然開朗（Illumination）階段，（四）證明（Verification）階段。任何有創作經驗或在某一學科獲致重大發現的人都能證實朋加萊所說的四個階段的正確性：我們在極為專心準備解答一個問題，卻百思不得其解的時候，往往需要一段時間把它拋開不談，然後常在無意中發現答案會突然出現在腦際中，在這個時候我們得趕緊把它記下來，然後再一步一步地證明它的正確性。王國維先生在《人間詞話》裡曾說：「古今之成大事業、大學問者，必經過三種境界：『昨夜西風凋碧樹，獨上高樓，望盡天涯路，』此第一境也；『衣帶漸寬終不悔，為伊消得人憔悴，』此第二境也；『眾裡尋他千百度，回頭驀見（當作驀然迴首）那人正（當作卻）在燈火闌珊處，』此第三境也。」這是對人類的創造活動心領神會的成熟識見，與朋加萊所說的「四個階段」頗有匯通之處。從這裡我們也可以知道，在學術的創造或發現的層面——即從「無」生「有」的層面，科學與藝術是相通的。在這個層面，我們可以說創造是得自博蘭霓所指謂的「促進發現的期待」（heuristic anticipation），即集中精神於一項將要知道的「未知」之上而獲致的。

過去邏輯實證論者以為邏輯家與科學的哲學家將來終究能把「科學方法」完全顯明地陳述出來；他們以為「歸納邏輯」有一確定的準則，將來總可以像算術那樣的完全形式化。然而，這項「信仰」是由外鑠而來的。十九世紀末費列格（G. Frege）發現了一個機械的程序可以完全證明基本「演繹邏輯」的一切有效規律。這項成就激發了邏輯實證論者樂觀的情緒，他們以為將來「歸納邏輯」的研究與發展也會同樣地達到這個目標。他們相信包括「演繹邏輯」與「歸納邏輯」的「科學方法」將來總會有一天達到完全形式化的地步；那麼，科學的研究便是根據「科學方法」的準則成為類似套公式的工作。根據這個「信仰」，他們強調祇有應用「科學方法」所獲得的知識才是合乎理性的知識，才是真理；未能應用「科學方法」而採取的主張則是情緒的反應或個人的偏見。

可是，與這種邏輯實證論者的「信仰」正好相反，近二十年來邏輯與科學的哲學的研究成果已經清楚地說明「歸納邏輯」全部形式化是不可能的，一些「歸納邏輯」的重要部分可以形式化（不過，形式化的 adequacy 卻是爭辯不休的問題），但「歸納邏輯」中總是需要不能明說的判斷。（當演繹邏輯的「算術公式」延展到高一層的邏輯時，也被發現是不完整的。）所以今日已沒有任何科學的哲學家還堅持「科學方法」可以完全形式化的主張了。當年邏輯實證論（或邏輯經驗論）者的「信仰」只是擺出一副侵略者的嘴臉，可笑的迷信罷了。根據現代對於科學的哲學的研究，我們知道在科學的內容與科學方法之間不能劃清一道清楚的鴻溝；事實上，研究科學的方法因科學內容之改變而改變。根據貝氏原理（Bayes' theorem）的推演，理性可分為形式部分與非形式部分；形式部分可以用數學使之公式化，但非形式部分則要依靠科學家的信念（beliefs）。因此，科學方法與科學家在科學領域之內的信念是無法截然劃分的。換句話說，在科學家的實際研究中，如果一個真正的因子並沒有被蘊涵在他底信念之中，歸納法中的準則並不能使他發現它。（關於邏輯與科學方法的性質及其涵義，請參看去年由劍橋大學出版社出版的普特南〔Hilary putnam〕著 *Reason, Truth and History*，特別是第五章 "Two Conceptions of Rationality" 與第八章 "The Impact of Science on Modern Conceptions of Rationality"。普氏所著 *Meaning and the Moral Sciences*〔London, Routledge and Kegan Paul, 1978〕也可參看。普氏是當代甚為尖銳的數理邏輯家，近年來開始研究有關人文學科與社會科學方面的知識論的問題。他對邏輯實證論與對帕普爾〔K. R. Popper〕底科學的哲學的批評，相當犀利。他攻擊把「主觀」與「客觀」、「價值」與「事實」截然二分的觀念的論式也是清晰有力的。但，這些都是消極方面的工作；他在積極方面要提出一家之言的能力與資源卻顯得很單薄。這是出身數理邏輯的哲學家難以逃避的命運，也反映了現代英美專業哲學的貧困。他在 *Meaning and the Moral Sciences* 中以贊成的語氣提到博蘭霓底「未可明言的知識」〔tacit knowledge〕時，認為他所指謂的未經形式化的實用知識，即是博氏所說的「未可明言的知識」，因為「未可明言的知識」的主要來源之一是技能〔skills〕，所以這種說法，並不是不對；但，卻顯露了他對博氏的哲學的了解是簡單而浮泛的。）

根據以上的了解，我們知道，在真正的人文世界與科學世界中，研究與創造活動的關鍵是博蘭霓所提出的「未可明言的知識」。（博氏更喜歡用「未可明言的知」〔tacit knowing〕這個具有動態的術語來表達他的意思。）這種「未可明言的知」並不是遵循形式的準則可以得到的。「未可明言的知」是否豐富、有效，與「支援意識」是否豐富和深邃有關。（讀者也許會問，為什麼我總是不用「靈感」或「直覺」這些字眼來意譯「未可明言的知」這個術語。其實，靈感與直覺是與「未可明言的知」相通的。但在我們的文化中，這些陳詞常使人聯想到「才氣」，以為靈感或直覺是從才氣中得來，這與博蘭霓的看法很不同。「未可明言的知」的內容雖然最終無法予以界定，但它是從嚴格的訓練陶冶出來的——包括像學徒式地服膺自己心悅誠服的師長的看法與言論以求青出於藍，努力研讀原典、苦思、關心與自己有關的具體而特殊的問題。

為了避免誤解與思想的滑脫，我覺得還是用比較生疏的直譯為佳。）易言之，學習方法與討論方法論並不能推測或指示實際研究與創造過程中最具關鍵性的活動。人文研究與科學研究是否有生機與研究者的判斷力是否準確有關，而判斷力的成熟與否不是學習方法或討論方法論可以得到的。

既然真正的創造活動不是從學習邏輯與方法論可以得到，而實際創造與研究過程的具體性與複雜性又非邏輯與方法論所能形式化，所以提倡邏輯與方法論只是提倡邏輯與方法論，並不能增加解答問題所需的思想內容。邏輯與方法論的研究僅能幫助人在思想形式上不自相矛盾，或對論式表面上矛盾的可能提高警覺而已。為什麼要用「形式上」或「表面上」這類片語來限定前面這句話呢？理由是：如果因增進思想內容而發現從前論式中幾點意見之間有矛盾的話，那麼這種矛盾是不能在增加思想內容之前由邏輯與方法論的幫助察覺的。

如果對邏輯與方法論本身的模糊性與局限性仍無所知，依然根據邏輯實證論的迷信來提倡邏輯並強調方法論的重要；那麼，很易產生兩種沒有生機的結果：（一）既然誤認學習邏輯與研究方法論是追尋或發現真理的道路，那麼越把邏輯與方法論準備的充分越好，結果便容易使人永遠在準備之中，這樣不斷地學習邏輯，研究方法論，自然容易忽略了增加思想內容的努力，如此，思想很難不膚淺了。（二）邏輯與科學方法的應用並不能增進思想的內容，只能「整理」已有的思想內容，使其表面上或形式上「合理」，可是對於相信邏輯與方法論的人而言，因無新的內容作為自我批評的根據，通常不知道這種「合理」祇是表面上或形式上的「合理」。既然相信自己的看法與論式是合理的，首要之務當然是設法把它們宣揚出去，還幹什麼要努力增進新的思想內容呢？即使他要增加自己的思想內容，也只是要增加較多的證據更能證明自己的看法與論式的合理性。在這樣自我陶醉的封閉系統中，很易產生惡性循環——越覺得邏輯與方法論重要，越不易增加思想的內容，越不增加思想的內容，越容易繼續認為邏輯與方法論重要——所以，特別注重邏輯與方法論的人，很難避免形式主義的謬誤。

另外，提倡方法論的重要，很易產生韋伯（Max Weber）所說的「青蛙之疫」。《舊約．出埃及記》第八章記載了下面一段故事：「耶和華吩咐摩西去見法老，要求准許他帶領以色列人離去，法老不肯，耶和華就使摩西的哥哥亞倫的手杖產生神力，教他把手杖伸在江、河、池塘之上，裡面的青蛙就大批跑到陸地上來了，糟蹋埃及的四境，進了宮殿，進了臥室，上了床榻。在這個時候，埃及的術士，為了維護自己的地位與聲譽，也用他們的邪術照樣而行，叫許多青蛙離開水中，跑到陸地上侵襲各處。」方法論的著作，對於一般不知情的人而言，好像帶有點金術的神奇，一個撰寫過邏輯的人，常被人認為一定會做思想的工作，至少腦筋清楚是應該沒有問題的；一個撰寫過史學方法論的學者常被人認定是很會研究歷史的。就這樣，一個人寫了一本方法論的書，另外一個同行為了維持自己的地位與聲譽，就也寫一本方法論的書，學者們寫來寫去，學生們看來看去，方法論遂變得猖獗不堪，這便是韋伯所恐懼的「青蛙之疫」。那麼，也許有人要問：為什麼韋伯自己也寫了好幾篇有關社會科學方法的論文呢？而我在本文所談的，人文重建所應採取的方法與態度不也是可以歸類到方法論去嗎？韋伯的答覆，我是贊同的：（一）、他有關方法論的著作，不是為了強調方法論的重要而寫；（二）、他覺得一些人的研究已經誤入歧途，他底有關方法論的文章是為了矯正別人的錯誤，使他們更能清楚地知道他們工作的性質而寫的。至於個別的重大與原創問題的提出，以及如何實質地解答這些問題，不是方法論所能指導的。

總之，為了矯正中國近代人文研究與人文活動的一些形式主義的膚淺與謬誤，我在這裡不厭其煩、反覆說明的是：我們所應從事的重要工作，乃是根據內在的理知資源，以批評的態度、精密的眼光、開闊的胸懷，提出特殊而具體的重大與原創的問題，並謀求解答。我並不反對為了解普遍原理與普遍參考架構（general frame of reference）所做的努力；這種文化素養的吸取與培育，當然也是重要的。不過，以前許多人常把現成的「意締牢結」（ideology）當作普遍原理來接受，所以我們今後在接觸普遍原理的時候，不可不特別小心。同時，我們要知道，如果對於我們所關心的重大而特殊的人文現象沒有實質了解的話，我們便很難避免「意締牢結」的影響。另外，在普遍原理與普遍參考架構方面，無論一個人多麼博雅，如果他不能提出重大與原創的問題，他的貢獻是註定很有限的，甚至還有反效果。

二、自我批評的重要——以檢討「中國原有理知傳統論」為例

下面我想舉兩個例子來說明如何以自我批評的方式來促進思想的靈敏與邃密。我曾一再強調，重大與原創的思想是來自重大與原創問題的提出。重大與原創的問題必須是具體的、特殊的；如果我們只能提出一個形式的或概括的問題，重大與原創的思想便無從產生，所得的答案，如果不是錯誤的或與文化和思想之進展不相干的，便也只能是泛泛的而已。

在近代中國知識分子當中，每一代均有一些人要努力證明在中國傳統思想的發展中出現了理知的傳統與民主的觀念。這些人用的名詞有時並不一樣，彼此之間也還有一些爭執；但，他們關心的問題則大致類同。主張宋明理學，尤其是清代學術思想中有注重客觀知識的傳統的這一派理論，可以追溯到梁啟超與胡適；主張儒家思想中有民主觀念的這一派理論可以追溯到康有為。（不過，從政治利益的觀點，主張儒家思想中具有民主觀念的各種說法，本文無意加以討論。）然而，由於提出問題的人在事先未能做深切的自我批評與反省，這種問題的提出，不但不能促使思想的進展，反而可能導使思想界產生混淆，以致阻礙了思想的進展。

關於中國傳統中並無民主的觀念，我在答覆《暖流》雜誌的訪問時（已收入本書），已做了一些說明，此處不擬重述。至於中國傳統中是否有注重客觀知識的思想呢？從常識的觀點來說，答案當然是肯定的。其實，人類任何一個偉大的文化傳統都有注重客觀知識的思想，中國文化當然也不例外。但，提出一個普遍的問題，接著得到一個普遍的答案，從注重原創思想的

觀點來看，並無多大意義；討論的關鍵在於追問宋明理學中與清代學術中所謂「客觀」，所謂「理知」，所謂「科學」，所謂「知識主義」是何所指？是什麼意思？如果說，我們知道了我們有知識主義的傳統，這樣可以使我們比較能夠容易學習西方的科學，可以與西方的理性傳統相銜接；那麼，這種說法即使能夠免於賴文森（Joseph Levenson）所譏諷的，許多中國近代知識分子見了西洋人有什麼好東西，就硬說自己也有的心態以外，也仍然是把事情看得太粗淺、太機械了。

我們從比較精審的科學的哲學與科學史的著作中知道，科學發展的關鍵在於重大與原創問題的提出，而這種問題的提出則與科學家所接觸的科學發展之內在脈絡及其所處的文化中特殊的基本信念具有密切的關係。他們之所以能夠提出這類問題並不是因為採取了常識中所謂「客觀」的態度，或由於常識中所謂能夠注重「事實」的緣故。易言之，從常識的觀點出發，認為科學的發展是由於科學家能夠注重「客觀」與「事實」的這種說法是很粗糙的；事實上，這種說法與科學家實際工作的距離遠到了無關的程度。一般科學家的工作是根據科學傳統中的權威——孔恩所謂的「典範」（paradigm）——而進行的，可以說是很保守的。科學家所尊重的「事實」是他信服的權威所認可、所允許的「事實」，在這個範圍之外的反證通常並不能動搖他已經接受的理論。在實驗中如發現了反證的「事實」，他通常要假定反證是不相干的，希望這個反證將來可以被證明是錯誤的或反常的。換句話說，在科學家的心目中，藉以了解自然現象的「思想架構」遠比孤立的、反證的「事實」更為重要。科學家們通常不是一看到反證，就去尊重這項新的事實，放棄他所依賴與信服的權威。科學傳統中權威的架構通常不是因為新的反證事實的出現而失效，而是由於原有的、權威的思想架構無法給予適當解釋的重大與原創的問題的出現而失效。當一個偉大的科學家對這個具有深度與廣度的新問題提出了深刻而涵蓋廣的解答的時候，他的解答起初可能遭受很大的阻力，不過，由於實驗的證明與他的解答帶來了對自然現象廣博的解釋力，它便漸漸地變成了科學界新的權威架構。因此，科學中的「事實」並不是與科學研究中所認定的信念與價值截然對立或截然無關的，實際上彼此有一密切的重疊關係。

「客觀」在科學研究中也不是與「主觀」儼然對立或截然二分的。科學為一發現自然宇宙的「實在」（reality）的過程。「實在」有無限多的方面，無限多的層次，每一代科學家只能看到一面，後來的一代看得比較周全。（從後一代的觀點來看前一代的觀點，會發現前一代的觀點有所偏差，但這並不代表前一代的識見是完全錯誤的，只是後一代的觀點能夠更深切地觀看宇宙的秩序，更有系統的解釋它而已。）宇宙的「實在」是知識的客體，對這個客體的了解，可謂客觀的了解。但，這裡所謂的「客觀」並不與「主觀」對立，也不能與「主觀」截然二分。科學對外在客體的了解不能拿在經驗世界中感官被動地受到外界的刺激而生的感覺來做比喻。科學對宇宙底「實在」的了解是基於科學家的主體內在資源（包括才智、求知的熱情，與在科學的有形與無形傳統中經由潛移默化而得的「支援意識」），在謀求普遍性了解的意圖支持之下，與外界互相激盪而得的。科學對自然的了解，最大的特色是理論的了解，而理論的了解的資源是內在主體的資源與外在客體的資源相互激盪而形成的。更進一步地說，最具突破性的科學的發現，如愛因斯坦的相對論，往往是從一個原創性問題的提出而開始的（這個原創性問題已經蘊涵了解答），這種原創性問題通常來自科學家內在的資源，起初是與外在客觀世界沒有關係的——可說是內在理性的發揮。此種問題提出以後，導使了解答問題的理論的產生，這種理論雖然是源自科學家內在的資源，但因為是訴諸形式結構加以理解並經由實驗加以證實，所以具有說服性。因此，科學理論雖然源自內在，卻不能說完全是源自主觀。偉大的科學理論同時具有預言的力量——即：未來的科學理解與實驗的證明多已包含在此一理論之中——據此，我們有理由說科學理論是與宇宙底「實在」相接觸而得的。

從以上的陳述中，我們很清楚地知道科學中的「主觀」與「客觀」、「事實」與「價值」並不像實證論與實驗主義者所講的那樣。他們對科學的解釋實際上是一種化約主義的謬誤。這種謬誤導自實證論者與實驗主義者對科學的誤解與對「科學方法」的迷信。實證論對社會與文化的影響很大、很壞，但對科學研究的影響並不大。因為，即使講起科學的哲學的時候採取實證論觀點的科學家，他在研究科學的時候通常並不遵循他自已所講的那一套教條——那一套化約與形式的程序。根據前面所陳述的對於科學理論產生的性質與過程的了解，我們知道清代的學術研究及儒家「道問學」的傳統是與之基本不同的。(李約瑟〔Joseph Needham〕著《中國科學技術史》中詳載了大量的中國科學與工藝發展的紀錄，但他主要的目的之一卻是要解答：為什麼這麼一個豐富的科學與工藝的傳統沒有能夠產生類似十七世紀歐洲文明的科學的突破？他計劃在最後一冊詳論這個問題的種種；不過，他在第二冊的最後一章討論中國與西洋對於「自然律」的不同看法中，已提示了甚具啟發性的解答。)我在這裡所說的基本的不同是指清代的考據與「道問學」的傳統並未產生類似上述的科學理論。而被胡適等人所指謂的清代學者的「科學方法」也只是甚為粗淺的歸納法而已，這種方法的應用與科學理論的產生，兩者之間的距離是遠到不相干的程度的。清代學者的考據工作與「道問學」的傳統所要解答的問題，基本上是材料的問題與原有學術傳承的問題，這種問題，嚴格地說，不是這裡所說的科學的理論問題。

胡適等人彼此之間雖然也有一些爭執，但他們強調中國學術中原有「科學方法」、原有注重「客觀」與「事實」(他們所謂的「客觀」與「事實」)的理性或理知的傳統則是相類的。那麼，他們這種意見究竟有何意義呢？究竟為什麼總是要提出來呢？

第一，他們可能是希望這種意見的提出能夠幫助我們與西方科學傳統相銜接；易言之，使我們更容易學習現代的科學。但，與西方科學的傳統相銜接或學習現代科學並不需要這種意見的支持。(從經驗的事實中，我們知道，許多傑出的中國科學家之所以在科學界有很大的成就——之所以能夠與西方的科學相銜接，之所以能夠學習現代科學並做出很大的貢獻，並不是由於熟讀胡適等人提倡「科學方法」與強調中國原有理知傳統的著作所獲致的。）即使我們中國人研究科學的時候的確需要這種意見來支持，那麼，我們因受其影響也只能與西方實證主義相銜接，把科學看成實證主義所說的那一套。然而，實證主義對於科學的理解——把主觀與客觀、事實與信念截然二分式的理解，如前所述，已經崩潰了；從理知的立場，我們早已不可對之再繼續肯定或提倡了。另外，胡適等人在五四時代提倡科學與科學方法也可能是為了排斥民間的迷信：他們認為迷信是現代化的大敵，沒有現代化就沒有富強，而只有接受科學與科學方法才能打倒民間的迷信。他們強調中國有講究科學方法的傳統，這樣可以用傳統中原有的優良的一面去排斥拖累進步的另一面，並促進接受與學習西洋的科學。這種想法當時有其時代的意義。但，五四已遠離我們六十多年了，現在還強調中國傳統中有注重客觀與事實的理知傳統，除了使我們知道一些學術史上傳承的事實以外，究竟是為了什麼呢？

第二，中國學術研究過去常與道德的考慮、功利的考慮或政治的考慮糾纏在一起，胡適等人提倡中國原有「科學方法」與理知傳統，可能是希望把學術研究從這種傳統的糾纏中解放出來，使得純學術的研究得以獨立，促成「為學術而學術」的風氣，他們希望這樣做可以使學術得到順利的發展。但，事實上，「為學問而學問」只是每個學者皆應具有對於學術的忠實態度，並不是有了這種態度就足夠促進學術的進展。更糟糕的是，由於受了胡適等人提倡科學方法以及其他因素的影響，中國人文學科與社會科學的許多學者的價值觀念產生了嚴重的混淆，以致缺乏價值等差的觀念。許多人認為研究學術，不能採用功利的眼光；所以，只要應用科學方法做純學術的研究，任何題材都值得研究，而且他們還會強調科學史中一些當初研究時看不出有何重大效用的題目，在以純學術立場加以研究以後產生了重大效用的例子來說明為學術而學術的好處。在這種風氣籠罩之下，任何無聊的考據皆可披上「純學術」的護身符得以存在；許多人言談之中並不看得起考據，但，卻拿不出強有力的理論駁斥它。這樣拖延下來，中國的學術界便難免產生了支離破碎、玩物喪志的可悲又可嘆的現象。事實上，我們從前面的分析中知道，學術的進展在於重大與原創問題的提出；重大與原創問題提出的時候，不必做功利的考慮，但，不是每個純學術的問題都是重大與原創的問題。從這個觀點來看，解答材料問題的考據工作是在嚴格的學術價值等差觀念中層次較低的工作。無論考據做得如何精細，考據本身是無法提出重大與原創的思想性的問題的。不同的學術問題不是因為應用「科學方法」加以純學術的研究就都同樣地重要了。而重大與原創的問題不是應用胡適所謂的「科學方法」可以得到的。

第三，他們很可能在無意中表現了賴文森所譏諷的那種心理的需要：他們覺得西洋人有理性的傳統，所以也要證明中國也有理性與理知的傳統，這樣才使他們感到心理的平衡。其實，我們又何必去跟西洋硬比呢？我們又何必拿西洋的標準來衡量我們自己的傳統呢？拿我們原有優美的道德實踐、藝術、文學的標準與成就去衡量西洋，他們也是比不上我們的。中西文化發展的重點不同，各有所長，不必強比，這樣比來比去實在甚為無聊。西洋的道德、藝術、文學的傳統，如拿我們的傳統標準去衡量，當然比不上我們；我們的，如以他們的標準來衡量，也比不上他們。但事實上，彼此從好的一面看，都有宏富處，從壞的一面看，都有低劣的地方。

一個現代的人文主義者是能用設身處地的了解（empathetic understanding）去認識、欣賞、甚至認同幾個傳統中好的方面的特色與共性，並譴責它們壞的方面的特色與共性。前已述及，我們的文化當然有注重客觀、注重事實的傳統，但這是從常識的觀點來講。如進一步去看，西洋發展出來的科學傳統中的「客觀」與「事實」並不是中國傳統學術思想中所謂的「客觀」與「事實」，因為自十七世紀以來他們的科學傳統中重大與原創問題的性質與提出的方式與我們的是迥然不同的。但，沒有那個西洋傳統卻並不表示我們不能產生傑出的現代科學家。（在中國社會與文化的風氣轉變以後，研究科學與工程已經得到了精神與物質的鼓勵，一個天資不差的年輕人，如果在適當的機會中能夠專心致志地學習科學與工程，不是有不少人在十年之內就能夠變成一流的科學家與工程專家了嗎？）尤有進者，根據韋伯（Max Weber）的解釋，西方「工具理性」的起源與喀爾文教派極不理性的宿命論有密切的關係。事實上，西方近代理性的性質與起源的問題是一繁複而辯證（dialectical）的現象，不是胡適等人把客觀與主觀、事實與信念截然二分的實證論式的或實驗主義式的觀點所易理解的。

總之，中國近代許多知識分子強調傳統中原有「科學方法」與理知傳統的這項看法可能是因為傳統文化架構崩潰以後，在需要學習西方浩瀚無垠的科學的急迫心情驅使之下，因茫然不知所措而產生的，一種需要有路可循的心理依傍。預設的、約定俗成的文化與思想架構崩潰以後，最易產生「意締牢結的」（ideological）反應，此乃其中一端而已。這種現象是可以從歷史的觀點加以理解的。站在這個歷史觀點，一則我們無需過分批評前人——因為他們的錯誤是與歷史條件的限制有關，二則我們因為已經知道了過去的錯誤，所以需要超脫過去的錯誤——我們不可重蹈覆轍！但，站在理知的觀點去考察，他們之所以產生了這項誤解以致導致思想界的混淆，這與他們未能對自己的觀點與觀念加以深切的自我批評與反省是有關係的——他們是不能完全辭其咎的。胡適一生提倡他所謂的「科學方法」，數十年如一日，從未對自己的看法有所反省與懷疑，這是他缺乏自我批評與反省的明證，可見他一生所提倡的「懷疑精神」，只是一句口號而已。

蘇格拉底說：「生命如不訴諸批評的省察，這種生命是不值得活下去的。」（Life is not worth living if it is not subject to critical examination.）人性最大的光輝是：我們有天生的道德資質，以及在思想上經由反省而能自我改進的理知能力。今後中國有識之士，必須以這兩種內在的資源為基礎，從認清我們自己特殊而具體的重大問題出發，重建中國的人文。

（原載《聯合月刊》第十四期，一九八二年九月）

什麼是理性

「理性」這個名詞，常常出現在大家談話與寫作的辭彙裡面，所以很值得討論一下。首先，我想做一項層次的分析，即：「理性」在某一個層次上是什麼意義？在另外一個比較深的層次上又是什麼意義？另外，我想介紹一下我個人這些年來讀書與思考中所得的一些對「理性」的看法。

首先，我們應談一談「理性」在常識層次上的意義。我個人是非常尊重常識的，常識是我們人類共同生活的經驗的累積。常識有它好的地方，但也有它不完全適切的地方。常識往往是有道理的，假若沒有道理的話，往往不是常識。從哲學史與思想史的觀點來看，英國的哲學往往是根據常識來辯解的，我個人就覺得這一派哲學有許多地方是很有道理的。但是，常識有時是不夠的——它不夠深切，正如英國許多哲學家不夠深切一樣。從常識的觀點來看，什麼是理性呢？凡是我們認為比較合理的東西，我們便可認為是合乎理性的。什麼是比較合理的呢？例如：適中的態度、量力而行的態度。這些都是比較合理的。譬如，一個中產階級的人，如果要請朋友們吃飯的話，他花了幾萬塊錢（聽說台灣現在的宴會可以花上多少萬），我們認為是不合道理的，也可以說是不合乎理性的。一個老太太打扮的像少女一樣的話，從我們中國人的常識來看，是不合理的，也可以說是不合乎理性的。我可以舉出許多類似的例子來這樣說明什麼是「理性」。但我們很難證明或追溯這種「理性」的最後的根由，我們只是覺得在常識的範疇之內，有些看法與做法是合理的，有些是不合理的：過分往往是不合理的；違反我們一般的習慣往往是不合理的。這些觀念我個人覺得是非常有價值的，往往是維護社會秩序的重要因素。但，從知識觀點來看，常識的判斷不太能滿足我們知識的要求，那麼，進一步談，什麼是理性呢？我們可以說，凡是合乎邏輯的東西是合乎理性的，凡是違反邏輯的東西是違背理性的。例如，自相矛盾：假如有一個人主張自由，但他又主張用法西斯式的方法來講他的自由，這是矛盾的立場，我們可以說他的言論是不合乎理性的。另外，我們認為公正的看法與態度是合乎理性的，不公正的看法與態度是不乎合理性的。以上所談的是在最簡單層次上「理性」的定義。

下面一個較深的層次是天真的理性主義者的看法。什麼是天真的理性主義者呢？我覺得，實證主義（positivism）與實驗主義（experimentalism）是易見的代表。什麼是實證主義呢？今天在有限的時間之內，我只能簡要地談一談。實證主義後來演變成邏輯實證論（logical positivism），它們有一些基本的共同看法：它們特別注重感官所能知道的事實，認為所有命辭都必須根據他們認為的事實，才能成立。他們另外特別注重證明，你要講什麼，或主張什麼，你必須證明出來，你如果不能證明出來，你就是沒有道理。經過證明以後得到的肯定，是合乎理性的，反之，則否。而且他們要追求確實（certitude），任何東西到最後一定要確實。他們另外說，一切都要根據客觀的事實。（此處「客觀」是指他們所謂的「客觀」。）因此，凡是與這些觀點不相容的，都不可相信。信念如果不能得到證明，那麼，照邏輯實證論的說法，你就不應該相信你所認為應該相信的信念。所以，信仰系統（belief system），他們認為是不合理的，是古代封建社會的遺留。我們不應該相信那些不根據他們所認為的客觀的事實與不能經過嚴格證明的東西。在二十世紀的西方哲學界，根據這個背景所產生的邏輯實證論發展成了很大的運動，影響了幾十年。（這一派學說，現在已經崩潰了，現代比較精彩的邏輯學家已經用邏輯分析證明了邏輯實證論的謬誤。在這方面有重要貢獻的學者有 Michael Scriven 與 Hilary Putnam。）他們主張信仰系統必須經過證明；但，信仰系統是沒有辦法予以證明的。因此，邏輯實證論認為，道德的信仰系統或藝術的信念都不是道德或藝術。因為真正的道德必須證明出來，真正的藝術也必須證明出來。例如，你如果相信什麼是「美」，你必須證明出來你相信的「美」是美；否則，你對「美」的陳述是沒有意義的，邏輯實證論者便會說，你實際上不知道你究竟在說什麼。你的話雖然沒有意義，但你為什麼還說呢？邏輯實證論者會說，因為你是受了你的背景的影響所致。這是化約論（reductionism）的基本模式。近代西方許多社會科學的哲學基礎就是邏輯實證論。許多社會科學家自認他們的工作本身不講價值，只講功能，所以在只講功能的時候，很多人都落入了這個圈套。現代西方文化之所以產生了很大的危機與這種思想占有龐大勢力有很大的關係。這種西方的危機也不見得不在台灣出現，因為一些台灣的社會科學家們與許多西方社會科學家們一樣，把「功能」與「功效」當作「價值」，在這種把他們的基本假定視為當然，未做嚴格考察的情況下，同樣犯了「化約主義」與「相對主義」的謬誤。

實證論為什麼能在西方產生這麼大的影響？另外，它的基本思想淵源是什麼？在沒談到這兩個問題之前，我想先談一下我剛才提到的「實驗主義」，即胡適所提倡的那一套東西——雖然他對以杜威為代表的「實驗主義」後期的發展並不了解，因為他對杜威後期的著作並沒有仔細的看過。「實驗主義」認為有效的東西才是有價值的東西。它的「價值」建立在「效果」上。請大家不要誤解：我不是說凡是有效果的東西都沒有價值，這在邏輯上是不可混淆的。因為「實驗主義」本身不能產生價值系統，它的價值只是「功效」，所以本身不能解決什麼是道德、美、宗教的問題。後來杜威寫了不少書想辦法在他的系統裡解決這些問題，但是，我覺得他的工作並未成功。總結地說，從邏輯實證論的觀點：根據他們所謂的「客觀」事實，經過嚴格證明出來的東西是理性的，反之，則否。從「實驗主義」的觀點來看，凡是能產生效果的東西就是理性的，不能產生效果的東西便不是理性的。那麼「美」是不是價值呢？「愛」是不是一個價值呢？但，「愛」不一定產生效果。有時產生效果的愛常可能是很假的愛。上帝是什麼呢？宇宙的真實是什麼呢？這些問題對實證論者與實驗主義者而言，就發生了很大的困難。但是，從美國人的觀點來講，實證主義與實驗主義有它們的文化意義，例如，我們所關心的美的本身價值，對許多美國人而言，並不是他們關心的問題。他們的確是特別注重效果，所以實驗主義可以說是他們文化的反映。實驗主義者認為他們的命辭是四海皆準的真理，並不是反映文化的基設。但他們那一套看法，對我們要承擔中國文化精髓的中國人而言，當然要發生很大的問題。[1]為什麼西方會產生實證論與實驗主義呢？簡言之，實證論外在的歷史淵源是：對於中古宗教權威的反抗。中古哲學，我個人接觸不多，不過，你如果接觸的話，你會發現它非常精彩，如Thomas Aquinas，那是非常深刻的東西。但教會制度化以後，從制度中產生了許多強制性的權威（authoritarian authority），如教皇的族閥主義（nepotism）和教會的「贖罪狀」等。教會經過長時間的演變，變得這樣腐化，影響社會很大。在這種情況之下，有些人起來反抗教會。從反抗強制性的教會權威當中，連帶著對精彩的基督教哲學也反抗。為了反抗教會，所以產生了許多要求，包括對宗教的懷疑，認為信仰系統不是真理。

另外從內在的歷史淵源來探討，亦即從思想內在理路去看，實證主義最主要的來源是：笛卡兒的知識論。從西方思想史來看，理性的定義實際上有兩個：一個是西方中古與古典的定義（此處是指一部分古典的哲學），從這個觀點來看，所謂理性（reason）是人生而具有的一種能力，一種發現什麼是真理的能力。這個能力就是理性。如果真理出現在這兒的話，我們就知道這個真理是真理。我們原來不知道是因為它尚未出現。不過，當它出現的時候，我們生而具有的理性會導使我們對它產生認識。這個意義非常重大，我個人的看法與這個定義比較接近。這在思想史上蘊涵著著下面的一個命辭：我們是屬於宇宙的一部分，宇宙本身是「真實」（reality），這種真實在中國哲學的名詞是用「天」來代表，西方則曰「上帝」。這真實可以從很多方面呈現。你由東邊看是一個樣子，從西邊看又是另一個樣子。它雖然是以不同的形象呈現它的許多面，然而它本身是一個圓通合理超越經驗事實的最根本的東西。（有時用術語反而說不清，用簡單的話來說：它就是真正最真的東西。）這種真的東西的某些面，在我們人生的過程中出現的時候，我們有本領使我們曉得那些面是真正真的東西。換句話說：「理性」是一

1 從我個人研究中國思想史的觀點來看，我們與西方接觸有許多的不幸。我在這裡所指的是：許多西方思想系統，如斯賓諾沙（Spinoza）、康德、柏拉圖底思想（如果我們與它們發生深刻接觸的話），可以刺激與啟發我們的思想。但這些有意思的思想系統卻沒有被很有系統地介紹進來；即使有一點零星地介紹，也沒有發生很大的影響。（我們期待牟宗三先生迻譯的康德三大批判早日出版。）相反地，一些很不適合介紹進來的東西，對我們沒有多大用處，甚至會把我們的現代思想搞亂（本來就很亂，再加上它變得更亂），卻反而被大力的提倡，成為在中國很有勢力的西方思想系統。為什麼比較精彩的西方思想系統反而沒能有系統地介紹進來呢？這當然也有客觀的因素。因為我們與西方接觸的時候，心情很不穩定。我們因為受了帝國主義的壓迫所以急於求成；因此，不容易接觸比較精深的思想系統。易言之，凡是啟蒙運動以前的西方思想，至少在五四時代，對我們都沒有多少吸引力。所以不願接觸。（從現在開始，我們可以接觸，因為我們已經有了新的認識。）我們願意接觸的都是啟蒙運動以後的思想。我們覺得要以思想革命的方式建國，西方自啟蒙運動以後，很是強盛，我們認為近代西方很進步。（事實上，是不是進步，是可以討論的問題，近代西方在某一方面是很進步的，但另外一方面，並無進步，甚至是退步。）我們認為這種進步與它的思想有關，所以我們只願意接觸西方自啟蒙運動以後我們認為導使它強盛的思想。另外，我們受了「進步的觀念」（the idea of progress）影響很大，認為人類是進步的，所以新的東西，就是好的。這個觀念在西方也是影響很大的。所以胡適說，他是不可救藥的樂觀主義者。（憑他這一句話，就可看得出他的學問與思想的程度如何了。）

種使我們了解真理的本領。這種本領就叫「理性」。（從儒家的觀點來說，這與儒家的「天人合一」、道心與人心同一的觀點在基本上有融會貫通的地方。這個觀點是我們儒家思想中最精彩的地方。）

但是，這個古典的理性的定義，被笛卡兒的知識論完全推翻了。西方產生了實證主義與實驗主義這項歷史的事實，與笛卡兒的哲學從十七世紀以來在西方占有重大勢力有密切的關係。笛卡兒的知識論有一種極為精銳的思想（雖然，我並不認為正確），這種精銳思想與古典及中古思想產生了基本的衝突，後來這種精銳的思想占了優勢。笛卡兒說，作為一個哲學家，他的基本責任是思想，而思想最大的特色是懷疑，他必須懷疑一切可以懷疑的東西。當某些東西禁不起懷疑的時候，那就不是真實了。從各種觀點去努力懷疑，最後發現有的東西不能懷疑，這種東西才是真的。這種懷疑論從某一個觀點來看，是言之成理的。一般人對於事情常常採用馬馬虎虎的態度，他說哲學家卻不應如此。用他這種普遍懷疑論（The doctrine of universal doubt）來懷疑一切，最後他發現有一點是他懷疑不了的，因此，他認為，這一點是真實的。這一點是什麼呢？這一點就是：他不能懷疑他在懷疑，所以他產生了一個結論，後來變成了名言：「我思故我在」。笛卡兒這個人是真的還是假的呢？存在不存在呢？他說當他思想的時候，他無法懷疑他的存在，所以他是存在的。易言之，在他做懷疑工作的時候——即他在做思想工作的時候——他必須先存在才能懷疑他的存在，至少在他懷疑的那個時刻他必須存在，否則他無法懷疑他的存在。這種思想是很精銳的，但影響卻很糟糕。這種思想的涵義是：什麼東西都可以被懷疑，只有思想不能被懷疑；所以，思想是宇宙中唯一存在的東西。根據這個觀點，很容易導向（滑落）到下面這樣一個看法：世間的東西，只有經由思想所創造的東西才能真正的合理。這個看法再一滑落便會產生另外一個觀點：宇宙裡的東西都是由思想所產生的，只有思想本身是創造的泉源，宇宙不是創造的泉源。這樣便產生了笛卡兒式的「建構主義」（Cartesian constructivism）。

既然真正合理的東西是經由思想所創造的，凡不是經由思想所創造的是不合理的，所以我們要用我們的思想創造一切，決定一切。從笛卡兒的觀點來看，一切文化必須經由他所謂的理性來建造，這樣才能合理。

從上面我介紹笛卡兒的「建構論」的口氣，你們可以感覺到，我是不贊成這種說法的。一些了解我的立場的朋友，也許會覺得很奇怪，像我這個主張理性，維護自由主義的人，怎麼不贊成「理性」了呢？事實上，這種「理性」是很不理性的。（表面上，好像是很理性，實際上並不理性。思想的涵義常是不明顯的，研究思想的問題的趣味就在這裡，往往表面上看去是合理的論點，如果我們能深入地看，有時會發現是很不合理的。）為什麼上述的論點並不合理呢？因為從我所服膺的「批判式的理性論」（critical rationalism）的觀點來看，那是很不理性的。「批判式的理性論」的基本立場是：我們必須有效地應用我們的理性能力——包括對於理性本身效力的實質了解；在真正理性化的認知過程當中，我們會知道理性本身的能力是有限的。換句話說，經由我們用理性的考察與分析，會發現理性的能力並不像笛卡兒式建構主義所認為的，那樣地幾乎無所不能。我們必須承認理性是有限的，這才是真正理性主義所應採取的立場。用學術的名詞來說，即海耶克與帕普爾所謂的「批判式的理性論」。

「批判式的理性論」的論點甚多，因為篇幅的限制，我現在只能介紹下面一點：從笛卡兒的觀點來看，歷史與演化根本沒有意義，歷史性的存在不可能是合理的，真正合理的東西，從笛卡兒的觀點來看，是經由理性所創造出來的東西，而歷史中的東西，是糊里糊塗的，莫名其妙的，偶然機遇的結果，大勢所趨的結果，並不是經由合理的思考而得的。所以笛卡兒認為真正合理的東西，歷史裡沒有。

但，從批判式的理性論的觀點，笛卡兒的看法為什麼不對呢？因為笛卡兒雖然強調思想的功能與意義，可是他對思想本身的性質卻並沒有很深切的了解。什麼是思想？人究竟怎樣想？對於這些問題他根本不了解。他局限於一種形式主義的層次中，把邏輯的論式當作了實質的了解，那麼，什麼是思想呢？思想到底是怎麼一回事呢？我們認為思想本身與文化的演進有密切不可分的關係。換句話說，當我們想的時候，不只是根據我們天生的資質來想的，而是與我們的文化有密切不可分的關係。當我們想的時候，不是我們單獨地、超越地、或先驗地以所謂純粹理性的資質來想的。舉例而言，為什麼自由重要？為什麼愛是高尚的？並不是只根據理性就可想出來的。因為凡人在想的時候，他必須有所根據，沒有任何人能夠不根據什麼就可以思想的。無論你想得很淺薄，或想得很深刻，你總得有所根據，你一開始想，就得有根據。無論很簡單的思想，或很複雜的思想，這些思想都是根據一些東西想的。當然，你可以想到一個程度，發現你根據的東西不對，可以重新根據新的東西想，可能把你過去根據的東西加以修正或推翻。但是「想」的本身必須在根據什麼以後才能進行。那麼，這種對思想性質的了解產生了什麼意義呢？這要分兩層來說：第一層是：我們在思想的時候，總是有一個興趣、一個意圖；例如，一個人思索愛的意義的時候，這裡面有許多意圖，他在希望別人愛他，也許強烈地覺得他應愛人，或者一個心地不良的人要毀滅愛的哲學，所以也在想愛究竟有無意義。思想中的意圖與關懷用博蘭霓（Michael Polanyi）的話來講是「集中意識」（focal awareness），我們意識中有一個集中點。另外一層是，在我們思想的時候，往往受了我們在潛移默化中所受的教育的影響，用博蘭霓的名詞來講，是受了「支援意識」（subsidiary awareness）的影響很大。一個人在思想的時候，雖然他在想他的意識中集中要想的東西；實際上，後面的根據是他過去在成長過程當中，一些經過潛移默化所得到的東西。

換句話說，這種「支援意識」影響一個人的思想很大。我們可舉許多例子來說明。從科學史上我們發現一個非常有趣的現象。大家都知道科學家是追求宇宙中自然現象的真理的人；但，不同學派的科學家對於追求真理的興趣和想法有許多不同，你是在劍橋大學受過訓練的物理學家，他是在巴黎大學受過訓練的物理學家，雖然你們服膺共同的定律，有共同的語言，共同的基本訓練，但你們的興趣，探討的途徑，以及在工作時如何發揮你們的本領，這些與你們的學派關係很大。為什麼會有這樣的不同呢？表面上，一般人認為科學家是追求客觀真理的，又有共同遵守的「科學方法」，思想的風格應該是很一致才對。但，事實上，並不是這樣。用最粗鬆的語言講，科學家的思想工作是相當「主觀」的，不是實證論那一派所認為的那樣。想出來的結果要加以證明的時候，科學家必須採用共同的語言（如數學等）。但真正的原動力是相當「主觀」的東西，可是他自己並不見得對自己的思想的特性很有了解，因為他相當「主觀」地思索問題的時候，他的注意力是集中在問題的本身，並未集中在他如何思考的身上。實際上，他受了他的學派，以及他跟老師接觸的過程中所得各種潛移默化的影響而產生了自己的風格。另外，在藝術史上也有很多例子，在其他學術史上也有很多例子。

尤有進者，我們考察思想演變的過程可以得到一個很重要的看法：當我們思想的時候，我們不可避免地會肯定某些東西是對的，某些東西是不對的。換句話說，我們肯定了某些價值，而我們的思想是根據價值系統來運作的。在我們根據價值系統來運作的時候，我們的思想無法把所有的價值拿來加以衡量。我們不可能把所有的價值放在一起，考慮了每個價值以後認為每個價值的確是價值才開始思想的。

我們的價值系統是一個文化演進的過程，在這種過程中我們只能對某一個或幾個單獨的價值根據另外的價值加以辯解與批判。但我們不能把文化演化過程中所肯定的每個價值全部拿來加以批判。假若我們要把所有的價值全部拿來批判的話（認為所有的價值都可能不是價值，我只接受由我的理性所創造出來的價值），那麼我們的文化將要完全毀滅。我們批評某一個價值，必須根據另外的價值，這些價值不是能夠由自己創造出來的。根據以上的分析，理性的批判精神只能在文化演變過程之中發揮正面的效果，而不能脫離文化用本身的力量創新一切的價值。假若有一個人認為他的「理性」比所有的人都高、都多，所以他要用他的「理性」創造一個全新的價值系統，這個人將是毀滅文明的暴君。

根據以上對「天真的（幼稚的）理性建構主義」的批評，我們知道「理性」這個東西不是像笛卡兒哲學所蘊涵的那樣；那麼，這個新了解蘊涵了什麼呢？一、主觀與客觀不是絕對的對立了。過去說主觀是壞的，客觀是好的，這種淺薄、未經過辯解、教條式的說法，已經不能成立了。不過，請大家要注意，我並不是在這裡提倡與讚揚偏見。我們之所以能成為文化的工作者，主要是因為我們有一種自我反省與批判的能力，有發現自己偏見的能力。沒有這種能力的人，只能自我陶醉，這種人是沒有資格從事思想與文化工作的。我不是在這裡提倡大家要用偏見，而是從嚴格的知識論的觀點指出，所謂主觀，所謂客觀，兩者之間不是相隔如鴻溝那樣。二、當我們發現「理性」是這樣複雜的一個觀念，而不是像笛卡兒把「理性」騰空以後所給予的形式的觀念時，我們就應該知道邏輯不能作為理性的代表，而且我們不可太注重邏輯的功能。我這樣說並不表示我是要反對邏輯，在哲學上我的師承最初是來自邏輯實證論，所以我對邏輯實證論本身的特性有相當親切的了解。在某一種情況之下，邏輯當然有用；但是，我們要曉得，假若有人對邏輯產生迷信，認為邏輯本身是發現真理的工具的話，這位朋友就錯了。邏輯本身無法發現真理。無法使我們變得更靈活、更有思想。邏輯只是邏輯，是形式的東西。不客氣地講，邏輯本身可說是一個遊戲的規則。你要打籃球，你不可犯規；你做思想工作也不可犯規。但，無論你對球規如何熟悉——即使把球規倒背如流——也與你做一個優秀球員沒有多大關係。當然，也不是一點關係沒有，因為打球時必須合乎球規；做思想工作時，當然要合乎邏輯。但，邏輯本身並不能增加你的思想，這是最基本的一點。下面還有另外一層：邏輯家本身很易養成心地狹窄的毛病，這種毛病有時很易產生侵略性。專研邏輯的人往往沒有豐富的思想，對外在複雜的世界不容易有確切、實質的了解。可是他在有意與無意之中摒除了許多繁複但卻相關的因素之後，容易在自己的頭腦中編織成一個合乎邏輯、自圓其說的封閉系統。在這個系統之中，他越想越覺得自己的道理是合理的、通順的。那麼在這樣非常相信自己的時候，他有一種拒斥真正有關、真正有用的思想的心理，這是使邏輯家通常沒有豐富與深刻思想的一個重要的原因，所以我們不可太注重邏輯。我來舉一個實際的例子：假若我們問邏輯家：「人生是什麼？」他不能從邏輯上來解答這個問題，他只能用他對人生的了解來做思想的基礎，然後應用邏輯使他的了解在演繹過程中不矛盾，所以邏輯家的思想也要根據他的文化素養，也要根據他對歷史、政治、社會、經濟的了解來做思考的工作。(除非他只做邏輯符號的演繹,那是他的本行,那是形式的,與我們所關心的文化與思想工作沒有什麼關係。)然而,他因為做的是邏輯的研究工作,本身常有拒斥外在世界複雜性的傾向,因此,他對社會、文化與歷史的了解往往是非常單面的,單簡的。假如一件事有五個相關的因素,但他只知道其中的兩個,另外三個相關的因素他在思想的時候並未顧及,因為他根本不知道,那麼他想的結果當然註定是錯誤的,註定是有偏見的。雖然從他的觀點來看很合理、不矛盾,而且很有系統。

以上是從理論上分析而言。如以實例,我們可以羅素為例來說明特別相信邏輯沒有什麼好處,在思想史上、哲學史上,凡是對邏輯有重大貢獻的人,除了有幾個很少的例外(如懷海德),大部分都是很淺薄的思想家。國內多年來有不少人讚揚羅素;但,羅素的思想除了大方向因承襲了一個文化傳統,不可輕易蔑視以外,他思想中的細節與論式大部分是很淺薄的。但他卻老是認為自己很合理,他把許多複雜的關係化約得過分簡單。應該關照到七、八項因素,但他卻根據兩、三點去想了,越想越合理,他懂邏輯而且非常聰明,所以想出來的結論可以用自認為合乎邏輯的形式表達。其實他的知識論是過分簡單的,他的社會哲學是過分簡單的,他的科學底哲學也是過分簡單的。他一開始把事情看得很簡單,當然他會覺得他思考而得的結論是很合理的。(但,我們為什麼多年來總是有人要提倡羅素呢?除了我們對西方的繁複的問題缺乏實質的了解以外,可能與我們對「科學方法」產生了迷信有關。我們認為他是邏輯大師,懂得「科學方法」，他說出來的話，自然可信了。）

在結束本文之前，我要談一點我特別關心的事情：假若我們不再相信邏輯會帶來太多的好處，假若我們相信思想必須有豐富的根據，價值觀念不能整體的創造，我們只能根據另外一些價值批判某一個價值，所以價值的系統是一個演化的系統，而不是一個唯理或先驗的系統，那麼我們應該用什麼態度從事文化建設的工作呢？換句話說，當我們從事文化建設工作的時候，什麼態度才是真正理性的態度？我要提出的看法，以前在別處也曾說過，但我覺得仍有重述的必要。我們的文化有許多危機，這一點大家沒有什麼爭論。我們傳統的文化秩序已經崩潰了。（雖然傳統的文化元素並不是均已死滅，「秩序」與「元素」應做一區分。）在傳統文化的秩序崩潰以後，我們與傳統的關係，因為系統已經沒有了，是一種餘存元素之間單體與單體的連接，而不是系統的連接。在這種情況之下，我們自然在與西方思想、西方的學說接觸的時候，顯得力量薄弱。好像兩個球隊在比賽的時候，因為我們本身的計劃已經沒有了，雖然我們隊員的本領不錯，至少不比對方差，我們的體力也可以，我們的頭腦也夠用，但因為本身沒有一個系統性的打球計劃，而對方並不見得比我們強，但他們有一套系統性的打球計劃；因此，兩隊接觸的時候，我們就顯得很薄弱無力。對方雖然有許多問題，但他們有許多系統（至少在我們面前好像有不少系統），我們在這種弱勢之下與對方接觸，產生了很多比較令人覺得遺憾的事情。舉例而言：我們了解西洋常常產生很多口號式的望文生義的「了解」，包括很多大家知道的學者在內，往往一與西方接觸，因為我們沒有一套系統作為根據，常常被別人的「系統」所鎮懾。人家有一套，我們沒有一套，因此，我們一接觸對方，便發現他那一套好像很棒，很神氣。但實際上他那一套可能有很多錯誤。在這種情況之下，我們應該怎麼辦呢？這當然是極為複雜的問題，不是一兩句話可以解決的。但，我想提出一個觀點，這個觀點我覺得至少比過去的辦法要強一點。

先讓我用一個實例說明：假若一個台北人的其他條件與外地的人一樣的話，他對台北的了解多半比較多。（當然，一個台北人對台北不關心，當然不見得對台北的問題有深刻的了解；但，這是另外一個問題。）所以，我們占有一個優勢，就是我們對我們的問題的具體性與特殊性感受的比較深，雖然我們可能對之想得不夠清楚。因此，用具體的感受作我們的起點，把所有其他學到的東西作為參考，以這種態度進行文化的建設，比囫圇吞棗式引進別國的學派要比較實在，比較更有創造性。

以上我所談的，不是要完全反對一般人所說的理性，而是想用一個知識論與思想史的觀點來對理性加以更詳切的界定，希望把我們的思想弄得更靈活一點，把我們的心靈弄得更開放一點，使我們更能接近一點我們自己的問題。

討論

問：真理是不是相對的？

答：真理常常在演變之中，並不蘊涵真理是相對的，我前面談的如用斷章取義的辦法來了解，很可能得到真理是相對的誤解。因為，如果真理只是演變的結果，各地都有不同的真理了。中國有中國真理，美國有美國真理。事實上是，雖然追求真理必須有根據，而這些根據與我們在潛移默化中所得到的文化素養有深切的關係；但，這並不表示我們的真理不能與另外一個文化裡的人，根據他們的「支援意識」與具體問題所演變的「真理」互相溝通。雖然我們來源不一，但常常產生許多共同的結論，以世界的眼光來看各國思想史，有意思的地方就在這裡。可見真理不是相對的。是不是絕對的呢？真理的具體內容在時間之內還會演變，但歷史的演變有其連續性（continuity）和不同文化之間的共同性。不過，我的這些話所蘊涵的——真理有其永恆與普遍的意義——卻與笛卡兒式從文化與歷史中騰空，不理文化、不理歷史，由頭腦中想出的自認是超越時空的真理不同。

問：請略述您對自由主義的看法及其意義。

答：這個問題太大，但我非常關心這個問題，所以還是要講一講，但只能講一點，當然不能圓滿。自由主義主要的一點是 discipline of freedom（自由的素養）與 discipline of reason（理性的素養）。自由主義絕對反對隨便要做什麼就做什麼，像俄國十九世紀的虛無主義，認為任何事都可以做的看法，是自由主義絕對反對的。自由主義認為那是自由主義內在的敵人，是藉自由之名對自由的誤解與斲喪。為什麼呢？首先，自由主義當然要反對妨害別人自由的「自由」。進一層說，為什麼自由不是放縱——不是愛做什麼就做什麼呢？因為真正自由的感受是建立在創造的、心靈開朗的過程之中。人生的幸福在於享有自由，有了自由才能創造，在真正的創造的活動中，人才能真正享有自由，才覺得自由意義的可貴。思想上的創造，藝術上的創造，都要以文化的素養為基礎才能進行，而文化的素養必須建立在對純正的權威的信服上（對於文學工作者而言，如莎士比亞、杜甫、李白），所以自由與權威的關係甚為密切。自由需要純正權威的滋養，才能有意義。

問：以先生之見，曾受實證主義影響甚深的社會科學應該如何？

答：這個問題很有趣味，可惜在這裡不能細談。第一，先把受實證主義影響的基本假定放棄，以具體的問題為主，來進行切實的研究。過去受實證主義影響的行為科學產生了不少危機，行為科學本身強調自己是真理的化身，例如帕生思（T. Parsons），認為他的理論是普遍的真理，用他的理論可以了解所有的社會。結果我們發現他的那一套不但不是真理，反而是他所屬的美國中上階級利益的代言而已，他的書是在有意無意中為了維護階級利益而寫成的著作。現在我們如何不落入他所落入的圈套呢？最基本的：要用批判的理性做反省。反省自己視為當然的前提。越能反省自己的前提，越容易有創造性。越容易接觸自己具體與特殊的問題，便也越能產生比較合理的理論。不過，許多行為科學家們所做的實際調查與報告，並不牽涉到複雜的理論問題，只要他們用嚴格取證的方法，反映了事實的真相，其貢獻是應該加以肯定與讚揚的。因為任何高深的理論，必須依據對於事實真相的了解。

問：近代中國受西方衝擊之下，似乎當時學者之「固有理性」崩潰無遺，而總想為中國找到一條出路。前些日，有學者批評近代知識分子對中國毫無貢獻，甚至將中國帶上混淆意識之途，請問林教授看法如何？

答：這種看法我覺得不太公平吧？並不是過去的知識分子都毫無貢獻。拿胡適之先生為例，雖然我批評他批評得很厲害，但，實際上，他的一些貢獻也應加以肯定。第一要肯定他的歷史意義。不要老是覺得自己了不起，別人都不行。我們現在批評他，不是說我們了不起，他不行。而是站在關心中國未來的立場，對他批評不是說他不行，而是說他受了歷史的與個人的局限，在他底思想中發生了許多問題。我們要往前走，不要往後看——在檢討他的思想的缺陷後，使得我們容易往前走。他有他的意義，不能說他一點貢獻沒有。以上是從歷史觀點來談。另外，即使從我們關心的當前問題來說，胡適之先生也有他的貢獻，他不完全只有歷史的意義，他並不是只屬於歷史不屬於現代。我雖然覺得胡先生對文學的看法有很多錯誤，對科學的看法非常錯誤。但是，胡適等人寫的《人權論集》到現在還有意義。他多年主張人權、主張自由、主張憲政，這些主張還是有意義的。他一生的言論與著作不是一點意義也沒有。梁啟超有梁啟超的貢獻，王國維有王國維的貢獻，不能說近代知識分子對中國毫無貢獻。當然他們的思想不能說與現在中國思想的混淆沒有關係，我們也不必為他們推卸責任，但不能說他們毫無貢獻。這一句話不知是哪位先生說的？這種說法，我覺得是很不理性的。我非常反對這種煽動式的說法。

問：自由主義能否在中國生根？開放的心靈所需的條件為何？今日儒家所面臨的問題為何？

答：自由主義當然是非常繁複的，有許多層面。中國自由主義到現在為止尚未產生像康德、海耶克、博蘭霓寫的那樣偉大的鉅著。這一點不必否認。但是，有一點令我們關心中國自由主義發展的人感到高興的是：在運作層面，至少年輕一代對於下面一步應該怎樣走已經得到了相當共同的了解，這一點不能不說是一項很大的進步。能走多遠，需要許多主觀與客觀因素的配合，另外還包括運氣好不好這個因素。但下一步究竟如何走已經沒有什麼特別的爭論了，我們已經有了相當的共識。舉例來說，包括各方面的人，即使反對自由主義的人，大家都已公認應該有法治，而「法治」不是「法制」。（法治是「以法主治」，這是我們共同贊成的。我們知道以推行法律達到政治目的的「法制」不是法治。）在法治之下，任何人，包括政府機關與首長，均需服從法律。法律應該獨立於政治與行政系統。（法院已經改制了，至少在形式上已進了一步。）另外，我們知道，民主政治是議會政治，即使嘴上不講自由主義的人，很少人會說民主政治用不著有議會。很多年以前也許還有這種說法，現在已經沒有這種說法了。我們主張尊重人權，主張民主制度中的制衡。這些，基本上已經得到共識。這不能不說是一項成功。

問：據林教授的論斷：人不能（或很難）充分利用先天的理性對於一切價值系統作一真正準確的衡量或批評，似是一種「存在決定意識」的觀點？不知以為然否？

答：「根據」並不是「結論」，在邏輯上，這是很容易解釋的。你的「根據」並不一定決定你的「結論」。想的時候，總需有根據，但你還是要想啊！不是只憑根據，就不必想了。想的過程，自然是創造的過程。（除非偷懶，但，那是另一個問題。或者，你的訓練不夠，根本不能想，把「根據」硬當作「結論」。）所以，不是「存在決定意識」。反而，因為特別注重理性的創造力，所以我特別注重自由，這才是我上述的看法。

問：笛卡兒的「理性論」對人類文明成就有何意義？

答：笛卡兒在數學特定範圍之內，當然有大家都承認的專業貢獻。但我的立場是要對他採取嚴格的批評。他的「理性論」可以說是近代西方文化危機的最重要的原因之一，如果他有「貢獻」，他的「貢獻」就在這兒！

問：您對柯靈烏（Collingwood）之言：「一切歷史皆思想之歷史」有何看法？

答：這種口吐真理式的名言，我認為並不適合我們。我們做學問的時候不能用口吐真理式的名言做依據。所以這種話，我覺得沒有多大意義。當然，從柯靈烏的哲學觀點來看，也不是一點意義沒有。但是當我們對我們關心的問題進行思想的時候，我們不便參考這類的話。「人類的歷史就是思想的歷史」這句話對不對呢？有點對。錯不錯呢？也很錯。人類的歷史當然不只是思想的歷史。當然與文化、政治、經濟、社會的演變都有關係，而文化、政治、經濟、社會的發展不是思想所完全決定的。思想不能完全決定政治，政治也不能完全決定思想，彼此是相互影響的。各種在歷史上的因素相互影響的過程是繁複的。但，從某一個觀點來看，他說這句話有他的立場，這種立場我們可以批判，或參考；但，從我們所關心我們自己的問題的立場來看，這種話並不適合作為我們的參考。如硬要把這類話當作我們思考問題的前提，那麼我們很難避免形式主義的謬誤。

問：您剛才說我們想東西必須憑著什麼才能想，那麼我們怎樣對「所憑著」的加以檢討——檢討也是想，也是憑著那些憑藉在想。如何可能既是檢討者又是被檢討者？

答：我憑藉一些東西想，可以檢討另外的「憑藉」，就是不能憑空想。當你文化素養高的時候，你會發現你所憑藉的東西比較多。必須「憑藉」著想，並不表示沒有思想的自由，您憑著A可檢討B，憑著C可以檢討A，另外，憑著什麼並不表示您憑著的東西一定是你的結論，在過程中有自由在內，所以有創造的可能。（這裡所謂的創造是文化演化觀下的創造，不是笛卡兒式超越文化環境的「創造」，那種「創造」，在人文世界中只有壞處，沒有好處。）

問：存在主義對「理性」的看法如何？

答：各位如對西方思想史有基本認識的話，從我剛才對理性的討論中，會知道我是很反對西方存在主義的。為什麼呢？理由很多，現在只能談一點。存在主義說它是主張自由的，它主張的自由才是真正的自由。如沙特對自由的辯護。但他們強調的自由實在很不通。因為他所主張的自由不根據什麼，只根據「存在」。只要他決定做什麼，他就應有自由做什麼。他無論選擇做什麼或要做什麼，只要選擇了那件東西、或做那樣的事，那件東西或那樣的事就是有價值的。他當時的想法就是當時的存在，這個存在就是價值的來源。所以沙特說，價值，終極地說，是非理性的。但，照我的看法，自由必須有根據。根據合理的準則才能自由。但他所謂的自由卻不根據什麼，只根據他的「存在」，所以他所謂的自由是破壞了我所謂的自由。以上是我們在理論上的不同。我主張的自由主義是根據文化的素養，對歷史的發展有敬意，認為過去的努力不是沒有意義，所以肯定文化與價值的連續性，我們對過去的錯誤要檢討與批判，但我不認為人類的歷史並不是一個笑話，我不認為過去的人都想錯了，只有我才想得通。但存在主義不持這個態度，存在主義認為只要我想什麼，我的想法本身是一種存在，所以就有意義。這種想法產生了「道德的顛倒」（moral inversion），這種想法直接導向虛無主義（nihilism），對什麼都不相信，只相信自己的想法，只要想了，就是對的，他們認為真正的自由是愛想什麼就想什麼，愛做什麼，就做什麼。從這個觀點，當然會不尊重人類過去的歷史，當然是近代西方文化危機的一個表徵了。

問：您在批評邏輯實證論時，提到「他們所謂的事實」是何意？邏輯是遊戲規則，不能增加我們的思想。您所謂「增加我們的思想」是何所指？指增加我們未知的新的經驗的命題，還是指別的？

答：邏輯實證論對事實的看法是很天真的，它認為感官所接觸的東西是「事實」，感官不能接觸的東西不是事實。這種看法太粗陋了。舉例而言，邏輯實證論很難解釋道德，它認為道德本身是情緒。我絕對不能承認這種看法。我願意與他們辯論這一點。我認為道德本身是宇宙的實在（reality），不是情緒的問題。至於如何增加我們的思想，我剛才已經談到了，是要增加我們的文化素養，要具體地關切自己文化、社會問題。從這個觀點來接觸與了解與我們問題有關的、可資參考的學問。這樣走就可把路走正了，這樣可增加我們的思想。

問：在我們的支援意識相當薄弱、貧乏之際，在運用理性解決具體問題時，是否會因而受到很大的遮蔽？我們當如何豐富我們的支援意識呢？

答：我們的「支援意識」的確相當薄弱、貧乏，之所以如此，當然與學校教育有關，與我們填鴨式的考試有關，與我們的升學主義有關。但，怎麼辦呢？並不是沒有辦法。辦法是：慢一點。我在別處曾提倡「比慢精神」。我們不能太著急，著急反而容易變成教條主義者。我覺得台灣各方面都太著急。文化界也在著急，著急寫，著急出版，這樣做法，很易變成在平原上騎馬繞圈子，弄得人馬皆憊，而毫無進境。慢一點反而好。例如：別人花半個鐘頭看完一篇他喜歡的文章，你卻花三個鐘頭看完這篇文章，而且過幾天還要看第二遍；別人花一個禮拜看完《戰爭與和平》你卻花兩、三個月才把它看完。結果你的「支援意識」反而比那個看了許多篇文章，許多本小說的人要多多了。

問：「無規矩不能成方圓」，邏輯既是思想的規矩，縱不能產生真理，但，不可否認邏輯是產生真理的方法，應該注重且講求推演才對。

答：這個問題與我前面談的正好相反。邏輯不是「產生真理的方法」。邏輯本身只是一個思想的規則，服從「規則」不能「產生」什麼東西，不能取代思想內容。打球是打球，規則是規則，一個球員無論規則背得多熟，並不能增加他打球的能力。懂得規則容易使他不犯規而已。我並不反對邏輯，也不是不注重邏輯。規則不懂，打球時常常犯規，被罰下場，連打都不能，遑論打的多好了。但規則無論學得多好，還是規則，不是打球，還是沒有辦法產生思想。我並不是說我們要不管規則，亂打一通，或亂想一通。請大家注意，我不是反對邏輯，我只是說它有局限性。太提倡邏輯反而容易使思想變得貧瘠、形式化。

問：精神的理性與物質理性是否可以相提並論？比如：實證科學與精神哲學能否相互驗證。

答：與這個問題有關的一點，我可以在此說明一下。二十世紀初西方一位重要的社會思想家韋伯（Max Weber）提出一種理性論（他的理論近年來在國內也有人介紹）。他區分理性為兩種：「工具理性」（zweckrationalitat-instrumental rationality）與「價值理性」（wertrationalität-value rationality）。「工具理性」是用理性的辦法來看什麼工具最有效，以便達到我們（無論是否合理）的目的。假若一個人要賺錢，用什麼辦法最能使他賺錢，就應採用這個辦法；諸如講究企業制度化、成本會計、資本累積、職務分工、用人唯才等等。易言之，考慮並採用最有效的手段以達到一個目的是「工具理性」。我們可以說現在美國社會很有效率，美國人的「工具理性」很強，很有發展。但「工具理性」的發展並不表示一定可以促進「價值理性」的完成，有時反而使「價值理性」更不易完成。「價值理性」是根據我們認為合理的價值與方法努力達成合理價值的活動。從「價值理性」的觀點來看，它所持有的道德、宗教與美的價值，既然是理性的，所以是絕對的；追求這種價值的實現的理由來自這些價值本身，所以為了這些價值之實現的努力應是無條件的。「工具理性」發展的地方從「價值理性」的觀點來看，並不一定是很理性的。例如，資本主義過分發展的美國是一個「工具理性」甚為發達，但「價值理性」卻甚為萎縮的國家。總之，在理論上，「工具理性」並不蘊涵「價值理性」。

問：誠如您所說，今日我們所要求的理性乃必須基於固有文化，而發展出來。但對於這樣的論點，除了以往歷史所提供給我們的驗證外，是否還可以找到其他更有力的證明？

答：我並沒有說「我們所要求的理性必須基於固有文化」。這樣的說法對我的意思有相當大的誤解。固有文化中糟糕的地方甚多，大家都知道，我不必在此贅述。我們不能發揚固有文化，而且裡面好的東西是否能被發揚，還是問題，因為時代不同了。我們必須對中國傳統進行我這些年來一再提倡的「創造的轉化」。「創造的轉化」是一個相當繁複的觀念：第一，它必須是創造的，即必須是創新，創造過去沒有的東西；第二，這種創造，除了需要精密與深刻地了解西方文化以外，而且需要精密而深刻地了解我們的文化傳統，在這個深刻了解交互影響的過程中產生了與傳統辯證的連續性，在這種辯證的連續中產生了對傳統的轉化，在這種轉化中產生了我們過去所沒有的新東西，同時這種新東西卻與傳統有辯證地銜接。這些話看來很玄，但諸位如能讀通韋伯的《新教倫理與資本主義的精神》（*The Protestant Ethic and the Spirit of Capitalism*）便可有一形式的掌握。當然我們的「創造的轉化」並不一定與其形式完全相同（內容當然不同）；不過，大概是要相類的（analogous）。

（原載《中國時報》人間副刊，一九八二年八月二—八日）

論自由與權威的關係

一

自「五四」以來一般中國知識分子多認為自由與權威是不相容的。自由不但不依靠權威，而且是要從反抗權威的過程中爭取得到的。他們這種看法，凡稍知中國近代思想史的人，當然都能給予很適當的解釋：自「五四」以來中國最有實力的思想與文化運動是反抗傳統權威的思想與文化運動。（保守運動往往是對反傳統運動的直接回應，可見反傳統運動影響力之大。）在「五四」前後，中國進步的知識分子，在接受了他們所了解的西方現代價值（自由、民主、科學、進步）以後，發現圍繞著他們四周的舊風俗、舊習慣、舊制度與舊思想，都是與他們所接受的價值不能相容的，所以如果要使這些新的價值在中國社會中生根，他們認為必須將那些支持舊風俗、舊習慣、舊制度與舊思想的權威打倒不可；如此，保障人的尊嚴，使人的思想與情感得以合理發展的新價值與新觀念，才有希望在中國發榮滋長。我在別處曾詳論五四時代激烈反傳統主義的種種，在這裡我所要強調的是，雖然這個運動的產生有其歷史因素，而一般人都不易超越歷史的環境，因此我們對五四人物不必責之過甚；但，有思辨能力的人並不一定也不應該只做歷史環境的應聲筒。所以五四時代主張「全盤性反傳統主義」的知識分子是無法對其言之過甚的主張之缺乏反省完全辭其咎的。不過，從歷史發展的大方向來看，反對傳統權威的運動之所以能夠那樣地如火如荼，不能不說是與中國傳統中各式各樣的權威變得過分殭化與頑固有很大的關係。這種歷史的包袱是很不幸的。事實上，自由與權威是相輔相成的，合則兩美，離則兩傷。但，在「五四」的前後，傳統的權威既已那樣地沒有生機（倒不完全是因為與西洋的價值與觀念過分不同的緣故），所以五四人物覺得如果要使中國人接受自由、民主、科學、進步等新價值與新觀念的話，就非先從這些壓迫他們的傳統權威中解放出來不可。因此，傳統的權威與新的價值被認為是敵對的了；在這種情況下，自然很少人會探究他們之間所存有的微妙的相輔相成的關係。

另外，五四人物所接受的西方文化是十八世紀啟蒙運動的主流，及其二十世紀的代表（實證主義與實驗主義）。它最大的特色是基於對於「理性」特質的誤解而產生的兩項禁不住嚴格批判的主張：(1) 對傳統權威的反抗；(2) 對未來的過分樂觀（認為未來一定比過去要好，人類歷史一定是在進步的，反映在胡適的言論中，則是他所謂的「不可救藥的樂觀」）。這兩項啟蒙運動的主張，當然也有其歷史因素。簡單地說，法國啟蒙運動的前身是英國的自由運動。英國的自由運動可分兩支：(1) 反對權威的自由論——科學的真理只有從亞里斯多德的權威下解放出來才能獲得。如果每個人都被允許自由發表意見，真理便會在這種自由競爭與切磋中，以其言之成理的論式壓倒反對者而成立；(2) 哲學懷疑論——在宗教信仰上，我們無法確定哪一派是真的；所以，如洛克所主張的，應該彼此寬容。這種英國的自由論傳到十八世紀的法國，因受法國本身文化傳統的影響，被推展到了極端。從哲學的觀點來看，十七世紀以來法國本身文化傳統的主流之一是：笛卡兒的理性建構主義，或唯理建構主義（cartesian rationalist constructivism）——這種思潮遂把從英國傳來的自由論法國化了。

笛卡兒認為一個哲學家的基本責任是思想，而思想最大的特色是懷疑，他必須懷疑一切可以懷疑的東西。當某件東西禁不住懷疑的時候，那就不能認為它是真的。從各種觀點去努力懷疑，最後發現有的東西無法再加懷疑，這種東西才是真的。這種懷疑論從某一個觀點來看，是言之成理的。一般人通常是馬馬虎虎的，哲學家卻不應如此。笛卡兒用他的普遍懷疑論（the doctrine of universal doubt）來懷疑一切，最後發現有一點，他懷疑不了；因此，他認為這個東西是真實的。這一點就是：他不能懷疑他在懷疑。所以，他認為「我思故我在」。笛卡兒這個人是真的還是假的呢？存在不存在呢？他說當他思想的時候，他無法懷疑他的存在，所以他是存在的。他思想的時候，他是在做懷疑的工作。他在做懷疑工作的時候，他必須先存在才能懷疑他的存在，至少在他懷疑的那個時刻他必須存在，才能懷疑他的存在。至於他是否真的存在？他不知道。但至少在他懷疑他存在的時候，他必須存在，否則他無法懷疑他的存在。這種思想是很精銳的；但，影響卻很糟糕。這種思想的涵義是：什麼東西都可以被懷疑，只有思想不能被懷疑；所以，思想是宇宙中唯一存在的東西。根據這個觀點，很容易導向（滑落）到下面這樣一個看法：世間的東西，只有經由思想創造出來的，才能真正的合理。這個看法再一滑落便會產生另外一個觀點：宇宙裡的東西，都是由思想產生的，只有思想本身是創造的泉源，宇宙不是創造的泉源。這樣便產生了笛卡兒式的「建構主義」。既然真正合理的東西都是經由思想所創造的，凡不是經由思想所創造的都是不合理的；所以我們要用我們的思想的根源——理性——來創造一切、決定一切。從笛卡兒的觀點來看，一切文化必須經由他所謂的理性來建造，這樣才能合理。因此，笛卡兒式的「理性」變成了超文明的主體，既然理性是每個人生而具有的，所以人應該應用理性——人類真正的資源——衡量一切、創造一切。任何權威皆不可恃，理性是唯一的權威，所以從笛卡兒的觀點來看，歷史是沒有意義的。再加上法國教會的權威相當龐大而專橫，建基於理性而對於教會的反抗，變成了正義的吼聲。另外，法國啟蒙運動的人物多半不是真正的科學家（數學除外），他們一方面對科學研究的本身性質不甚了了，另一方面卻非常驚異與驚羨自然科學中他們所認為的理性運作所帶來的輝煌成果；因此，對於未來自然科學研究與他們所強調的，應該應用自然科學方法的社會科學研究，產生了無比的樂觀。例如 Baron d' Holbach 在一七七〇年曾說：人之所以困苦，是因為無知的緣故。所以在思想自由的環境中，只要運用理性，人類便可從貧窮、仇恨、欺侮中解放出來。從這種觀點來看，多半依附傳統而構成的各種權威，便變成了進步的絆腳石。所以，法國啟蒙運動基本上是反權威的。五四人物，直接或間接地接受了這種啟蒙運動主流的意見，以為它是西方的進步思想；他們自然更理直氣壯地反傳統、反權威了。

二

但，自由與權威的關係是不是就像五四人物或啟蒙運動主流所說的那樣呢？要答覆這個問題，我們應該先探究一下自由的真正意義與權威的真正意義，以及我們之所以要爭取自由的理由，和在何種社會、政治與文化的條件下才能獲有自由。

自由可分為外在的自由與內在的自由。外在的自由指個人在社會中的行為所能遭遇到的外在的強制壓力（coercion），已經減少到了最低程度的境況。這種英國式對自由所下的消極的（negative）定義，從來不是一個絕對的觀念。自由當然不包括使別人沒有自由的「自由」。為所欲為的放縱不但與自由絕不相容，而且是自由的大敵。所以自由與法治是不可分的。應用勞爾思（John Rawls）較為積極的話來界定自由，則是：「每個人均平等地享有最廣闊的基本自由的權利，但這種享有基本自由的權利必須與別人享有同樣的權利是相容（不衝突）的。」另外，自由與責任也是不可分的；如果自由不與責任並談，則自由的理想便變得毫無意義。一個人如果對自己的行為不能負責，換句話說，他不能根據經驗事實以他所能預見或想像得到的行為後果來考慮應該怎樣做的話，那麼，談論自由的理想實是一件很可笑的事。這不是說人可超越社會與文化的影響，而是說人在社會中的行為，能夠因考慮與預見不同的可行途徑的後果而決定取捨。所以自由主義者一定肯定人類具有理知與道德的能力。（此處所謂的理知是：認定人基本上有思辨與學習的能力；思辨是指推論與知道思想的連貫、一致或矛盾的能力。這裡所謂的「理知」與笛卡兒的唯理建構主義中所謂的「理性」應做一嚴格的區分。又，此處所謂的道德是指個人的道德〔personal morality〕，如愛心、同情、守信、誠懇等。）

什麼是爭取外在自由的基本理由呢？我們首先要強調的是：從肯定人的價值的觀點來看，易言之，從道德的觀點來看，我們必須爭取外在的自由。當社會上的每個人，不論貧富、出身、才智、教育程度、性別，均受法律的公平保障，均可不受別人意志的干涉，自己在法律的範圍內可以自由自在地做自己所要做的事的時候，這個人才不是別人的工具，他的生命才有道德的尊嚴。一個人生活在世界上，不應做別人的奴隸，社會中的人際關係應該是一個道德的關係，在這個道德的關係之中，每個人都是目的，不是手段。這個社會就是康德所謂的「諸目的的王國」（Kingdom of Ends）。一個社會如果沒有法治，在這個社會裡的人，便不能是諸目的組成的王國裡的一分子。基於上述的理由，我們要爭取外在的自由。

其次，爭取外在自由的主要理由是：在這種自由的社會裡，文明較易進步。因為自由的社會是最能受惠於知識的社會。換句話說，從有效地享受知識所帶來的好處的觀點來看，自由的社會是一個最有組織、最有效率的社會。許多人認為自由是散漫的，越有計劃、越加管理的社會才是越有效率的社會。但事實的真相，卻正相反。不由政府加以指導與控制的自動自發的社會秩序（spontaneous social order）反而是最有效率的。這項頗為辯證的（dialectical）事實，以海耶克先生多年來的論著解釋得最為透澈。

人類知識的進展常常受到不少偶然因素的影響，這些因素是無法預知的。其次，無論才智與毅力的多寡，每個人所能知道的東西都很有限，所以無法預知整個知識領域進展的遠景。更精確地說，人不是上帝，他的心靈只能在社會與文化的演化過程之中活動，不能站在這個過程之外全知一切。因此，如果允許每個人在遵守普遍的與抽象的規則（rules）的前提之下，在知識與訊息可以自由流通的社會之中，根據自己現有的知識對自己所要解答的問題，以自己的理智來決定如何追尋答案，這種辦法從個人的與社會的觀點來說，都是最有創造性、最不浪費的。從個人的觀點來說，他可以自由地做自己所要做的事，不必花時間與精力去做不相干的事，他的情緒容易高昂，可以加倍地努力。

從社會的觀點來說，表面上好像是各自為政、散漫而零碎的知識，由於自由社會的基本原則必須是使知識與訊息自由地流通，如此每個人都可根據自己的需要，以最有效的方式高度利用各方面的知識，這樣反而使得社會中的知識極有效率地組織起來，得到了最高的發揮。顯然得很，自由的社會不是紊亂的社會，而是很有秩序的社會。這種自由的秩序是自動自發地演化而得的，不是任何人設計出來的。這種秩序的整體運作不是由感官可以觀察得到的，它是一個經由推論所得知的抽象的秩序（abstract order）。經由自由的原則，社會得以發展成為極為複雜的秩序，越複雜越分工，每個人所能做的事越有區別，每個社會成員越能獲得更多的服務。

一個經由中央計劃一切、指導一切的社會，其最大的弱點是：無論任何一個人或一組人，即使懷有最大的誠意與決心，他們賴以計劃的知識是註定極有限的。他們對下屬某一階層的指示，比這一階層的人在知識與訊息自由流通的情況下，根據自己對工作需要與問題的理解所提出的對自己現有問題解決的方案，要貧乏而無當得多。這是假設在中央從事計劃的人，一心一意要想做好的結果。事實上，權力使人腐化，作威作福、頤指氣使慣了，在上的人所做的指示不但因知識的貧乏而不當，而且會因自身的腐化，在未使用有限的知識之前，即已把應做的事扭曲了。結果是下面的人為了生存，需花許多時間與精力設想種種辦法應付上面的指示。這種應付往往是與等待解決的問題的本身甚少關連。職是之故，任何中央控制地方的經濟與社會必然會有許多無謂的浪費，必然是沒有效率的。

那麼，尊重人的尊嚴，並使文明最易進展的自由社會究竟如何才能建立起來呢？前已提及，在這種自由秩序裡的人必須遵守普遍的、抽象的規則（rules），否則他們彼此的行為不但不能相互為用，而且會相互抵消。所謂「普遍的」是指規則的應用不分等級，一視同仁；所謂「抽象的」是指規則沒有具體的目的，也不能加以形式的明確說明；但，人們遵守以後卻可根據自己的意圖與知識，達成自己的目的。那麼這些規則是如何得到的呢？基本上，它的傳承是要依靠一個穩定而不僵固的傳統架構，而在這個傳統的架構中，學習這些規則的人的主要工作是：學習與模仿工作範圍內他所信服的權威人士的具體行為所展示的風格。因為抽象的規則無法形式化，所以在學習它們的時候沒有按圖識路、明顯的步驟可循。此處所要特別強調的是：學習這種抽象的規則主要是需要與具體的實例接觸才成。對這項辯證的事實，博蘭霓（Michael Polanyi）與海耶克兩位先生的說明最為深切、精闢。以博蘭霓的名詞來說，這種學習是在潛移默化中與規則的具體實例接觸後，使它們變成支援意識（subsidiary awareness）的一部分。一個人在集中意識（focal awareness）中想要解決問題的時候，這些在支援意識中的規則便產生了它們的作用。

一個人從學習的階段進展到有所主張，有所創造的時候，他是不是就獨立於權威了呢？關於這個問題，我可用科學家的工作性質與同僚的關係來做一點說明。科學家最主要的工作是要對宇宙的自然加以了解，但每個科學家所能精確知道的自然世界卻很有限，他的研究工作必須依賴其他成千成萬的科學工作者研究的成果才能進行；可是這些成果是否正確，他卻既無時間也無能力加以鑑定，所以他必須承認他們的權威性。而他自己的研究成果，也是在許多其他研究工作者未對之加以鑑定而被承認其權威性的。在承認相互權威性（mutual authority）的前提之下，為了幫助自己研究的進展，每個人根據自己的需要與興趣學習與研究別人的貢獻的某些方面，此種研究是未經中央機構指示、自由地進行的；而這種學術的自由，主要是以相互權威性的傳統結構為基礎的。

科學家的社群在「相互權威性」的基礎上演變出來了一套約定俗成的衡量科學貢獻的標準，這種標準，既然變成了一個傳統，當然有其保守性，此種保守性保障了科學界的穩定，否則科學界將被各種大膽的假說所沖毀，學術的討論在漫無標準的情況下，也無法得到豐碩的成果。但，這種保守性是不是對原創理論產生了拒斥作用呢？科學史上有些例子使我們知道，過於超越時代，特別尖銳的原創理論在提出來的時候，有時是會遇到很大阻力的。但，如果這種原創理論在解釋「真實」上的確有其獨到之處，早晚會被別的追求科學真理的人所了解、所肯定，因為許多人無法抗拒它的真理性。科學界的「相互權威」無法變成絕對權威，「相互權威」不但允許科學家的學術自由，而且是學術自由的最主要的基石。在自由研究的空氣中，更能展現宇宙真實的新理論，在它所能解釋或解決的新的問題漸被其他科學家意識到的時候，早晚要被別人肯定而產生突破性的影響的。

三

以上說明了外在自由與權威相輔相成的關係，這裡所謂的權威——維護自由的法治中法律的權威與促使文明進步的普遍與抽象規則的權威——都是在傳統中演化而成。不過，有了外在的自由以後，人是不是就有了內在的自由呢？如果一個人的內在意識被怨恨、恐懼與無知所占據，無論外在自由的架構多麼完美，他仍然是沒有自由的。一個人只有他在對生命有清楚的自覺、對生命的資源有清楚的自知的時候，才能發展內在的自由。換句話說，一個人依據生命的自覺及對於生命資源的自知，才能以自由意志去追尋人生中道德的尊嚴與創造的意義。一個沒有尊嚴與創造生命的人生是沒有意義的。這種創造與尊嚴並不是只有知識分子才能追尋，其實那些靈魂腐化的知識分子反而特別不易達到這種境界。一個農夫或工人在面對人生種種挑戰與困境之時，照樣可以根據他自己的自覺與資源獲致道德的尊嚴與創造的經驗。然而這種道德的尊嚴與創造的經驗究竟如何追尋、如何獲得呢？這不是一個形式的問題；只在形式層面喊些口號或做些推論是與我在這裡所談的問題不相干的。一個人必須在實質層面真正得到啟發，才能對人生的意義產生清楚的自覺、對生命的資源產生清楚的自知，才能獲致道德的尊嚴與創造的經驗。易言之，他必須有所根據。這種根據是，他所接觸具體的、韋伯所謂的「奇理斯瑪的權威」（charismatic authority）。一個愛好文學的人，當他真正心悅誠服地受了杜思妥也夫斯基啟發的時候，他自己的創造的想像力才能豐富，才不會被羈絆在文體與詞藻的層次。只有具體的實例才能在潛移默化中給予他真正的啟發。這種情形，在道德成就上、學術研究上都是一樣的。

從以上的分析來看，無論外在的自由或內在的自由，在實質的層面，均與權威有密切的關係。但，這裡所說的演化的權威與外在自由的關係，以及「奇理斯瑪」的權威與內在自由的關係，當然要與強制的、專橫的、形式化的假權威做一嚴格的區分。從本文的觀點來看，用政治、金錢或僵化的社會階級的力量，或是為了維持政治或社會階級的利益所造成的假權威，是與我所指謂的權威的權威性不相干的。

至於以平等為基礎的民主觀念，在理論上是反權威的。當一個人認為他自己與別人平等，所以應有權利為自己的事做決定的時候，他常會以為自己也有能力為自己的事做決定。這種混淆是思想與文化進展的阻力。如果一個社會把民主的觀念與民主的價值當作社會與文化生活的主導力量，這個社會便易被大眾文化（mass culture）所主宰，那是一個膚淺的、趨附時尚的社會。但，作為制度而言，實行民主通常可以避免極權或獨裁，至少人類尚未找到其他更有效的制度來防止極權或獨裁。（極權的民主〔totalitarian democracy〕是民主的病態。但，無可諱言的，這種病只有在全民參政的「普遍民主」的觀念出現了以後才能發生。帝王可以變成暴君，羅馬的共和可以變成獨裁政體；但，那些都不是極權政體。近代全民普遍參政的觀念興起以後，始出現左派與右派以全民參政為藉口來控制全民全部生活的極權的民主。）職是之故，為了自由，我們必須建立民主制度；但民主與自由之間存有一個不可避免的「緊張」關係。以民主制度來維護自由，民主是手段，不是目的。既然是一個手段，而且是一個——只要運用得當——有效的手段，我們應該努力使它在中國真正的實現，在它實現的過程當中，我們要監督它，使它不致氾濫，同時我們更要努力使民主制度不斷改進，使它成為更有效的維護自由的手段。

綜上所述，我們知道五四式為了反對傳統中僵化與專橫的成分而產生的全盤性反對傳統權威的運動是錯誤的。這種錯誤有其歷史的因素，吾人不必對過去人物過分深責。但二十世紀中國的政治與文化的危機是與演化的權威無法在穩定的環境中演化，以及真正的「奇理斯瑪」的權威過分貧瘠有密切的關係。這種現象的歷史原因是繁複的；但，五四式全盤性反對傳統權威的運動，不能不說是主要的原因之一。可是，在我們批評五四思想的時候，我們不能不肯定經由思想得以解放的五四信念，與許多五四人物為了努力促進自由、民主與科學在中國實現的奮鬥精神。那是五四遺留給我們的寶貴遺產，我們要以邁出五四的工作來光大五四的精神。今後如何使演變的權威在中國的泥土上漸漸生根，如何鼓勵真正的「奇理斯瑪」的權威在中國出現，以便使自五四以來追求自由、民主、科學與進步的運動產生實質的內容，這是中國知識分子再出發的重大課題。

（原載《中國時報》人間副刊，一九八二年九月十二—十四日）

再論自由與權威的關係

引言

最近看到九月十二日至十四日「人間副刊」刊出的拙文〈論自由與權威的關係〉。那篇東西原是為了參加去年七月底在棲蘭山莊舉行的「中國近代的變遷與發展」研討會而趕寫出來的初稿。我寫文章，在一個時間之內，往往只能照顧到一件事；當分析與解說複雜問題的時候，通常只能一邊想一邊把所需要表達的論式記錄下來——包括需要加進去的qualifications。（這個字，我一直找不到適當的翻譯，「斟酌」、「限定」、「增減」、「分寸」都與之有關，但都不夠精確。）當把要說的，經由這個艱難的過程轉移到了紙上以後，始能修飾文句，使其順當。所以寫完初稿，通常需要再重讀兩三遍，隨讀隨改，然後才能定稿。

可是，當我重看刊出的初稿時，發現文句上頗有一些拖泥帶水的地方，自覺甚為汗顏，謹此向讀者致歉。現在已仔細校訂過了，將來在慶賀陶百川先生八秩榮慶論文集與在拙著《思想與人物》中發表時，希望能夠比初稿流暢一些。論式方面，倒無需修改；但需要增加一些補充說明，這樣一方面可以避免誤解，一方面可以增加一些內容的周延性。

什麼是權威？

在棲蘭山莊開會的時候，一些友人認為我在此時此地強調自由與權威之間正面相輔相成的關係，應該特別小心；否則很易引起誤解，甚至可能被政客利用。因為在我們的社會中，把喊口號當作從事思想工作的人，仍然大有人在，他們可能會根據此文高喊「自由需要權威支持」，而不知他們所說的「權威」實在是壓抑與迫害自由的假權威，如此反而增加了混淆。其次，這種口號如果被政客們利用，那麼可能變成：「實現自由需要服從他的，或他的黨的權威」；如此，政客們反而把我說的那一套轉變成為反自由的工具了。關於後者，我倒不覺得會有我的朋友們所說的那樣嚴重；因為政客們是很精明的，至少對眼前的利益與維護自身利益的手段看得很清楚。他們一向為了他們的利益，強調他們所謂的「權威」（即我所說的假權威），而我根據自由主義的理論所談的自由與權威之間正面的關係是有不可分割的系統性的，他們如果要利用我的理論去支持他們的「權威」，結果反而正可證明他們的「權威」是假的；這種事，政客們是不做的。他們最多只能繼續喊他們那些牽強的、沒有說服力的、使人一看便知是為了維護背後政治利益的「自由」與「權威」。

不過，關於我談的自由與權威的關係可能不易被一般讀者所了解這一點，我覺得朋友們的警告是應該重視的。然而，這不是一個理論的問題，而是如何表達的技術問題。八月二日清晨我去看望素所敬重的劉廣京先生的時候，曾就此一問題向他請教。我們反覆討論，最後廣京先生說可用「心安理得的權威」與「壓制性的『權威』」來分辨我所說的真權威與假權威。他提出的名詞甚為恰當，因此，在那天晚上中國時報與世華基金會所安排的講演會中，我便使用這兩個名詞來說明自由主義所謂的真權威，與反對自由主義的假權威了。由於時報「人間副刊」工作同仁的熱心與責任感，他們很有效率地把在演講之前兩小時才拿到的演講大綱及時排字印刷，分發給聽眾；因此與會聽眾聽到我說的並清楚地看到我寫在演講大綱上的權威的兩個類型以後，很少有人對我所談的內容產生誤解。大多數聽眾也都明瞭我為什麼不能用別的名詞來取代權威兩字，而只能用比較麻煩的方式來區別權威為「心安理得的權威」與「壓制性的『權威』」——因為「心安理得的權威」是真權威，所以不能說它不是權威，故無法用別的名詞來取代它；與「心安理得的權威」相較，「壓制性的『權威』」是假權威，所以不能算是權威，較精確地說，只能稱之為有形的與無形的威脅與壓迫。

權威一詞，正與自由、民主、法治等等名詞一樣，本是外來語。英文權威（authority）這個字，原是從拉丁文auctor（author）演化而來，意即：作品的創作或創始者；其衍生義是：創始者具有啟迪別人的能力，他的看法與意見能夠使別人心悅誠服，使別人心甘情願地接受他的看法與意見而受其領導。因此，他的看法與意見便變成了權威。為什麼創始者的看法與意見能夠使人心悅誠服地服膺呢？這主要是要靠創始者的意見能夠變成具體的範例，與能夠賦予行為的正確性，並導使其成功；因此，使別人對其產生信心，遂起而服膺。換句話說，權威即是一種使自己的提議被別人接受的能力。在社會上，有創造力的人的提議常被別人心甘情願地接受而志願地服膺，並隨之一起前進。在這種志願的結合中，我們感到有一股力量促使志願結合的發生，這個力量就是權威。當志願的服膺與景從結束的時候，也就是權威崩潰，威脅與壓迫代之而起的時候。一般人心甘情願服膺與景從權威的原由不一定或不僅是純理性的。但，服膺權威必須來自心甘情願的意願，否則這個「權威」不是真的權威。

以上所談的是權威的古典定義。這個古典定義與下文所要討論的「奇理斯瑪」的權威（charismatic authority）頗有匯通之處。我們從這個古典的定義中知道，權威有使人服膺的力量；這種服膺是出自服膺者心甘情願的意願，否則他們服膺的便不是真的權威。維護自由的法治中法律的權威與在一個有生機的傳統中經由演化而成的、促使文化得以進步的普遍與抽象規則的權威，也有使服膺者心甘情願服膺的特性。因為英美維護自由的法治是建立在英美文化與道德傳統衍生出來的，海耶克先生所謂「超於法律的信條」（meta-legal doctrine）之上，浸潤在這個文化與道德傳統裡的人，雖然對其中的問題也頗有辯論，但絕大多數對無人可在法律之上、法律之前人人平等、必須注重法律程序等「以法主治」（rule of law）的觀念都是心甘情願地服膺的。易言之，對於法律權威是志願接受的。（我們的法治之所以在高喊口號數十年以後仍未上軌道，原因當然甚多，但缺乏支持法治的文化與道德的傳統則是基本原因。但，打倒自己文化與道德的傳統也不能促使法治的實現，因為培養對法律權威心甘情願地服膺與遵從，只能在傳統的架構中進行；較為可行之方是對於傳統進行「創造的轉化」，產生與過去銜接的新傳統，以這個新傳統作為實現法治的基礎。）

至於文化賴以進步的普遍與抽象規則的權威性，也是要依靠傳統的架構才能建立的，才能被心甘情願地服膺的。在一個穩定而不僵固的傳統架構之內，當學習與模仿在我們工作範圍之內我們信服的權威人士具體行為所展示的典範的時候——亦即當學習與模仿他們在遵循普遍與抽象規則而獲得的創造活動與風格的時候——我們始能於潛移默化中學到普遍與抽象的規則。因為抽象的規則無法形式化，所以沒有按圖識路、明顯的步驟可循，只有在學習與模仿具體範例的時候（請特別注意「具體」二字），才能於潛移默化中學到，並使之變成「支援意識」的一部分，藉以發揮我們的創造的能力。經由這種過程學到的普遍的與抽象的規則，對其權威性自然是志願地服膺與遵從的。

「人間副刊」發表的拙文在當時撰寫的過程中，由於我集中精神去推演文中的論式，所以只在結束之前區分權威為真權威與假權威，並沒來得及一開始就把權威分成兩個類型，也沒有給權威下定義，謹此補充如上。

超脫五四的羈絆以達成五四的鵠的

過去站在中國自由主義立場談論自由的人，大都把自由與權威當作敵對的觀念來談；因此，在一般讀者心中（八月二日晚上參加演講會的除外）很可能有人對我的意思產生誤解。然而，我為什麼要甘冒被誤解——甚至被曲解——的危險，硬要堅持論述自由與權威之間的正面關係呢？中國自由主義運動，到目前為止，主要仍然停留在要求解放的層次上。它主要仍然是一個解放運動——一個要求在政治上、社會上與文化上從傳統的與現在的壓制性的「權威」與僵化的「權威」中解放出來的運動。我們覺得，我們之所以尚未獲得我們嚮往的自由，主要是因為在政治上、社會上與文化上我們仍然被有形的與無形的「權威」繼續不斷地威脅與壓迫的緣故。這種反權威的運動，自五四以來（實際上，可追溯到譚嗣同與梁啟超）是一個波瀾壯闊的運動，自然有其客觀的許多原因在；但，基本上，如果中國人並沒有被許多「權威」威脅與壓迫，當然這個運動也不可能產生。然而，個人是不是從壓制性的「權威」與僵化的「權威」中解放出來以後便可獲得自由了呢？換句話說，把這些壓制性的「權威」與僵化的「權威」打倒以後，我們是不是就可享有個人自由了呢？從形式上去演繹，很易得到肯定的答覆。但，實際情況，不但不是如此簡單，而且如果繼續抱持這種想法的話，反而會阻礙真正有生機的個人自由的建立。上述的負面破壞運動，無論多麼成功——無論把壓制性的「權威」與僵化的「權威」粉碎得多麼徹底，它本身並不能直接導引個人自由的獲得。這個負面的破壞運動，只能摒除一些障礙，但應適可而止。只要一些人（並不需每個人）明瞭了壓制性的「權威」與僵化的「權威」是壓制的、僵化的，所以是不合理的，即可。我們應儘速培育與建立外在自由與內在自由所需要的「心安理得的權威」。即使有人仍然信服過去的假權威；然而，當新的、真正權威建立起來，占有勢力之時，那些假權威會自然喪失力量，變得不相干。但，假若我們一味沉湎於幻覺之中，以為打倒我們厭惡的「權威」便可獲得個人的自由，甚至認為一切權威都與自由不能相容，所以不能夠也不願意正視心安理得的權威與個人自由的正面關係，那麼我們終將無法獲得個人的自由。

有生機的個人自由與心安理得的權威是相輔相成的，合則兩美，離則兩傷。更進一步地說，當我們了解了自由與權威之間的正面關係以後，我們才能夠轉換一下思考的方向，才能夠去注意、去探索傳統的權威之「創造的轉化」的理論與實踐。

也許有人會說，歷史的發展是有階段性的，現代中國自由主義的課題，就是仍然停留在打倒壓制性的「權威」的階段，你談的那一套尚嫌言之過早，你再仔細地分析、再仔細地解說，一般讀者可就是沒有理論與生活的背景來支持他們去理解你說的那一套。對於這種「秀異分子」（elitist）強烈反知主義的（anti-intellectualistic）看法，我是不能同意的。我之所以不能同意，不只是立場的問題；事實上，一般讀者的理解能力並不像這種秀異分子所說的那樣。去年暑假，我講完〈什麼是理性〉以後，聽眾們臨時提出的許多問題所顯示的水準，可為明證。（「人間副刊」，一九八二年八月四日—八日；現已收入本書。）

「五四」已離開我們半個世紀多了，我們在繼承五四所揭櫫的自由、民主與科學的鵠的之餘，早應擺脫五四思想中的謬誤，不可再拾其牙慧，繼續在原地兜圈子。何況今日的台灣，中產階級已經興起，教育已經普及，在走向自由與民主的道路上，政治情況與思想準備已經落於經濟與社會發展之後，因此，從事思想工作的人，應該盡力提出新的、更有力的觀點來為中國自由主義建立更有生機的基礎。

內在自由與「奇理斯瑪」權威的關係

前文在談到內在自由的時候，曾強調「奇理斯瑪」權威（charismatic authority）的重要性：如果一個人的內在意識被怨恨、恐懼與無知所占據，無論外在自由的架構多麼完美，他仍然是沒有自由的。人只有對生命有清楚的自覺、對生命的資源有清楚的自知的時候，才能發展內在的自由，他才能依據生命的自覺及其資源，以自由意志去追尋人生中道德的尊嚴與創造的經驗。在實質層面，這種道德的尊嚴與創造的經驗是不能在自我封閉系統中獲致的；一個人必須與真正的道德的與創造的實例相接觸，受其啟發，才能去追尋。這種具體的啟發，對受啟發的人而言，是「奇理斯瑪」的權威。我過去在〈鍾理和、《原鄉人》與中國人文精神〉一文中曾對「奇理斯瑪」權威的涵義做過一些說明，在八月二日晚上講演會上分發給大家的講演大綱中也曾做了一些簡要的說明。不過，在九月十二日至十四日「人間副刊」發表的〈論自由與權威的關係〉，卻未能來得及仔細解釋，所以我想在這裡做一點必要的補充。

奇理斯瑪（charisma）本義是「神聖的天賦」（the gift of grace）。這個字來自早期基督教的語彙，最初是指謂得有神助的人物；因此，他登高一呼，萬眾景從。後來，韋伯（Max Weber）在界定權威底不同型態的時候，用來指謂一種在社會不同行業中具有原創能力的人物的特殊資質。他們之所以具有創造力，是因為他們的資源被認為與宇宙中最有力、最實在與最重要的泉源相接觸的緣故。席爾斯（Edward Shils）更進一步引申「奇理斯瑪」這個觀念，使它不僅指謂具有創造力的人物的特殊資質，並且指謂社會中，被視為與最神聖——產生「秩序」（order）的——泉源相接觸的行為、角色、制度、符號與實際物體。因此，具有「奇理斯瑪」的行為、角色、制度、符號與實際物體能夠使其相關的人類經驗秩序化。「奇理斯瑪」權威的最重要關鍵是它能夠產生秩序——它能夠賦予心靈的與社會的秩序。而它最初的定義是指謂原創能力本身產生秩序的力量。在一個範圍之內的原創能力能夠使這個範圍秩序化，因此它能引發志願的服膺與景從；從這個觀點來看，「奇理斯瑪」與權威的古典定義是匯通的。席爾斯的引申義，雖不限於具有原創能力的人物的特殊資質，但他所謂的「奇理斯瑪」的行為、角色、制度、符號與實際物體的特性也是：與之接觸以後，能夠使與其有關的人類經驗產生秩序的現象。所以，深遠而涵蓋廣的「奇理斯瑪」能夠產生深遠而涵蓋廣的秩序。以哲學思想為例，西方最大的「奇理斯瑪」的哲學思想，正如懷海德（A. N Whitehead）所說，是柏拉圖的哲學，它賦予了西方哲學界最大的「奇理斯瑪」符號系統；中國最大的「奇理斯瑪」的哲思，則是孔子的思想，它賦予了中國最大的系統性與秩序性的思想——中國最大的「奇理斯瑪」符號系統。

可是，由於一般人性格上的許多弱點（依賴性、庸俗性），以及社會、文化、政治與經濟中的許多缺陷與問題，他們常常過分依賴或渴望「奇理斯瑪」的出現，以填補與解決許多社會、文化、政治與經濟的缺陷與問題，並賦予它們新的秩序。野心家們常可利用這些內在的弱點與外在的缺陷，以廣告的、煽動的、威脅的方式製造並非真有創造能力的假的「奇理斯瑪」，或把小型的「奇理斯瑪」吹捧成使別人覺得是能夠解決多種問題的大型的「奇理斯瑪」。這種行為除了滿足野心家做「領袖」的私慾以外，因為假造或吹捧出來的「奇理斯瑪」的確並沒有真正或足夠的創造能力，所以問題仍然無法得以解決，而且有時候還會產生許多始料未及的新的問題。（例如，毛澤東所講的那一套，在一九四九年以前，對於左傾的知識分子與被壓搾的農民而言，是有龐大的「奇理斯瑪」的吸引力的；可是從一九四九年以後，他所說與所做的充分顯示了他在實質層面連理解問題的能力都很差，遑論解決問題的原創能力了。因此，他只能利用組織、宣傳，及發動各式各樣運動的辦法來維護他的「奇理斯瑪」。但，以外在的勢力來製造「奇理斯瑪」的權威，從最初定義上看，就已經不是真正的「奇理斯瑪」了。這種被製造出來的假的「奇理斯瑪」對人民而言是威脅與壓迫，那當然不是真的權威。）「奇理斯瑪」是源頭活水，是真正的創造能力在社會上與文化上產生的功能。如果我們要客觀地衡量一個「奇理斯瑪」的現象，看它是大型的、小型的，或假的，我們就需清楚地知道它是不是有真正的原創能力及其涵蓋面的深度與廣度。

那麼，在何種社會與文化之中真正具有原創能力的「奇理斯瑪」才比較容易出現呢？第一，僵固的文化與社會和受激烈反傳統運動的震撼以致一般規範多已崩潰的文化與社會都是不易產生具有偉大原創能力的「奇理斯瑪」的。它需要自由的環境（小型或假的「奇理斯瑪」則不需自由的環境），但這裡所指謂的自由的環境卻必須同樣是穩定的環境。正如懷海德所說：「生命有要求原創的衝動，但社會與文化必須穩定到能夠使追求原創的冒險得到滋養；如此，這種冒險才能開花結果而不至於變成沒有導向的混亂。」稍有觀察力的讀者都會知道，我們近百年社會與文化的歷史的主流卻是從僵化的傳統走向激烈反傳統的紀錄，這個歷史的結果是：傳統規範多已蕩然無存，而新的規範仍在難產之中。我所提出的對於中國傳統進行「創造的轉化」的主張是痛感我們所處的歷史的難局以後思索而得者。有關在文化與思想方面如何進行「創造的轉化」的種種，請參閱拙文〈中國人文的重建〉，此處不贅。

第二，一個被民主文化所主宰的社會（例如美國），容易趨附社會上的最低公分母，易於產生庸俗的「奇理斯瑪」（如六〇年代的甘迺迪總統），這種「奇理斯瑪」像化妝品，並不能持久。正如前文所強調的，我們必須認清自由與民主的不同，我們必須堅持自由是目的，民主是手段；這樣才能得到民主的好處，防止民主的壞處。

第三、要用嚴格的理性批判與反省的態度正視外界的刺激（這裡所謂的理性是「批判式的理性論」（critical rationalism）所指謂的理性，不是笛卡兒「天真的理性主義」（naive rationalism）所指謂的「理性」，詳見拙文〈什麼是理性？〉）如此才不至於被依傍外力製造出來的、假的「奇理斯瑪」所蠱惑。

一般論述「奇理斯瑪」的人多強調，大眾受「奇理斯瑪」之刺激所發生的對於「奇理斯瑪」的崇拜之情是非理性的。這種看法有其一定的道理，但這種看法忽略了不同類型的「奇理斯瑪」之間的差距的觀念。（只能解決比較簡單層次上的問題的、原創能力有相當限度的、中型與小型的「奇理斯瑪」，在社會中的缺陷被強烈感受到的時候，容易使服膺「奇理斯瑪」的人產生這種現象。一個被地主壓搾的佃農聽到了毛澤東的共產革命口號，容易產生強烈的崇拜之情，同時會擴張到相信毛底「奇理斯瑪」能夠解決他切身問題以外的問題。）但我們不可忽略涵蓋面既深且廣的「奇理斯瑪」是具有深刻的原創能力的，它的來源雖然不僅僅只是理性（也包括直覺的想像力；在人文世界中，更需豐富的道德想像力的支持）；但它的龐大的解決深重問題的原創能力之本身即是批判式理性的徵象；其次，在自由而穩定的社會條件配合之下，它之所以能夠使得別人心悅誠服地遵從，乃源自它底原創能力所具有的理性說服力。韋伯在討論「奇理斯瑪」權威時，特別強調它使人服膺的能力是來自它本身的力量，而這種力量是經常在被考驗之中。如果後來它被證實並無解決問題的能力，它底「奇理斯瑪」的特性也就消失，人們自然對之不再心悅誠服。因此涵蓋面既深且廣的「奇理斯瑪」，必須具有重大的原創能力，這種原創能力必須包括對問題的理性的洞察力與能夠對於面對的問題提出適當而徹底解決的能力，否則是禁不住考驗的，也就自然會喪失它的「奇理斯瑪」。

總之，培育並促進真正偉大的「奇理斯瑪」的出現並對之接受的基本條件有內外兩種：內在條件是社會成員必須培養批判的理性精神與態度；外在的條件則是：建立並發展真正有生機的自由與法治的制度，在這種制度下社會成員容易得到平等的待遇與基本的人權，社會的缺陷的種類與程度容易減低，社會成員對於假的或小型的「奇理斯瑪」的不平衡與過分強烈的反應的機會與可能也就相對地減少。我們要求自由與民主，當然必須優先建立法治的制度，否則一切終究只是空談。但一個只講法律的社會是一個相當乾涸的社會，真正的道德尊嚴與創造經驗的追求不是只靠守法便可得到，其實質內容必須經由重大的「奇理斯瑪」權威的啟迪與個人的努力始能獲致，而真正涵蓋面既深且廣，具有重大原創能力的「奇理斯瑪」的權威也只有在自由的社會中才能展現。

本文與前文參考書目：

Polanyi, Michael and Harry Prosch. *Meaning*. Chicago: University of Chicago Press, 1975.

Polanyi, Michael. *Personal Knowledge: Towards a Post-Critical Philosophy*. Chicago: University of Chicago Press, 1958; corrected edition, 1962.

——. *The Logic of Liberty*. London: Routledge and Kegan Paul, 1951.

Hayek, F. A. *Law, Legislation and Liberty*, 3Vo1s. Chicago: University of Chicago Press, 1973-79.

——. *Studies in philosophy, Politics and Economics*. Chicago: University of Chicago Press, 1967.

——. *New Studies in philosophy, Politics, Economics and the History of Ideas*. Chicago: University of Chicago Press, 1978.

Jouvenel, Bertrand de. *Sovereignty: An Inquiry into the Political Good*. Cambridge: Cambridge University Press, 1957.

——. *The Pure Theory of Politics*. New Heven: Yale University Press, 1963.

Runciman, W. G., ed. *Max Weber: Selections in Translation.* Translated by Eric Matthews. Cambridge: Cambridge University Press, 1978.

Shils, Edward. *Tradition*. Chicago: University of Chicago Press, 1981.

Shils, Edward. *Center and Periphery: Essays in Macrosociology*. Chicago: University of Chicago Press, 1975.

（原載《中國時報》人間副刊，一九八三年二月二十一二十一日）

二

五四式反傳統思想與中國意識的危機

——兼論五四精神、五四目標、與五四思想

一

五四新文化運動至今已六十年，六十年不能算是一段很短的時間；然而，今天我們回顧這六十年來文化與思想的發展，我們知道，成績實在是很有限的。今天我們紀念「五四」，在思想上首要之務是應把五四精神、五四目標與五四思想加以分析，使之分離。如此，我們才能創造地繼承五四傳統而不被其所囿。

什麼是五四精神？那是一種中國知識分子特有的入世使命感。這種使命感是直接上承儒家思想所呈現「先天下之憂而憂，後天下之樂而樂」與「家事、國事、天下事、事事關心」的精神的；它與舊俄沙皇時代的讀書人與國家權威與制度發生深切「疏離感」（a sense of alienation），因而產生的知識階級（intelligetsia）激進精神，以及與西方社會以「政教分離」為背景而發展出來的近代西方知識分子的風格，是有很大出入的。這種使命感使中國知識分子以為真理本身應該指導政治、社會、文化與道德的發展。我們這些追求真理的人看到了政治上、社會上的不合理現象，便極感不安，深覺自己應該加倍努力，一方面覺得應該參與愛國運動，另一方面覺得自己的工作與國家前途甚有關連，只要把它做好便是救國之一途。這種使命感發展到最高境界便是孔子的「知其不可為而為」的悲劇精神。因為我們具有使命感，所以我們有所歸屬。即使我們對政治與社會許多不平、不合理的現象深感憤慨；但，我們不消極、不氣餒、不自怨自艾、不上山靜思，也不玩世不恭（做這類事的當然也有；不過，那不是中國知識分子的主流）。這種入世的使命感是令人驕傲的五四精神，我們今天紀念「五四」，要承繼這種五四精神，發揚這種五四精神。

什麼是五四目標？大家都知道五四運動最初是一個內除國賊外禦強權的民族主義愛國運動。所以它的基本目標是：使國家強盛。但，強國的辦法很多，如要逞一時之快，用法家或近代極權主義的獨裁辦法在短期之內是可能奏效的，雖然這種辦法有其內在不穩定性。五四運動是在合理、合乎人道、合乎發展豐富文明的原則之下進行的愛國運動。所以它是與自由、民主、法治、科學這些目標分不開的。雖然這六十年來這些五四目標受到了不少左右政治勢力的分化與壓迫，以及中國知識分子內在思想混亂的干擾；但，在今天大陸上中國人民通過大字報、遊行示威，要求民主、人權、法治的運動蓬勃地興起之時，在台灣言論自由的尺度已漸放寬，公開公平的選舉已變成多數人所要求的政治活動之際，我們可以說「五四」對自由、民主、法治、科學的要求是中國人民一致的願望，不是任何統治集團可以抹煞的。大陸上經過「四人幫」封建的法西斯式的統治，人民的願望不但未被任何統治工具所擾亂，到頭來，仍然是要要求民主與法治。這種要求的淵源實種因於五四運動，可見五四運動影響之深遠。經過六十年的歷史考驗，五四運動所追求的目標，在今天看來，產生了更為嶄新的意義。凡是真心關懷國家前途的中國人都應為實現這些五四的目標盡最大的努力。

什麼是五四思想？這個問題可分從思想內容與思想模式兩方面來看。而思想內容可再分為形式的與實質的兩個層次。在形式層次上，五四人士喊了不少口號，高談自由、民主、科學、思想革命、文學革命等。但他們到底認為什麼是自由、民主、科學、思想革命、文學革命呢？我們雖不必對五四人士過於深責，因為他們的思想深受當時種種環境的影響，之所以不能深入是有客觀的歷史因素的；但，不能不指出，他們的這些觀念在實質的層次上是相當膚淺、浮泛，甚至錯誤的，例如胡適主張的「八不主義」文學革命論，現在看來是很不通的。他們把科學看成了宗教，對之產生了迷信，這種「科學迷」式的科學主義是很不科學的。最糟糕的是，許多五四人物為了提倡自由、科學與民主，認為非全盤而徹底地把中國傳統打倒不可。這是與自由主義基本原則完全違背的。而這種「全盤否定傳統主義」卻直接引發了「全盤西化」那種大概只能產生在中國的怪論。

我們今天紀念「五四」，要發揚五四精神，完成五四目標；但，我們要超脫五四思想之藩籬，重新切實檢討自由、民主與科學的真義，以及它們彼此之間的和它們與中國傳統之間的關係。這件事當然不是一朝一夕可以達成；然而，與其在圈子內平原跑馬，人馬皆憊而毫無進境，不如做一點切實功夫，更上一層樓。五四人物，不是悲歌慷慨，便是迫不及待，很少能立大志，靜下心來做一點精深嚴謹的思想工作，當我們今天痛切體驗到文化界、思想界浮泛之風所產生的結果之後，我們應該在這個時候領略一點歷史的教訓了。

五四思想之實質內容，實在地說，是與他們未能從傳統一元論的思想模式（monistic mode of thinking）中解放出來有很大關係。而這種思想模式是導引形式主義式的全盤否定傳統論的重要因素。我們今天要破除這種形式主義式的思想，進行多元的、分析的、根據具體事實的實質思維。根據博蘭霓（Michael Polanyi）的知識論與孔恩（Thomas Kuhn）的科學史的觀點，只有這種實質思維才是真正創造的過程。換句話說，我們要產生新的實質思想來解決我們的問題。

下文我將根據一篇原用英文發表的短文，說明在英文拙著〈中國意識的危機〉一書中所討論的五四全盤否定傳統主義的謬誤的原因與含意。希望藉此指出，我們今天如要創造地繼承五四傳統，必須開始進行對傳統創造的轉化（creative transformation）這份艱鉅的實質工作。

二

在二十世紀中國史中，一個顯著而奇特的事是：徹底否定傳統文化的思想與態度之出現與持續。近代中國的反傳統思想，肇始於一八九〇年代中國社會中第一代新知識分子的興起。但是，在傳統中國政治與文化架構崩潰之前，亦即辛亥革命爆發之前，中國人一直認為中國傳統是一個混合體而不是一個化合體——其中包含多種不同的成分與不同發展的傾向；而這些不同成分與不同傾向是彼此不能相融的。是時，傳統尚未解體，所以尚未產生以傳統為一完整有機體的概念。當時對傳統的反抗者，雖然甚為激烈，但他們的攻擊是指向傳統中特定的點、面。可是，崛起於五四早期的，第二代知識分子中對傳統做全盤徹底的反抗者，卻把傳統中國文化、社會與政治看成了一個整合的有機體——他們認為真正屬於中國傳統的各部分（那些世界各國文化〔包括中國文化〕所共有的公分母不在此列）都具有整個傳統的基本特性，而這個傳統的基本特性是陳腐而邪惡的。因此，中國傳統被視為每個成分都具有傳統特性的、應該全部摒棄的整合體或有機體。這種徹底的全盤否定論自然可稱作整體性的（totalistic）反傳統思想。（在本文中「全盤否定傳統論」、「全盤否定傳統主義」與「整體性反傳統主義」皆指謂同一現象。）

但是，五四整體性的反傳統思想者對於中國傳統全盤否定的「意締牢結」式的（ideological）獻身，事實上，並不蘊涵他們已經與中國社會與文化的遺產隔絕；也不是說他們因此便能夠不承認中國過去在許多方面的成績，或不聲稱中國過去有許多成就。這些「承認」與「聲稱」，從邏輯的觀點來看，是與他們「意締牢結」的立場（即：對中國傳統的全盤否定）相互矛盾的。不過，這種「承認」與「聲稱」本身卻深受全盤否定傳統主義的影響。這些對於中國過去成就的「承認」或「聲稱」不是根據外國的觀念架構被形式地或專斷地提出來，便是指謂人類各種不同文化的共相（因此，不是中國文化的特色）。一些極少數的人，如魯迅以及與他的思想具有契合感的知識分子，因為內心資源比較豐富，可以拒抗自己的「意締牢結」的立場；但是，為了避免顯然的矛盾，他們對於在傳統架構崩潰以後尚能生存、游離的、中國傳統的一些價值之意義的承認與欣賞，是在未明言的意識層次（implicit level of consciousness）中進行的。根據以上的陳述，我們可以肯定地說，整體性或全盤式的反傳統思想在五四時代占有極大的優勢是一項明顯的事實。

此種有力的全盤否定傳統主義對於激進的與保守的思想與「意締牢結」均有深遠的影響。例如，毛澤東自己曾說過，在他的思想形成期的青年時代，他是《新青年》的熱心讀者，並是那個雜誌主要發言人的崇敬者。中式馬克思主義有許多特色，這些特色反映著中式馬克思主義的前提與馬克思主義與列寧主義的前提有實質的不同。這些特色包括：李大釗與毛澤東對馬克思主義的新解釋（特別注重意志功能，強調思想具有改變社會現實的能力），以及持續不斷的毛式「文化革命」的要求（這種要求一向以對舊文化的激烈排斥為其前提）。這些特色實導自五四運動的激進傳統。這並不是說毛式思想之淵源與五四反傳統主義之淵源完全相同。毛派一再強調的「文化革命」與對舊文化的排斥，無疑地是與毛澤東一生不同時期中政治、經濟、文化、國際關係等許多因素之相互作用有密切關係。然而，無可否認地，這種要求「文化革命」與排斥傳統的思想是毛澤東思想中不變的主題，無論黨的路線是如何的轉變與跳動，這個主題卻始終未變。

如果我們把眼光轉到二十世紀中國學院的與政治的保守主義思想與意識型態，[1]這些思想與意識型態大都在社會層面不甚有效，而在文化層面也並無衝刺之力。保守主義思想與意識型態之軟弱無力，正說明了二十世紀中國缺乏可資它們成長的社會、政治與文化的環境。同時也說明了在不同程度上五四時代的全盤否定傳統主義對於它們的影響力——許多保守思想與意識型態，在自身無法獨立發展的情況下，成為對五四反傳統思想的直接反應。

尤有進者，雖然反傳統態度與反傳統運動在別的時代與別的地方也曾發生過；但，就五四反傳統思想籠罩範圍之廣，譴責之深，與在時間上持續之久而言，在整個世界史中可能是一個獨一無二的現象。由於它對中國的過去之攻擊是採取全盤式的，這個整體性反傳統主義影響所及，使得中國民族主義的一個重要方面形成了獨特的性格。這種性格在其他各國的民族主義中也是少見的。一般而言，民族主義的自覺是經由對自己民族之過去的珍惜之情而培養出來的。民族主義者通常傾向誇耀與歌頌自己的歷史與自己的文化；倘若自己民族的文化遺產，由於來源龐雜或尚未高度發展（如非洲、中東、或東南亞許多國家）——因而不易明確的界定，在這種民族當中的民族主義者，通常是要熱情地找尋自己歷史的根源，以便重建此一文化遺產。相反地，五四時代的反傳統主義者，雖然也認為他們的傳統文化與政體是他們特有民族生活的泉源，但是他們卻與這個傳統文化與政體產生了極大的疏離感，為了民族的生存與發展，他們對中國傳統文化與政體進行了強烈的反抗與抨擊。他們也是民族主義者，但他們底民族主義是反傳統的民族主義。在「意締牢結」的層次上，整體性的反傳統主義不允許任何傳統成分得到正面的估價與理解。但是，整體性反傳統主義與民族主義在思想上的混合，產生了極大的緊張，造成了日後中國思想史與政治史上許多難以解決的問題。

筆者在用英文寫成的《中國意識的危機：五四時代的激烈反傳統主義》（*The Crisis of Chinese Consciousness: Radical Antitraditionalism in the May Fourth Era*, University of Wisconsin Press, 1979）一書中曾試圖研究上述反傳統思想的新異特性與它在近代中國思想史與政治史上的含意。為了能夠深入探討此一問題的矛盾性、繁複性、分歧性與統一性，經過多方探索，我發現最好的辦法是對五四知識分子中三位領袖人物——陳獨秀、胡適、魯迅——的反傳統意識的源流及性質做一比較研究。這三位人物極不相同。但，在他們的思想中卻都達到了一共同的結論：現代中國社會、政治與經濟改革的先決條件是思想革命，而這種思想革命首先需要全盤摒棄中國的過去。此種五四激進知識分子建基於整體性反傳統主義的，對於根本思想變遷應具有優先性的主張，並不是由於他們之間彼此性格甚為類似的緣故，也不是由於他們持有相同的政見，或具有相同的文化、思想的發展趨向所導致的。（事實上，在任何同一時代裡，我們很難找到在性格上、做人風格上、政治意見及行為上、與思想的發展上，有像陳獨秀、胡適與魯

1 Ideology 在本文中，因為行文脈絡之不同，有時譯為「意締牢結」，有時譯為「意識型態」。

迅那樣迥然不同但卻又堅持同一「意締牢結」的三位知識界的領袖。因此，這種「五四綜合特徵」（The May Fourth Syndrome）不是心理學、政治學、經濟學或社會學的律則所能解釋。這是一個真正的歷史問題，必須從二十世紀中國繁複而辯證（dialectical）[2]之思想的、社會的「變遷」與「持續」的脈絡中加以探討。

此一激烈反傳統運動的統一性，可從考察它呈現的不同方式與它內在的衝突的涵義而得知。這個運動在中國近代史中的涵義也可由此掌握。拙著中對於這三位五四領袖的思想、基設（presuppositions）、與關懷的分析主要是為了了解這一運動之統一性與繁複性及其成因與涵義。從這一觀點來看，拙著並不是這幾個思想家的合傳。

前已提及，五四反傳統主義者認為中國傳統為一有機體。因此，根據五四式反傳統主義的理路思辯下去，他們的反傳統運動，若有任何意義，就必須是整體性（全盤式）的。易言之，根據他們的觀點，傳統中的許多可惡成分都不是單獨事件，它們實在都與中國文化的特質有關。而他們認為中國文化的特質是導源於中國最基本的思想；所以，只攻擊所厭惡的某些規範、教條，對五四反傳統主義者而言，實在不夠深刻。由於他們認為中國最基本的思想影響及於傳統中每一成分，所以，不打倒傳統則已，要打倒傳統，就非把它全部打倒不可。當然，他們的全盤否定論並不是在對中國過去的一切，經過詳切的研究以後，發現無一是處，才提出來的。根據他們的觀點，這種仔細研究中國過去一切的工作，並不值得考慮；並不是因為這種龐大的工作任何人都不可能做到，而是因為那是一件迂腐而並無必要的工作。因為，根據他們的一元論所肯定的中國傳統為一有機體的觀點，他們無需做此工作就已經知道中國特有的一切都是要不得的。所以，整體性反傳統思想，實際上，犯了「形式主義」或「抽象主義」的謬誤（the fallacy of formalism or abstractionism）。（這裡「形式」二字相當於「形式邏輯」中所謂「形式」的意義。所謂「形式主義」謬誤，是指一種根據未對實質問題仔細考察而武斷採用的前提，機械地演繹出來的結論。）這種謬誤是一種對於文化與社會之形式建構的了解，犯了這種謬誤的人卻（不自覺地）以為這種了解是實質的了解。形式主義只是頭腦中的建構，但形式主義者卻以為這種頭腦建構實有所指。事實上，它無可避免地把具體事實扭曲化了、簡單化了。因此，探尋整體性反傳統主義之起源，主要是要解釋為什麼五四時代的反傳統主義者會對視中國傳統為一有機體的那種觀點，那樣地深信不疑；易言之，為什麼他們不能洞悉他們論點的謬誤。

五四整體性反傳統主義之崛起，主要是由於三種因素——輸入的西方文化，傳統政治秩序崩潰以後所產生的後果，與深植於中國持續不斷的文化傾向中的一些態度——相互激盪而成。

2 我在這裡所謂「辯證」的「變遷」與「持續」，是指整體性反傳統主義。整體性反傳統主義之興起，原是中國思想上影響深遠的重大「變遷」，但它的由來卻主要是因為五四知識分子在西方思想與價值的衝擊之下沒有能從傳統一元論的思想模式中解放出來（即傳統思想模式「持續」）的緣故。

經由「普遍王權」（universal kingship）的符號與制度的整合作用，中國道德、文化中心與政治中心是定於天子的位置之上。（雖然中國傳統中有「從道不從君」的觀念，雖然這項觀念與天子承受「天命」為天下政治與道德中心的觀念之間產生了中國傳統中的一種「緊張」（tension），但因種種此處不能詳論的原因，「從道不從君」這個觀念並未使位於中國政治與社會秩序中心的天子也是道德與文化中心的觀念發生動搖。）因此，我們可以說，中國的政治秩序與道德、文化秩序是高度地整合著的。「普遍王權」建基於對「天命」的信仰上，從漢代以降，更因儒家思想中產生了極為精巧的有機式宇宙論而得到增強。（這種有機式宇宙論之興起主要是因為陰陽五行學說已揉雜在儒家之中的緣故）。因此，「普遍王權」的崩潰不僅導使政治秩序瓦解，同時也使文化秩序損壞了。這不是說，在這種文化解體的情況下，中國人就不再持有任何傳統的觀念或價值，而是說經由傳統的整合秩序所形成的價值叢聚（cluster of values）與觀念叢聚（cluster of ideas）（一組價值或觀念彼此相互連結曰叢聚）遭受腐蝕，或從原來接榫處脫臼了。易言之，傳統文化與道德之架構解體了。那些仍要維護傳統觀念與價值的人被迫只得尋求新的理由。因為在中國傳統思想內容之內，已經沒有任何東西可安穩地被視為當然，所以其中每一方面均可能遭受懷疑與攻擊。從分析的觀點來說，傳統政治與文化架構的解體，為五四反傳統主義者提供了一個全盤否定傳統論之結構的可能（structural possibility）。於是，在結構上便可採用從傳統中演變而成的一個思想模式（mode of thinking）做武器，來對中國過去進行全面而徹底的攻擊。從這個意義上看，全盤否定傳統主義是辯證地與中國傳統中的特點關連著的。但是，我在這裡卻不欲引發一個純粹有機體的影像用來形容傳統的中國，使它看來好像是以不能分隔的成分造成的一個整體。在《中國意識的危機》一書中，我曾指出，傳統中國中一些分歧的思想並未融會在通行的正統學說之內；諸如柳宗元的素樸的社會演化觀與《抱朴子》中所收錄的鮑敬言對於「天命」觀念的批評（他認為那只是虛構的神話）。但，正因這些異端思想不能匯入儒家思想的主流，無論它們如何具有原創性，卻都很難在傳統的中國得到發展。當我們對「傳統中國社會具有高度的整合性」這個命辭做了必要的保留與加減以後，我認為，無論從理論的建構或材料的證明上說，這個命辭都是站得住的。既然我們已經明瞭傳統中國社會的確具有高度的整合性，我們便可探討它對中國傳統與近代歷史之深遠的影響。[3]

3 我對中國傳統政治與文化高度整合性的陳述有別於已故賴文森（Joseph R. Levenson）教授把中國傳統完全當作一個有機體的看法。（因此，他認為在另一有機體〔近代中國〕崛起以後，傳統的一切便失去理智上的價值。）同時，我的陳述與五四反傳統主義者把「傳統」與「現代」截然二分的看法也是不同的。我認為，雖然五四對傳統全盤否定式的攻擊是與傳統政治、社會、文化具有高度整合性有關，但傳統架構解體以後並不蘊涵每一傳統思想與價值便同時都失去了理智上的價值。一些傳統的思想與價值雖然因原有文化架構之解體而成了游離分子，這些游離分子有的失去了內在的活力，但有的卻有與西方傳入的思想與價值產生新的整合的可能。

正在中國傳統的思想內容解體之時，五四反傳統主義者卻運用了一項來自傳統的，認為思想為根本的整體觀思想模式（holistic-intellectualistic mode of thinking）來解決迫切的社會、政治與文化問題。這種思想模式並非受西方影響所致，它是在辛亥革命以後政治與社會的壓力下，從中國傳統中認為思想為根本的一元論思想模式（monistic-intellectualistic mode of thinking）演變而來。這裡所謂的一元論思想模式，是中國文化的一個特殊傾向，是視為當然的，是橫越中國許多派思想藩籬的共同特點。這種視思想為根本的整體觀思想模式，認為中國傳統每一方面均是有機地經由根本思想所決定並聯繫在一起。在反傳統主義者接受了許多西方思想與價值以後，當中國傳統文化因其架構之崩潰而失去可信性時，其中陳腐而邪惡的成分，從這種思想模式的觀點看去，並不是彼此隔離的個案，而是整個（產生根本思想的）中國心靈患有病毒的表徵。這種病毒侵蝕了每件中國事物。因此，如要打倒傳統，就非把它全盤而徹底地打倒不可。這個極為「意締牢結」式的全盤否定傳統運動，之所以如此僵化而熱烈，主要是因為它自身有其形式的一致性與「合理」性，而這種形式的一致性與「合理」性是因為它的論式與其他想法「絕緣」的關係。

換句話說，五四人物根據他們所強調的根本思想決定一切的整體觀思想模式去看許多傳統成分的罪惡，他們發現這些罪惡與腐朽實與傳統中的基本思想有一必然之有機關係。他們認為這些罪惡不是單獨的、互不相干的個案，而是由於基本思想有了病毒之故。當然，中國傳統並非無一是處；不過，如前所述，傳統中仁愛之說等等，在五四反傳統者的眼裡，只是世界文化的公分母，不是中國特有的東西。中國特有的東西均因產生它們的母體患有病毒而患有病毒。所以，如要革新，就非徹底而全盤的反舊不可。

五四知識分子思想之內並沒有資源可以用來對這種「意締牢結」做批評性的檢討；這種單簡論式的立場完全受了視為當然、預設的、思想模式（assumed mode of thinking）所左右。人不能否定他視為當然的預設（assumptions）——只要這種預設一直被視為當然。

在這篇短文中我不能充分地說明我對陳獨秀、胡適、魯迅反傳統思想的分析；不過，我可以說陳氏代表整體性反傳統主義（全盤否定傳統論）的直接反映，而胡氏改革主義在思想上之所以失敗，是因它受到他的整體性反傳統主義自上而下控制的緣故。[4]在另一方面，魯迅在近代中國思想上的地位可從他運用自己的精神力量去超越他的全盤否定傳統主義來觀察——在明顯的、辯難的意識層次上，他對傳統的攻擊超過了口號的吶喊，達到了對傳統中國文化黑暗面與中國人性格癥結的犀利而深入的了解；而在隱示的、未明言的意識層次上，他能認知一些尚

4 一些人並不把胡適看作是一個中國傳統全盤否定論者，胡適晚年也常為早期「打倒孔家店」的口號自辯。胡到底是不是傳統全盤否定論者，是一極為繁複的問題。我的看法是：他的改良主義是不純正的，主要是因為他從全盤否定傳統出發的緣故。讀者欲知其詳，請參閱拙文〈五四時代的激烈反傳統主義與中國自由主義的前途〉，或拙著 *The Crisis of Chinese Consciousness* 第五章。

存的傳統道德價值的實質意義。因為在他創造的筆觸之下他能使形式主義式的反傳統運動，變成了對傳統罪惡的具體描述，凡讀過他底作品的中國讀者，很少能不對自己的文化與自己的性格反省的。就達成反傳統的目的（暴露與清除傳統的邪惡與／或〔and／or〕無用的思想與行為）而言，他的成就遠超過其他反傳統主義者。雖然魯迅在顯示的意識層次上以中國傳統為一有機體而對之做無情的全盤攻擊；但，他對具體事實的確切感（concrete sense of reality）與他內在的精神力量（一種抗拒把心靈不同層次中複雜不協調的思想化約〔reduce〕為單簡的「統一」思想的力量），導使他用藝術的形式（小說的體裁）來說明一些傳統的道德原則與價值。這些道德原則與價值雖然已離開了他們在過去架構中的碇泊之處，它們卻仍是他內在的、純正的理智與道德的肯定的一部分。我曾嘗試闡明其中的一端：「念舊」——這一道德原則為魯迅及許多現代的中國人所普遍接受。儒家世界觀（world view）的要點之一是：「真實」（reality）的「超越性」（transcendence）與「內涵性」（immanence）具有有機式（organismic）的關連：在現世的人生「內涵」著「超越」的意義，身後之事反而是不被重視的。建基於道德自主之上，非功利的人際關係之真正情感一旦產生（無論是經由已有的社群關係或因偶然的機遇），便構成了人生過程中一個基本的創造的泉源，由此，人可以接觸到宇宙之中「內涵」的與「超越」的「真實」。從這個觀點來考察，中國人所注重，象徵人際關係之真正情感的「念舊」，不僅是一個道德原則，亦具宗教的涵義。

在五四時代，雖然魯迅持有非凡的理知與精神力量，他最終卻未能在他顯示的、辯難層次上超脫「傳統」與「現代」形式主義的二分法，同時也沒能更進一步探討在他底隱示的、未明言的意識層次中，他所「發現」至今尚存的傳統文化中一些成分的理知與道德價值的意義；雖然，這種「發現」就是對上述「二分法」的具體而實際的超脫。在強烈的全盤否定傳統主義瀰漫的氣氛之下，他對一些中國舊有思想與價值尚具生命力的認識，似已到了他的藝術視野的極限。魯迅不僅未能更深一層地探尋如何超越整體性反傳統思想，並進而為中國傳統之創造的轉化（creative transformation）奮鬥；相反的，他的靈魂反而被他的「發現」所扯裂，這個「發現」在他的靈魂深處引起了複雜而強烈的衝突，因它與他所獻身的全盤否定傳統主義是無法相容的。這種魯迅思想中的衝突，由他自己獨特的方式，反映著二十世紀中國意識的危機。

（原載《中國時報》人間副刊，一九七九年五月九—十日）

五四時代的激烈反傳統思想與中國自由主義的前途

拙文初稿，最先是為了參加哈佛大學東亞研究中心在一九六九年五月四日所舉行的「五四運動五十周年紀念討論會」而寫的。後來修改增訂以後，以“Radica Iconoclasm in the May Fourth Period and the Future of Chinese Liberalism” 為題發表在史華慈（Benjamin I. Schwartz）教授所編 *Reflections on the May Fourth Movement*（Harvard University Press, 1972）一書中。雖然因為上述的機緣，原文是用英文寫成；但，筆者是以一個關心現代中國文化與思想之發展的中國知識分子的心情，來討論五四反傳統思想問題的。拙文能譯成中文呈現在中文讀者之前，筆者內心甚為快慰。

中西文化與五四思潮的各種問題，歷年來在國內討論的不能算不多；但，似乎多不出口號式或隨感式的範圍。好像要為桑他耶那（George Santayana）所說的一句名言——那些對於過去無知的人，命中註定要重複其錯誤——提供證據似的；前些年，台灣文化界又重新出現了關於「全盤西化」的論戰——餘波到現在好像還在一些青年的心中蕩漾。當時參加辯論的人物與五四時代和三〇年代的人物大都不同了，說話的格調也變了；但，思想的內容卻仍未超出五四時代與三〇年代的範圍。五四時代的思想內容與範疇為何在國內產生如此重大的壓力，的確是一個令人困惑的問題。

羈旅異邦，心情是寂寞的。但因客觀環境的關係，也許容易免除人事和感情的糾纏，所以可能增加了一點研究的客觀性。拙文試以分析式思想史的方法，討論五四反傳統思想及其相關的一些問題，或許可提供一個較新的——希望也是一個較切實的——看法。拙文所談的問題本身，甚為繁複；因此，分析的句法無法簡單化，這是筆者在此應先向讀者聲明與致歉的。

中譯的初稿是由老友王曾才先生介紹，由劉錚雲、徐澄琪兩位同學擔任；後來黃進興同學也參加了迻譯的工作。謹此致謝。今年適逢筆者因研究休假的機會，返回了闊別十年的台灣，乃乘機把譯稿訂正一遍，同時也增補了原文 argument 中一些疏簡的地方。

一九七五年四月

五四時代的反傳統思想與中國自由主義發展之關係

雖然，無可諱言地，在分散各地的中國人士當中，有些人私下仍然珍惜著一些未經精確界定的自由思想與價值；但是，自由主義——如把它當作一個自覺的運動來看——簡直可說已經在中國死滅。因此，我們可以根據甚佳的理由指出：自由主義在中國並無前途。的確，在五四時代初期盛行的脆弱的自由主義的理想，早已被來自左派與右派的勢力所摧毀。

在這個使人易動感情的，紀念「五四」五十周年的場合裡，我提出這個題目來討論，既不實際而又不易談得清楚；所以，很可能使人覺得我是耽迷於懷鄉式的個人夢想中。然而，我不擬對為何提出這個題目加以辯護。在討論之前，我只想把今天所談的範圍盡量予以明白的界定。我不能預測未來，也不擬討論與中國自由主義前途有關的一切問題；例如，自由主義的思想及理想與社會政治實際情況之間相互的關係，這一重要而繁複的問題今天只能略而不談。本文所能包括的有限範圍是：第一，對於中國自由主義發展的歷史加以簡要的考察，並探討它如何在中國出現與如何在一八九八－一九二〇年間在中國甚為盛行；第二，從說明中國自由主義的兩難境況（dilemma）來界定它的性質（這種「兩難」是中國自由知識分子並未清楚意識得到的）；第三，探討上述了解對於那些同時接受西方自由主義的理想與儒家道德理想主義的中國人士而言，有何意義。（這種西方自由主義的理想，是堅持在法律之下個人底自由與價值的。）這項西方自由人文主義與孔孟人文主義的結合，能夠促使中西文化的新整合並促成儒家傳統創造的轉化嗎？當然，這個立場是與目前中國政治與思想潮流完全隔離的。然而，從理知與道德的觀點加以深思以後，如果一個中國自由主義者認為他的立場是正確的，那麼堅持他的立場比與目前的潮流妥協，可能對中國更為有用。我覺得，繼續討論孔孟道德理想主義與西方自由人文主義的創造整合的可能性，不但含有理論的興趣，而且具有實際的重要性。

從有關嚴復和梁啟超的精闢研究中，[1]我們知道當初自由思想和價值之傳入中國，主要是為了誘導中國民眾的潛力以維護國家權益；另一方面，是用來喚起中國民眾的士氣以重建並鞏固中國社會。因此，在傳播的過程中，西方自由主義的核心——在政治社群中，個人應當作目的，不可當作手段；個人的自主和獨立，源自個人本身價值的體認——便遭到了曲解。但，無可否認地，如果要個人的道德人格得到相當的發展，就必須給他相當獨立的自由；在領導變法維新的第一代知識分子與領導五四新文化運動的第二代知識分子當中，有些人就難免會對個人產生居間性的道德關懷（intermediate moral concern）。當時大家並不以為這種關懷對於關心國家存亡的基本關懷（primary concern）具有威脅的作用，反而認為它在「功能上」與關心國家有關。對個人的關懷已見於梁啟超的著作中；但，到了五四時代的早期，卻越形顯著。為什麼在當時這種關懷會越形顯著呢？要回答這個問題，就必須對五四反傳統思想的本質作一番檢討。

現代中國的反傳統思想，發端於第一代知識分子。可是，一九一六年袁世凱死亡以後，由於《新青年》等雜誌的大力鼓吹，反傳統思想變得更為昌盛，之所以更為昌盛的深遠理由與適然（contingent）因素，本文擬加以切實的考察。不過，我們現在首先要談的是，五四時代反傳統思想與注重個人獨立自主的自由主義在當時發展的關係。對於五四自由知識分子而言，獲得獨立之自由[2]的主要意義在於從傳統中國的社會與文化束縛中求得解放。因為，他們認為傳

1 Benjamin I. Schwartz, *In Search of Wealth and Power: Yen Fu and the West*（Harvard University Press, 1964）; Hao Chang（張灝）, *Liang Ch'i-chao and Intellectual Transition in China, 1890-1907*（Harvard University Press, 1971）.

2 獨立之自由（freedom of independence）和參與之自由（freedom of participation）在觀念上，不可混為一談。

統中國社會和文化所加諸個人的壓抑實在太過嚴苛。因此，爭取個人獨立之自由，對五四自由分子而言，主要是指，從斲喪個人自由的傳統中國社會與文化中解脫出來。然而，由傳統中國社會與文化壓抑下解放出來的自由，並不與西方個人自由的觀念相同；西方個人自由的觀念導自個人價值在倫理上的基設（presupposition），而五四時代，個人自由的觀念卻是隨著反抗中國傳統社會與文化對個人的壓抑而增強的。易言之，五四時代早期，對個人越形顯著的關懷是激烈反傳統思想興起的結果。

當時，抗議社會壓抑個人的西方文學作品極受歡迎。易卜生的《娜拉》（*A. Doll's House*）成了提倡婦女解放的重要媒介。可是當此浪潮消退之後，大多數中國知識分子似乎並不費心去讀他晚期所寫較深邃而更成熟的劇作。也很少有人研究西方天賦人權觀念的起源與發展，[3]或研讀康德所闡述的，更深刻的道德自主理論。簡言之，中國知識分子所以接受西方個人主義的思想和價值，主要是藉它來支持並辯解反傳統運動。

如果以上對中國自由主義在五四時代早期興起之源由所作的簡要說明是正確的，那麼，我們可以說，當時對個人主義諸價值之越形顯著的關懷，實是激烈反傳統思想之崛起的同時產物。個人主義所肯定的諸價值在中國的環境中，並不是不證自明的最終目的。由五四反傳統主義者的主觀觀點來看，他們的確是把個人主義的諸價值當作「價值」。但是他們立刻將此「價值」變作反傳統思想的依據，且認為這些「價值」是與民族主義並行不悖的。正如許多中國第一代知識分子一樣，五四反傳統主義者以為個人主義的諸價值對於促進民族主義目標的實現，能發生有效的功能。

然而，在這種情況之下，抱持個人主義諸價值是很不安穩的。如果仍要攻擊中國傳統的社會與文化，反傳統思想可以根據許多個人主義諸價值以外的論點來進行。況且，個人主義諸價值並不一定是實現民族主義目標的有效工具。由思想史的觀點來看，個人主義的諸價值之所以並未深植於五四知識分子的意識中，主要是因為他們在根本上將個人主義諸價值與民族主義和反傳統思想糾纏在一起的緣故。

在一九一九年當年及以後幾年，民族主義的情緒日漸澎湃（主要由於政治事件的影響所致），左派和右派的「意締牢結」（ideologies）日益普遍，其中並融和了強烈的民族主義。各式各樣的民族主義籠罩於個人主義諸價值之上，個人主義諸價值不再被當作實現民族主義目標的有效工具。於是，對中國傳統的態度，必須與左派或右派的民族主義互相協調。因此，如果反傳統思想還不被放棄的話，它必須根據左派或右派的民族主義作一調整。總之，反傳統思想不復以自由主義為手段，在這種情況下，自由主義的思想和價值就日漸消弭了。

3 張佛泉先生在這方面的努力是「五四」以後的事情。而他對自由與人權的著述，實在不是五四思潮後期發展的主流。

五四新文化運動中激烈反傳統思想之成因

五四自由主義和反傳統思想既有密切的關聯，我們便應切實地對這種反傳統思想的起源和性質作一番探討。如上所述，近代中國反抗傳統的運動發端於第一代知識分子。康有為今文學派對儒家思想的解釋已經打擾了儒家正統思想的安寧。譚嗣同針對「三綱」所做的「衝決網羅」的呼籲，對後代更產生了強烈的刺激。然而，儘管譚嗣同和梁啟超慷慨激昂地多方指摘中國傳統，傳統和現代卻尚未被放在敵對的地位上，他們仍未放棄尋求改革傳統的可能性。譚嗣同和梁啟超的反傳統思想還不算是整體性的（totalistic），也許主要是因為傳統政治和文化秩序還沒有完全崩潰，他們仍然以為某些傳統預設（assumptions）是當然之事。（整體性的反傳統思想或整體性的反傳統主義〔totalistic iconoclastic thought or totalistic anti-traditionalism〕在此，嚴格地用以形容一種「意締牢結」，意指：要求對中國傳統社會與文化進行全面而整體的抨擊。）

無論由中國史或世界史的角度來看，五四新文化運動中的反傳統思想都是一個獨特的歷史現象。我們從社會和文化變遷的知識得知，社會和文化變遷有許多不同的方式；一般而言，創造新的東西並不需要徹底地摧毀舊有的事物。同時應該注意的是，反傳統思想往往出現在各國現代化的過程中，這是因為接受新的標準以後，習以為常、視而不見的許多觀念和作法變得特別突出而令人難以忍受。但是，「破壞」傳統的方式以及反傳統思想的種類很多，在抨擊傳統中有害的因素時，並無需將傳統和現代置於對立的地位；剷除傳統中不合時宜及有害的成分，並不一定非完全否定傳統不可。一個傳統若有很大的轉變潛能，在有利的歷史適然條件之下，傳統的符號及價值系統經過重新的解釋與建構，會成為有利於變遷的「種子」，同時在變遷的過程中仍可維持文化的認同。在這種情形下，文化傳統中的某些成分不但無損於創建一個富有活力的現代社會，反而對這種現代社會的創建提供有利的條件。[4]

但是，五四反傳統思想和上述的模式完全不同，它受到社會達爾文主義的影響，以為「變」就是「價值」。社會達爾文主義在中國所以流行，有兩個主要原因——一是認知上的，一是「意締牢結」上的。首先應該說明的是，社會達爾文主義在認知上被用來解釋西方入侵中國所引起的、史無前例的羞辱與困惑。國人把它當作一個解釋工具，去應付由於不明情勢所產

4 參見 S.N. Eisenstadt, *Modernization: Protest and Change*（Enlgewood Cliffs, N.J. Prentice-Hall, 1965）; “Transformation of Social, Political and Cultural Orders in Modernization,” *American Sociological Review*, 30.5: 650-673（October 1965）, and “The Protestant Ethic Thesis in an Analytical and Comparative Framework,” in S. N. Eisenstadt, ed, *The Protestant Ethic and Modernization*（New York, Basic Books Inc. 1968）, pp 3-45; Robert Bellah, ”Epilogue,” in Robert Bellah, ed., *Religion and Progress in Modern Asia*（New York, The Free Press, 1965）, pp, 168-225.

生的最難忍受的不安。[5]社會達爾文主義對社會和自然之天然演變所做自以為是的事實陳述，在邏輯上，並不能導衍出要求變遷的命辭。「要求」與「事實」有關，但並不能從「事實」邏輯地推論出來。十九世紀末的美國輿論使社會達爾文主義在美國轉變成一種維持現狀的、保守的「意締牢結」。[6]而中國的民族主義卻使它成為求變的「意締牢結」。不過，中國的社會達爾文主義雖使人蔑視過去的思想和價值，卻無法解釋五四時代對中國傳統要求全面而整體之抨擊的特色。

許多政治事件（如袁世凱推行帝制運動時濫用傳統文化的符號）加重了五四知識分子的挫折感，也加深了他們與中國傳統的疏離。但，這些政治事件也不能解釋五四時代對中國傳統全面而整體的反抗的思想本質。筆者以為以下三點才是解釋這種反傳統思想本質的決定性因素，若撇開這三個因素不談，我們簡直無法想像五四反傳統思想會發生在二十世紀的初期。

第一、一九一一年普遍王權（universal kingship）的崩潰，是傳統政治與文化秩序終於完全瓦解的決定性因素。普遍王權的意義遠較傳統帝制為深，[7]它是維持政治秩序和文化秩序密切聯繫的重要關鍵；正因為普遍王權對此二者有高度的整合作用，政治秩序因王權的崩潰而毀壞，文化秩序也不可避免地瓦解了。

這並不是說，單靠王權的崩潰，就能突然地使中國政治和文化在一九一一年以後完全解體。傳統政治及文化秩序的腐蝕，當然歷經了一段長久而複雜的過程，其中包括整個西方入侵中國的歷史；同時，這種政治與文化的大解體，深受傳統中國社會本身缺乏足以應付西方挑戰之活力的影響。從分析的觀點，用比喻的方式來說，連繫政治和文化秩序的環結——普遍王權——之崩潰的情形與堤防水閘的毀壞類似。水閘受水侵蝕，雖不致倒塌於旦夕之間；但，經過長久的侵蝕終於毀損，洪水因而泛濫成災，衝毀了地上一切已有的秩序。正如水閘的倒塌破壞了空間既有的秩序，王權的崩潰帶來傳統政治和文化秩序的瓦解。

我並不是說，在這種文化解體的情況下，中國人就不再持有任何傳統的觀念或價值。我所謂傳統文化的解體，意指傳統文化與政治秩序之基本結構的崩潰。因此，在傳統政治秩序與文化秩序整合下所形成的觀念和價值，遭受到腐蝕或分解。那些要維持傳統觀念和價值的人被迫

---

5 蘭格（Susanne K. Langer）的觀察甚為精闢：「人特有的功能和最可貴的本領，是用各式各樣的觀念來解釋事物；相反的，人最怕的是無法解釋、無法了解的事物。因此只要想像力應付得了，人總可適應他所處的環境。但，他卻無法應付一片混沌的狀態。」見 Susanne K. Langer, *Philosophy in a New Key*, 4th ed.（Cambridge, Mass., Harvard University Pess, 1960）, p. 287.

6 Richard Hofstadter, *Social Darwinism in American Thought*（Boston: Beacon Press, 1955）.

7 關於普遍王權之意義與其崩潰以後在中國所發生之影響，請參閱：Benjamin I. Schwartz, "The Chinese perception of World Order, Past and Present," in John K. Fairbank, ed., *The Chinese World Order*（Cambridge, Mass.: Harvard University Press, 1968）, pp. 276-288.

只得另尋新的辯解。中國知識分子不再輕易地假定傳統的任何事物，因此，在傳統文化與政治秩序的基本結構崩潰之後，傳統中每一事物均可能遭受懷疑和攻擊了。

第二、反傳統知識分子無法分辨，他們所憎惡的傳統社會規範和政治運作與傳統文化符號和價值之間的差異。這種辨別能力的缺乏以及一元論（monistic）和整體觀（holistic）的趨向，主要是受中國傳統社會，長期地合文化中心與社會政治中心於一的傾向所致，[8]同時他們也深受傳統中國的聯想式思想模式（traditional Chinese pattern of thinking in terms of association）的影響。

第三、五四反傳統思想的一個極重要因素，便是筆者所稱謂的「藉思想、文化以解決問題的方法」（the cultural-intellectualistic approach）。五四時代的知識分子相信思想與文化的變遷必須優先於社會、政治、經濟的變遷；反之則非是。反傳統知識分子或明或暗地假定：最根本的變遷是思想本身的改變，而所謂最根本的變遷，是指這種變遷是其他變遷的泉源。

關於「藉思想、文化以解決問題的方法」之形成的原因，我們可由對儒家思想模式（Confucian modes of thinking）的考察中加以探討。儒家思想模式或分析範疇（categories of analysis）中極重要的特徵之一，便是強調人類意識的功能（即：「心」之內在道德與／或理知經驗之功能）（the function of the inward moral and/or intellectual experience of human mind）。對於這種功能的強調可一直追溯到孟子和荀子。

孟子和荀子對「心」和「性」的觀念雖迥不相同，但他們同樣強調人類意識的功能。孟子談「心」，一般人認為，主要是強調「心」的道德本能（moral faculty），他對「心」的理知本能（intellectual faculty）並不如對「心」的道德本能那麼重視。孟子的基本論點在於他的人性原善論。由以下這一段大家耳熟能詳的文字可以得到證明：

> 所以謂人皆有不忍人之心者，今人乍見孺子將入於井，皆有怵惕惻隱之心，……。由是觀之，無惻隱之心，非人也。無羞惡之心，非人也。無辭讓之心，非人也。無是非之心，非人也。惻隱之心，仁之端也。羞惡之心，義之端也。辭讓之心，禮之端也。是非之心，智之端也。（《孟子》〈公孫丑上〉）[9]

但是，孟子此處所指的「心」，不無曖昧含混之處。因為，「智」含有理知以及智慧的意思，而「智」來自是非之心。足見孟子在此並未清楚地區別「心」的理知本能與道德本能。有

8 參見 S.N. Eisenstadt, “Tradition, Change, and Modernity: Reflections on the Chinese Experience,” in Ping-ti Ho and Tang Tsou, eds, *China in Crisis*（Chicago: University of Chicago Press, 1968）, I, pp. 753-774.

9 另參看《孟子》〈告子上〉。

些學者認為《孟子》一書之後部含有孟子晚年深邃的思想；孟子說：

盡其心者，知其性也。知其性則知天矣。存其心，養其性，所以事天也。（《孟子》〈盡心上〉）

此處之「心」，乃指一種本能，若發揮盡致即可自知人性之特質。由此句句法來看，「心」字之用法大概是指「心」之理知本能而言。（「心」是主體，「性」是「心」之理知本能的對象。）孟子晚年可能為了釐清他早期對「心」的觀念之含混而將其哲理做精微之改變。若承認此一解釋，則上段引文適足以指出：孟子由僅強調「心」之道德本能，轉為強調「心」之理智本能先於道德本能。

但是，如果有人要堅持《孟子》之一貫性，主張在該書的前後不可能找到此種轉變，那麼，讀了上段文字仍然無法釐清孟子對「心」的觀念的含混。[10]然而，當前要務並不在於找尋上述引文之正解。我們應當記得的是：朱熹及宋代以後歷代多數儒者，因受朱熹《孟子集注》之影響，都把該段文字中的「心」解釋為「心」的理知活動。[11]

根據荀子的看法，心的理知本能是導人棄「惡」[12]向善的內在泉源。任何哲學家都無法藉演繹的方法推論出人不會犯錯的命辭；但，荀子哲學的特色在於他一開始便對人性持有悲觀的看法。他既知人性原「惡」，卻又嚮往孔子所呼籲的廣披德化；兩者的衝突端賴他對「心」之理知本能的信心而化解。遠古聖君深知人與人之間社會生活的必要，所以他們為人類創立了「禮」和「義」以維持人間的互助合作（見《荀子》〈禮論篇〉）。一般普通人，雖無得天獨厚的創造力，卻可以「心」的理知本能去了解聖君之道，並根據功利的考慮而遵行之。人之所以能擺脫天生「惡」的傾向，完全是因為「心的理知與道德功能」（the intellectual-moral function of the mind）發揮效用的結果。（此處將「理知」與「道德」兩詞相連，意指一種信念；此種信念相信「心」的特殊理知功能會導致嚮往的道德功效。）

10 如果只按孟子前部所強調之「心」的道德本能來了解；那麼，我們只能說：發揮「心」的道德本能至於極致乃產生一種境界，此種境界可使「理知本能」了解人性之特質及人性與天之關係。（此處的「心」必須同時指謂「知」的主詞與「知」的受詞。）

11 朱熹，《孟子集注》（四部備要），卷七，頁一上。

12 此處「惡」的用法，取自荀子對這個字類似社會學的特定定義，而非平常所指的「邪惡」、「惡毒」之意。荀子認為人類的欲望若不加以控制，必然導致社會混亂。因此，荀子主張人性本惡。有關荀子和孟子人性理論的對照與詳細說明，可參閱 D.C. Lau, "Theories of Human Nature in Mencius and Shyuntzyy," *Bulletin of the School of Oriental and African Studies*（University of London）, 15: 541-565（1953）.

值得注意的是，「心的理知與道德功能」的強調，在宋明各派理學家思想中，各以不同的形式出現。這似乎不是受到荀子的直接影響，因為荀子思想在漢朝發生廣泛的影響後，直到十九世紀，僅處於陪襯的地位。大家都知道，理學家受孟子的影響很大。他們關於孟子對「心」之觀念的了解，可能是根據《孟子》書中後部有關「心」的理知本能之優先性（priority of the intellectual faculty of the mind）的意念，或許他們有其他與上段引文（《孟子》〈盡心篇上〉）無關的根據，用以「釐清」孟子對「心」的觀念的含混。

但是，這種變遷究竟是如何發生的呢？宋明理學家為什麼會接受了可能是孟子後期的觀點？假如他們忽略了孟子後期的可能觀點，那麼，他們究竟如何「釐清」了孟子對「心」的觀念的含混？宋明理學家形成「心的理知與道德功能」之基設的詳切原因，有待進一步的研究。此種基設的形成，所受社會政治因素之影響可能與受思想因素之影響同樣的多。由觀念史的觀點來看，我覺得這種基設的形成可能受佛教的影響很大。因為佛教的傳入，是刺激宋明理學之興起的重要原因之一。「業」（karma）的觀念是佛門各宗的公設，根據這個觀念：「人知覺中的宇宙萬象，悉為心之表徵。」[13]而「業」的因果報應直接導自思想。在這種佛教的分析範疇影響之下，宋明理學家極可能因此而「釐清」了孟子對「心」的觀念的含混處。

在朱熹（一一三〇—一二〇〇）的哲學系統中，「心」是「性的郛郭」，[14]而「性」是「氣」中之「理」。由於「心」之「氣」的清淨，「心」乃有導人於明「理」之境的意識與理知本能。

朱熹說：

> 夫心者，人之所以主乎身者也，一而不二者也，為主而不為客者也。命物而不命於物也，故以心觀物，則物之理得。[15]

因此朱熹認為「心」是「性」和「情」的主宰：

> 心，主宰之謂也。動靜皆主宰。非是靜時無所用，及至動時，方有主宰也。言主宰，則混然體統，自在其中，心統攝性情，非儱侗與性情為一物而不分別也。[16]
>
> 張載說：「……心統性情也。」……朱熹說：「性是體，情是用，性情皆出於心，

---

13 Fung Yu-lan, *A Short History of Chinese Philosophy*（New York, Macmillan, 1960）, p. 243（paper back edition）. 並請參閱 L. de la Vallee Poussin, "Karma," in James Hastings, ed., *Encyclopedia of Religion and Ethics*, VII, p. 674.

14 朱熹，《朱子全書》（古香齋版），卷四二，頁七上。原為邵雍所說，朱熹引用之。

15 朱熹，《朱子文集》（四部備要《朱子大全》），卷六七，頁一八下—一九上。

16 朱熹，《朱子全書》，卷四五，頁四上—下。

故心能統之，如統兵之統。」[17]

當然，朱熹之「二元」（dualistic）式的哲學的內在理路導出他所主張的「心」，並非其本身的主宰，而「心」本身需要一個主宰。這一點和陸王學派的主張截然不同。由於「心」必須由「理」來統攝，所以朱熹說：「心是主宰底意……然所謂主宰者，即是理也。」[18]這個「理」同於太極，亦容於太極之中。[19]以「心」和「理」同為主宰所發生的混淆，實際上，並非由於朱熹思想不清，而是因為他的文字含混之故。

程朱學派的理學思想建立在「理」之優先性上，要這個假設成立，必須先確立「理」的「主宰地位」。而「心」的「主宰」地位可由其理知與道德二重功能去了解：先要鍥而不捨地用「心」的理知本能去「格物」，終可明瞭事物之理；然後，明瞭事物之理（即：心中觀念之形成）遂為修身養性的基礎。

王陽明提倡「心即是理」，[20]與朱熹「性理同一」的學說很不同。根據王陽明的學說，萬物實體之存在僅繫於「心」知其存在，萬物之理與「心」實為一種有機式的連繫；易言之，萬物之理實為「心」中之理的延伸。

「心」的本質是仁，形於外便是愛——一種能包含天地萬物的性質。[21]「心」的能力在於知；[22]能夠知「良知」。當王陽明討論「良知」時，至少指謂三個屬於不同範疇的東西：「知之」（knowing that），「知的受體」（the referent of knowing tha）和「知之如何」（knowing how）。[23]所謂「知之」是指謂以「良知」代表一種與生俱來能分辨是非的知識以及對於具有

17 江永編，《近思錄集注》（一八四四年版），卷一，頁三一上—下。

18 朱熹，《朱子全書》，卷四九，頁二三上。

19 前引書，卷四四，頁一下：「心之理，是太極。」

20 王陽明，《傳習錄》，《王文成公全書》（四部叢刊），卷一，頁三上：「心即理也。天下又有心外之事？心外之理乎？」

21 王陽明，《大學問》，全書，卷二六，頁二上—三上。

22 王陽明，《傳習錄》，全書，卷一，頁十下：「心自然會知。」

23 有關「知之」（knowing that）和「知之如何」（knowing how）哲學性的區別，請參閱：Gilbert Ryle, *The Concept of Mind*（New York, Barnes & Noble, 1949），（University paperbacks），pp. 25-61. 以下有關王陽明關鍵概念——「良知」，「致良知」及「知行合一」——的說明，頗與一般常見的教科書中的解釋不同。諸如：Fung Yu-lan, *History of Chinese Philosophy*（Princeton, 1953），第二冊，第十四章，以及 Wing-tsit Chan's "Introduction" 在 Wing tsit Chan, trans., *Instructions for Practical Living and other Neo-Confucian Writings by Wang Yang-ming*（New York: Columbia University Press, 1963）。馮氏和陳氏都忽略了王陽明籠統文字中，這三個觀念所指謂的各種不同的意義。此處並不適宜詳細闡釋王陽明的哲學，但，我相信根據王陽明的著作，我的解釋可以得到確切的證明。

此種道德心的認識。[24]「良知」有時候另指謂道德性質本身，也就是我所謂的「知的受體」。[25]另外，「良知」有時又指謂「道」或「天理」，意指「心」本身具有一種「知之如何」使人依循「道」和「天理」來實踐道德的生活。[26]

因此，根據下面這些理由，「良知」包含「致良知」：首先，人之天生道德本性的呼喚，會促使人根據「心」所知之「天理」作道德本身的實踐和發展以至於越來越高深、越廣闊的領域。對王陽明或其他儒者而言，「是」蘊含著「應該」。因此，認知的層面及規範的層面在王陽明的哲學中，是經由道德討論的符號所整合。其次，「良知」有時又指謂天理，所以「致良知」也可以用來描述由洞悉天理之「心」給予萬物以理的過程。[27]

王陽明的哲學系統以「知行合一」為極致。這個理論主要的意思是：人如能擴展天生的是非之心至充沛全心，必然產生趨善避惡的意志和行動。[28]「良知」是導人行善的原動力，行善則是「良知」充沛全心以至發揮於外的行動。

在王陽明有關「心」的優先性理論中，「心」的功能之重要性與「心」的活力是和在朱熹哲學中同樣的顯明。事實上，王陽明的三個關鍵概念，是用「心」的理知或思想功能（intellectual function of the mind）來溝通的。「心」包含了會向外發揚的道德本質，但是，這種「擴展」並不穩定，因為它往往受到私慾的阻撓。除非「心」能自覺其仁，否則道德行為無以維續；這種對內在仁的自覺乃是「良知」最重要的一面。「致良知」端賴「良知」；因為，

24 王陽明，《大學問》，全書，卷二六，頁八上—下：「良知者，孟子所謂是非之心，人皆有之者也。是非之心，不待慮而知，不待學而能，是故謂之良知。是乃天命之性，吾心之本體自然靈昭明覺者也。」亦見於《傳習錄》，全書，卷三，頁四五下：「知善知惡是良知。」

25 王陽明，《大學問》，全書，卷二六，頁四上—下：「至善者，明德親民之極則也。天命之性粹然至善，其靈昭不昧者，此其至善之發見，是乃明德之本體而即所謂良知者也。」

26 王陽明，《傳習錄》，全書，卷二，頁四八下：「夫良知即是道，良知之在人心，不但聖賢，雖常人亦無不如此。若無有物欲牽蔽，但循著良知發用流行將去，即無不是道。」

27 王陽明，《傳習錄》，全書，卷二，頁九下：「吾心之良知，即所謂天理也。致吾心良知之天理於事事物物，則事事物物皆得其理矣。」

28 根據錢德洪所撰的《王陽明年譜》，全書，卷三二，頁一五上—一七下；卷三三，頁三五下—三七下，王陽明三十八歲（一五〇九年）始論「知行合一」，五十歲（一五二一）始揭致良知之說。王陽明討論其哲學中三個關鍵概念，歷史上的順序與此處所分析的邏輯上的順序似乎並不一致。可是，在一五〇八年，也就是他提出「知行合一」的觀念的前一年，陽明先生已大悟儒家的「格物」「致知」之旨，見全書，卷三二，頁一三下—一四上。《年譜》中並未詳述王陽明的「大悟」的性質與過程，因此我們不能精確的知道他「致知」觀念在「大悟」之後的確實內容，也許當時他已暗中獲得「致良知」的觀念。根據《年譜》所載，我們知道，一五〇九年王陽明第一次提出「知行合一」的觀念時，他界定「知」是體而「行」是用；因此，「知」即意味著「行」。陽明先生到了晚年，較更關心的是進德養性的實際機動過程，而不太在乎「良知」的形式定義的推演，於是他很明顯地特別強調「致良知」。此處所談的三個關鍵概念的邏輯順序與陽明先生晚年所特別強調的進德養性的機動過程的看法較為協和一致。

人內心一旦意識到內在之仁的存在，此種意識就會時時刻刻地要求道德實踐。「知行合一」是因人對天生內在之仁的自覺意識推廣至極致的結果。如前所述，根據王陽明的「一元唯心論」（monistic idealism），在引導人實踐儒家道德思想時，是「仁」的觀念（即心中對「仁」之存在的自覺意識）而非「仁」的本身居於舉足輕重的地位。

雖然朱熹與王陽明兩個學派，對「心」之作用所依循之途徑的了解各不相同；但，就兩派的分析範疇而言，他們都以「心的理知與道德功能」為共同基設。（朱熹以為藉外在的「格物」，事物之理自會成形於心；王陽明則以為天生之仁的觀念，可經由內心的自省而得。）我們不能說，一個民族的文化風格，可以完全化約為這個民族中重要哲學家的共同思想模式或分析範疇；我們也不能說，這個民族中重要哲學家的共同思想模式或分析範疇，可以完全化約為這個民族的文化風格。但，我們可以說，先秦以後不同時代之哲學家所共同持有的分析範疇，與一種代表儒家文化特殊傾向的思想模式極為相關。這種特殊的思想模式是：為了謀求解決道德上與政治上的問題，特別強調基本思想（或觀念）所具有的力量與優先性——無論這種基本思想（或觀念）是如何界定與獲得的。

從哲學層面來看，橫越先秦以後各派儒家思想藩籬的共同特點，便是強調「心」的理知本能為掌握基本觀念的手段，與此種基本觀念掌握之後，所能產生的解決道德與政治問題的功能。

從普遍的文化層面來看，中國人面對道德與政治問題時，往往會強調他所了解的基本觀念所具有的力量與優先性。這種思想模式可以說是先秦之後儒家文化的一種基本設。但，此種作為思想模式的基設，從分析的觀點來看，應與靜態的、約定俗成、視為當然的觀念有所區別。

明朝覆亡以後所興起的考證學派表面上似以反主知主義（anti-intellectualistic）的姿態出現；但是我們如果詳察其內容，它仍然以傳統主知主義的思想模式為基設。樸學大師顧炎武指斥王陽明「良知」之教播下了覆滅明朝的種子，[29]這項譴責不僅代表當時對形上玄思的厭棄，也反映了先秦之後儒家所強調的思想力量及優先性的思想模式。由於戴震（一七二三—一七七七）的貢獻，漢學在十八世紀達到顛峰。除了許多重要的語言學著作外，戴氏尚致力於闡明儒家哲學中主要觀念的工作。他對「理」的看法，和朱熹迥不相同——戴震以為理存於氣，而朱熹以為理先於氣——但是他們對心的觀念卻相類，皆認為「知」的本能可使人把握做人的道理。戴氏頗以《孟子字義疏證》一書自許，因為他認為其中蘊含著「正人心之要」。[30]戴東原之強調「心的理知與道德功能」以及思想力量與優先性是與先秦之後儒家文化的傾向完全一致

29 顧炎武，《日知錄》（台北：世界書局，一九六二），卷一八，頁四三九。

30 見戴震在乾隆四十二年四月二十四日寫給段玉裁的信：「僕生平論述，最大者為孟子字義疏證一書。此正人心之要。今人無論正邪，盡以意見誤名之曰『理』而禍斯民，故疏證不得不作。」原信影印見胡適著《戴東原的哲學》（台北：商務，一九六七），頁七—八。

的。

根據以上的分析，很明顯的，中國第一與第二代知識分子「藉思想、文化以解決問題的方法」主要是受上述儒家思想模式的影響所致。但是，至少有兩種主要論點可以提出來反駁我所提出的看法。

第一種，也是最容易提出的，是拿西方思想之影響來反駁我的觀點。中國知識分子基於種種不同的理由，受到了許多外來思想的影響。由於大量吸收西方思想，他們的思想內涵發生急劇的改變；但是，筆者以為他們所以傾向「藉思想、文化以解決問題的方法」實導自先秦之後儒家的思想模式，而非源於西方思想的影響。西方雖有許多思想派別強調思想的力量；但，任何一派西方主知主義或唯心論皆非西方文化的公分母（common denominator）。不同的中國知識分子受到各種不盡相容的西方思想的影響；易言之，其中許多人也受到了西方反對主知主義或唯心論的思想的影響。因此，由西方影響這個論點，無法解釋為何第一代與第二代中國知識分子幾乎全部都採取「藉思想、文化以解決問題的方法」——包括那些受西方反主知主義與反唯心論影響的知識分子在內。尤有進者，西方影響這個論點也無法解釋，雖然許多第一與第二代中國知識分子隨著在不同時間衝激到中國的不同西方思潮而改變立場，卻從未放棄他們「藉思想、文化以解決問題的方法」。

筆者以為，強調理知功能與思想力量的儒家文化，如此瀰漫而根深柢固於中國社會，以致在思想改變中的中國知識分子的思想模式（或分析範疇）仍深受其決定性的塑造而不自知。中國知識分子的「思想內容」雖然產生了重大的改變，但在思想內容改變的當中，他們的「思想模式」卻深受強調思想力量的儒家文化所影響，以致他們仍對思想力量和優先性深信不移。[31]

31 關於中國第一、第二代知識分子持有的「藉思想、文化以解決問題的方法」是受儒家思想之塑造而非受西方思潮之影響這一論點，在史料中不難找到詳切的證明，此處除了胡適以外，不擬多加贅述。或謂胡適深受杜威的影響，終其一生，他對杜威早期的實驗主義拳拳服膺，毫無保留。（胡適對杜威後期思想中在美感與宗教經驗裡關於「質」之觀念的發展，似乎並不清楚。）在胡適的著作中，正如在杜威的著作中，經常出現「科學方法」這句口號。胡適以為使用他所了解的「科學方法」會使人獲得杜威所說的「創造性的才智」（creative intelligence），所以思想具有重要的功能。但是，如詳加考察胡適的著作，我們知道胡適的許多重要觀念，如漸進主義、「藉思想、文化以解決問題的方法」等，早在他受杜威思想影響之前已經定型。胡氏一九一五年夏季以前並未有系統地研讀杜威的著作。參見胡適，《胡適留學日記》（台北：商務，一九五九），一九三六年序，頁五。杜威的實驗主義供給他一套新的術語，使他得以更明快地說明他早期的思想模式。一九〇六年，胡氏還在中國公學讀書的時候，他已宣稱要給大眾「灌輸新的觀念」。見胡適在 *Living Philosophies* 的自述（New York, Simon and Schuster, 1931），p. 249。一九一四年，他在康乃爾大學讀書時，曾在 *Chinese Students' Monthly* 撰文，認為辛亥革命那種複雜的歷史事件是「思想革命」的自然結果。Hu Shih, "The Confucianist Movement in China," *The Chinese Students' Monthly*, 9: 534（May, 1914）。顯然得很，胡適在研習杜威思想之前，「藉思想、文化以解決問題的方法」已先入為主。所以先秦之後儒家思想模式對胡適思想模式的影響，遠超過杜威的影響。這段有關胡適思想的簡單說明，取自我和賈祖麟（Jerome B. Grieder）教授之間關於胡適思想發展的談話。

反駁我的分析之第二種可能，較具理論性。先秦之後儒家強調「心」的功能；但，這個命辭並不妨礙對「別的功能」之認識與強調。人類意識中觀念之形成很可能不是自發的，而是受非理知因素（如：政治力量、經濟條件以及社會組織等）的影響所致。這種論式可以無限地推演下去。另外我們應當注意的是：人類的思想可能會有邏輯上的矛盾和思想上的衝突。先秦之後的儒者可能強調「心」的功能以及思想的力量及優先性；但，他們也可能強調非思想因素對人類活動之決定性影響；這兩種強調可能是排列在同一層次上而不是有系統的放在不同層次上。假若如此的話，思想因素與非思想因素究竟哪一種在歷史中比較更具影響力，實為一難以解答的問題。假若先秦儒家思想中強調由「心」之理知功能所獲致的思想，其力量與優先性並不超過其他非思想因素，那麼中國近代知識分子所強調的思想變遷之優先性便可能不是受了儒家傳統的思想模式的影響。

以上的反駁意見，在理論上是相當合理的，但卻缺乏史實根據。先秦之後的儒家思想模式以為經由「心」之理知功能所獲致的基本思想，具有決定性的力量與優先性；此種意見實為儒家分析方式的終點。而近代中國知識分子所採取的「藉思想、文化以解決問題的方法」也認為經由「心」之理知功能所獲致的基本思想，具有決定性的力量與優先性；此種意見亦為早期中國知識分子分析方式的終點。因此，我們知道中國知識分子「藉思想、文化以解決問題的方法」是受先秦之後儒家思想模式的影響所致。

但是，為什麼這種主知主義的假設會變成先秦之後儒家思想模式的分析終點？我在此處尚無法提供最確切的答案。不過，我想也許與儒家思想中的「人為構成說」（anthropogenic constructivism）有密切的關係。此種說法在儒家的著作中到處可見，諸如《孟子》、《荀子》，甚至康有為的著作裡。所謂「人為構成說」是指一種信仰——相信世界上的社會、政治與道德秩序都是遠古聖君與聖人所有意創建的。古代聖君與聖人有目的地創建社會與道德秩序的說法詳見於儒家的各種文獻中。在此無須詳徵博引，下面引文已足可證明：

> 人之有道也，飽食暖衣逸居而無教，則近於禽獸，聖人有憂之，使契為司徒。教以人倫，父子有親，君臣有義，夫婦有別，長幼有序，朋友有信。（《孟子》〈滕文公上〉）
>
> 聖人積思慮，習偽故，以生禮義為起法度。然則禮義法度者是生於聖人之偽。（《荀子》〈性惡篇〉）

康有為為了使「人為構成說」適應當時的情勢，硬把它引申到荒謬的地步。康氏解釋孟子所云

「民為貴，社稷次之，君為輕」就是孟子有意為現代設計的民主政治制度。[32]

當然，有些古代文獻表示：聖君與聖人之所以能夠創建社會、政治與道德秩序並非由於自身之能力，而是因為他們受到神聖之源的感召。然而，儒家思想之特徵卻是將文化、道德與制度之神聖淵源沖淡，而特別強調——有時竟無顧於推論的邏輯性——聖君與聖人為民創立道德與社會秩序之自身力量。

同時，我們應注意的是，《論語》中有些章節予「命」以決定性的功能，而在《中庸》中「誠」或「天道」則具有創生的力量：

子曰：「道之將行也與，命也。道之將廢也與，命也。公伯寮其如命何？」（《論語》〈子路〉）

誠者，天之道也……誠者，自成也；而道，自道也。誠者，物之終始，不誠無物……（《中庸》）

根據這些說法，社會與道德秩序的淵源可能是神秘的「誠」或「天道」。或可認為，先秦儒家思想裡有關社會與道德秩序的起源並不如我所提出的「人為構成說」那樣清晰。在此，不宜闡釋有關儒家思想內那些艱深而糾纏不清的，「誠」或「天道」的本質及功能的問題，我也無意將綜合性的先秦儒家思想加以「系統化」；因而將其內在思想的衝突或邏輯的矛盾予以忽略。不過，上述「誠」或「天道」的觀念，並未改變儒家「人為構成說」與先秦之後儒家所強調的「心的理知與道德功能」之間的關係。就形上學的觀點而言，社會和道德秩序的淵源可以追溯到「誠」或「天道」，但是古代聖君與聖人業已體認「誠」（見《中庸》）。就經驗的觀點而言，聖君與聖人為人類創建社會和道德秩序，並不依賴外源，但卻需要一種內在運作之源以產生創建人間秩序的力量。因此，儒家自然將「心」視為「人為構成說」之經驗上的（非形而上的）本源。當聖君與聖人的「功業」為後人絕對景仰敬服之時，對其「心」的力量之信仰亦深植於先秦以後儒家文化中；因此之故，主知主義的預設遂變成了先秦以後儒家思想模式之分析的終點。

即使儒者欲超越其思想和預設的架構，在中國文化範圍之內也難找到其他的出路。道家主張宇宙萬物皆生於「無」，社會與道德秩序的起源無法在這種激烈的否定主義哲理中尋得解答。法家和墨家亦未提供新的理論。雖然他們的思想內容和儒家有所不同；事實上，他們在解釋人類的制度和道德起源時卻與「人為構成說」相似。在中國的思想界，對種種自發的社會秩序，似乎從未產生清晰的了解，也從未有人鍥而不捨地去探究社會和道德秩序之演進的性質與

32 蕭公權，《中國政治思想史》（台北：聯經出版公司，一九八二），頁七三三—七三四。

過程。這種秩序的演進，如佛格森（Adam Ferguson）於一七六七年所言，是「人類活動的結果，而不是由於任何人類的設計」（the result of human action, but not the execution of any human design）。[33]

在儒家思想的幅度之內，「修身」和「治國平天下」為其兩端。[34]從傾向「治國平天下」這一端入手，一種對制度重要性的切實了解是可能的。關心國家社會客觀環境而強調制度之重要性的人，間或有之。北宋的王安石（一〇二一—一〇八〇）和清代「經世學派」的思想是大家熟知的例子。在中國思想史中，一些有深遠創見之士，甚至發展出社會政治秩序自然演進的思想（如柳宗元〔七七三—八一九〕對中國古代封建制度的起源所做的解釋），[35]以及對於制度之獨立與分疏的功能的了解（如葉適〔一一五〇—一二二三〕所指出的君主政體本身的弱點在於權力過度集中）。[36]這些新穎的觀念也許具有突破儒家既有的分析架構的可能。但是，這種被斥為「異端」[37]的柳宗元的思想與葉適的思想影響均極小。大家記得的是柳宗元的文采，而不是他對古代封建制度起源的精闢見解；關於葉適，大家知道他屬於經世學派，而並不了解他對君主制度本質的精微分析。像這種具有突破潛力的新思想竟未能植根於中國學者的心中，足證「人為構成說」在中國文化中所占的優勢。因此「人為構成的思想模式」可說是傳統中國文化最重要的特徵之一。

根據儒家的思想，儘管聖君得有「天命」，使之成為「一人」，具有異常的稟賦和責任，但聖君也是人，從人性的觀點來看他的本性，卻和常人並無二致。孟子說：「人皆可以為堯舜。」聖君或聖人受天之命，得天之惠而有別於常人；但，常人必須以聖君或聖人的思想言行為其典範。常人如欲修身養性，他必須使用聖人卓有成效的修身養性的方法。常人雖無力創建社會和道德秩序，但他必須以其「心」之本能了解並遵循此種秩序。（此種中國思想的內容與方式，與「先知」的觀念所導衍出的思想內容與方式，大異其趣。）

從先秦之後儒家思想模式的觀點而言，在人類意識中，最根本的改變乃是基本觀念的改變。唯有經由理智上的說服始能導致這種思想的改變。這種思想的改變，甚難由非理性的力量加諸人心之上所導使，因為人類意識的根本改變，必須建築在對這種變遷的準確性的正確了解

---

33 Adam Ferguson, *An Essay On the History of Civil Society*（London, 1767）, p. 187; Cited by F. A. Hayek, *Studies in philosophy, Politics and Economics*, p. 96.

34 Benjamin I. Schwartz, "Some Polarities in Confucian Though," in D. S. Nivison and A. F. Wright, eds., *Confucianism in Action*（Stanford: Stanford University Press, 1959）, pp. 50-62.

35《柳宗元哲學選集》（中華，一九六四），頁七—一〇，並參閱 E. G. Pulleyblank, "Neo-Confucianism and Neo-Legalism in T'ang Intellectual Life, 755-805," in A. F. Wright, ed., *The Confucian Persuasion*（Stanford: Stanford University Press, 1960）.

36 蕭公權，前引書，頁四九七—五〇二。

37 蕭公權，前引書，頁四三六。

上。人類意識固然會受非理知力量的影響（譬如：社會及經濟變遷的衝擊）；有人說人類意識的改變可經由外界刺激之改變所導致。然而，這種論點顯然與儒家思想模式相悖。因為人的心理可能對外來刺激有許多種反應，因此，外界刺激的改變，並不能保證導使所需求的思想變遷。然而，儒家相信理知的說服是有效的，因為儒家相信「心」具有了解並掌握真理的天生本能——只要真理得到詳明的闡釋。

根據以上的分析，筆者以為五四反儒家思想的整體性（the totalistic nature of the May Fourth anti-Confucianism）是受了先秦以後儒家強調「心的理知與道德功能」及思想力量與優先性的思想模式的影響所致。五四反傳統主義者，雖然要求打倒整個傳統文化，但他們之所以做此種整體性的要求，實因他們未能從「藉思想、文化以解決問題的方法」那種有機式的一元論思想模式中解放出來的緣故。這種思想模式，因為是一元論式和主知主義的，本身具有發展至主知主義整體觀（holistic）的可能。當五四反傳統主義者受西方文化的影響，改變了他們的價值觀念；又因政治與社會的腐敗（如袁世凱的專權與濫用中國傳統神聖的符號等）使他們對中國傳統產生了強烈疏離感；在這種情勢之下，他們受了主知主義整體觀的思想模式的影響，「發現」他們所厭惡的中國傳統文化中的價值、符號及傳統社會中的一切設施，是與傳統中基本思想有一必然的有機式因果關係。當然，中國的傳統文化並非一無是處；不過儒家思想中仁愛之說等等，在五四反傳統主義者眼裡，卻只是世界文化的公分母，不是中國特有的東西。中國特有的東西皆源自中國特有的思想，既然均已視為敗壞而有害，如要革新，就非徹底而全面的抨擊傳統不可。傳統社會與文化之特性決定於傳統的獨特而根本的思想；因此，思想革命遂為五四反傳統主義者的當務之急。

當然，中國傳統文化甚為繁複，除了儒家思想以外，尚有道家、法家、佛教等。但這些非儒家的傳統思想，有的反傳統主義者（如吳虞），雖對其中某些成分相當欣賞，卻認為它們並未改變中國傳統的基本特質。[38]另外的反傳統主義者（如陳獨秀），則認為這些非儒家的傳統成分與儒家思想同樣有害。[39]

筆者以上的分析應該導引出對於文化和思想變遷的兩種層次的分析性了解：一為思想內容層次上的變遷，一為思想模式層次上的變遷，兩者相較，後者較為基本而難以達成。第一與第二代中國知識分子的思想內容大為改變，已不是傳統性的了。然而，在思想變遷的過程中，他們仍然不知不覺地繼續持有傳統的思想模式。總之，五四的反傳統思想，是思想內容的變遷與傳統儒家思想模式交互作用的產物。雖然五四時代初期的反傳統主義者沒有任何足以導致社會基本改變的積極力量，但是，他們卻企盼基本的改變。在這種心理壓力之下，由於內在缺乏任

38 吳虞，《吳虞文錄》（上海，一九二一），冊一，頁二三—四六；冊二，頁一一—一〇、一五—二〇。

39 陳獨秀，《獨秀文存》（上海，一九二二），卷一，頁三三—三五。

何新的分析範疇，而外在社會與政治環境使得他們深感基本變遷的必要，他們遂將傳統的思想模式推展至其極限。根據以上論析所見，我們可以說，五四反傳統主義者是如此深受中國傳統的影響以致產生了對於中國傳統的全面而徹底的反抗。就此一意義而言，五四時代之整體性反傳統主義者並未充分地現代化。（雖然第一代的知識分子，也採用「藉思想、文化以解決問題的方法」，但是，他們的反傳統思想不是整體性的。主要因為——如前面的分析所涵蘊的——在尚未完全解體的社會、文化秩序中，他們仍然視某些傳統的價值與信念為當然。）

五四反傳統主義之特性——陳獨秀與胡適的反傳統思想

有關五四反傳統主義之特性，我們可以經由考察當時兩位領導人物——陳獨秀與胡適——的思想內涵而了解其具體的內容。

陳獨秀的反對中國傳統的態度是單簡而確定的，而且是眾所周知的。我僅須指出，他之所以對儒家思想做全面性的攻擊，主要是因為他把儒家思想當作一種基教式的整體論（fundamentalistic holism）之故。因此，他以為所有儒家思想與規範的發展都是孔子思想有機性的衍發。

當常乃悳要陳氏對孔子的原始思想與後來的儒學作一區分時，陳氏答道：

鄙意以為佛耶二教，後師所說，雖與原始教主不必盡同，且較為完美繁瑣。而根本教義，則與原始教主之說不殊。如佛之無生，耶之一神創造是也，其功罪皆應歸之原始教主聖人。……孔子之道亦復如是。足下分漢宋儒者以及今之孔教孔道諸會之孔教與真正孔子之教，且謂孔教為後人所壞。愚今所欲問者：漢唐以來諸傑，何以不依傍道法楊墨，人亦不以道法楊墨稱之？何以獨與孔子為緣而復敗壞之也？足下可深思其故矣。……足下所謂孔教壞於李斯、叔孫通。劉歆、韓愈者，不知所指何事？含混言之，不足以服古人。足下能指示一二事為劉、李、叔孫通、韓愈之創說，而不發源於孔孟者乎？[40]

既然陳氏相信儒家傳統的整體性是由先秦儒家的中心思想所決定，而日後各支派也是原始儒家學說之特性衍發的結果，所以他反禮教迫使他不僅攻擊禮教的本身，而且也要攻擊禮教的泉源——即：孔子的原始思想。因此，陳氏對儒家思想做整體性的攻擊是可以理解的。

陳氏相信儒家傳統的整體性，他的這種想法乃是他受了「藉思想、文化以解決問題的方法」的影響所致。除了上引的一段文字外，下面一段引文也能證實此點：

40 同上，〈答常乃悳〉（一九一六年十二月一日），卷三，頁二五—二六。

孔教為吾國歷史上有力之學說，為吾人精神上無形統一人心之具，鄙人皆絕對承認之，而不懷絲毫疑義。蓋秦火以還，百家學絕，漢武獨尊儒家，厥後支配中國人心而統一之者，惟孔子而已。以此原因，二千年來訖於今日，政治上、社會上、學術思想上，遂造成如斯之果。[41]

以上關於陳氏「藉思想、文化以解決問題之方法」的引述當然有其曖昧之處。既然他將秦火以及漢武帝的獨尊儒家與儒學的興盛相提並論。有人因此可以辯稱陳氏已經了解儒家之所以能夠支配傳統中國社會，除了思想一環外，尚有其他因素——陳氏可能了解儒家得以支配中國社會不僅由於孔子思想的力量，而是許多繁複因素相互作用的結果。我相信陳氏會承認儒學之盛行於傳統中國是由於許多因素使然。如果陳氏曾進一步探究此一認識的涵義，他可能不會如此執著於形式的理論——墨守他的「藉思想、文化以解決問題的方法」。

但是，陳氏既然已經知道儒學在傳統中國之流行是由於許多原因，何以他仍然採用「藉思想、文化以解決問題的方法」？之所以如此，我想並非由於陳氏想像力貧乏之故，而是由於「藉思想、文化以解決問題的方法」充塞於他內心分析的範疇中，以致他要用堅持此種一元論式的思想模式來應付各種挑戰。他答覆常乃悳的話充分顯示筆者此處分析的有效性。他深溺於這種預設的分析範疇中，不能擺脫，也不願考慮每一可能的矛盾，或用開放的心態注意別人的意見。如果我對陳獨秀的思想模式的了解是正確的話，據我猜測，陳氏如要「釐清」上述文字的曖昧性，他會說原初孔子思想中即有鼓勵帝國專制的動因，所以在秦火之後漢初帝王要四處搜求儒家經典；而漢武帝之獨尊儒術是受了儒家思想的影響所致。

胡適的文字，表面上雖然甚為清晰，如果要仔細考察他對中國傳統文化的意見，我們會發現他的意見是相當混雜的。雖然他有時全面性地否定中國傳統，但是他也時常主張逐步的、「有機式的吸收」（organic assimilation）[42]西方文化。他一方面在一九二九年提出了著名的「全盤西化」的主張；另一方面，在他的晚年，雖然未能提出有力的理知論證，卻以一個文化民族主義者（cultural nationalist）的姿態，倡言他的文化論調是為了使「古老的（中國）文化重復活力」。[43]胡氏在他的一生中改變過他對許多事物的看法；可是，他關於中國傳統與西化的看法的混離，卻不是由於他的意見的變遷所致。事實上，胡適思想的特色之一是：他在五四時代所形成的關於中國傳統與西化的觀點，終其一生並無基本的改進。如要掌握胡適關於反傳統思想不易捉摸的性質，我們應該仔細地剖析他的思想中一個終其一生從未清楚自覺的基本矛盾：

---

41 同上，〈答俞頌華〉（一九一七年三月一日），卷三，頁六八

42 Hu Shih, *The Development of the Logical Method in Ancient China*（Shanghai, 1922）, p. 7.

43 Hu Shih, "The Chinese Tradition and the Future," *Sino-American Conference on Intellectual Cooperation: Reports and Proceedings, N.E.*（Seattle: University of Washington, Department of publications and Printing, 1962）, p. 21.

即，他一方面致力於對中國傳統的漸進改革，一方面卻對中國傳統做整體性的反抗。

胡適從在美國作學生之時起，對中國傳統一直抱持改革的態度，雖然此一態度的內容隨時間的轉移而有所不同。在他接受杜威的實驗主義以前，他對儒家的觀點決非否定的。例如一九一四年五月在他發表的〈儒學運動在中國〉（"The Confucianist Movement in China"）一文中，雖然對國內立孔教為國教的運動表示遺憾，因為此一運動僅是為了恢復舊有的儒家思想而無意對儒家思想加以改革，但是，整篇文章卻流露了他青年時期為改革儒學所做的探討。[44]

然而，當一九一七年四月胡氏完成他的博士論文時，他已經成為杜威的忠實追隨者。他無保留地接受了杜威早期實驗主義的概念與價值，並以介紹杜威底「科學」概念到中國為己任。杜威對「科學方法」之整體觀（或科學主義式）的（holistic〔or scientistic〕）看法，胡適是完全贊成的。他們要求將「科學方法」普遍地應用到人類在各方面的活動。胡適相信藉著杜威界定的「科學方法」，足以掌握「創造性的才智」，那是一個成功地解決任何中國現代化問題之必備的鑰匙。很明顯地，胡適接受了杜威的價值與觀念以後，其思想本身發生了重大而基本的改變：從探討如何改革儒家思想轉變到找尋一個植根「科學方法整體觀」（the holistic notion of scientific method）於中國的方案。因此，胡氏心中的一切，包括改革主義，都必須與他的科學方法整體觀取得一致的協調。

雖然他的價值觀念有了劇烈的改變，胡氏仍然奉行改革主義。在他博士論文的導言中，他說明了他一生努力的方針與工作的方式——以漸進與改革的手段來實現一個極為激進的目的。胡氏信服「進步的觀念」（the idea of progress）；認為西方的文化進展中，杜威的哲學是最高的階段。對胡氏而言，「現代特質」（modernity）的外延與內涵是不含混的。事實上，套句俗話說，他對「現代特質」的了解可說是巨碩一統（monolithic）的。對胡適而言，所謂「現代特質」實際上就是杜威實驗主義所肯定與強調的一切。因此，胡氏努力工作的目標是簡單而清楚的：使中國文化成為科學主義式的文化；使文化中的一切——包括倫理——均受科學及杜威式的科學方法所支配。[45]

根據胡氏的看法，經由中國固有文化「有機式的吸收」「西方文明中的最佳成分」，[46]此種目的始可達成。於是，胡氏展開了在中國文明中尋找與杜威的科學觀念相容的材料。如此，中國人民能用有機式的方式與杜威實驗主義所界定、所代表的美國科學文化相聯接。「藉著西方哲學之啟示與幫助」，[47]胡氏在他的博士論文中發現儒家的「正名」為一種「邏輯」。但，

---

44 Suh Hu（Hu Shih）, "The Confucianist Movement in China," *The Chinese Students' Monthly*, 9.7: 533-536（May 1914）. 亦參見《胡適留學日記》，頁一五七—一六〇。

45 胡適，《胡適文存》，二集（上海：一九二四），〈科學與人生觀序〉，卷二，頁一—二九。

46 Hu Shih, *The Development of the Logical Method in Ancient China*, p. 7.

47 前引書，頁九。

此種儒家的「邏輯」不能使他滿意，他因而傾向《墨子》與《公孫龍子》，在這兩部書中胡氏找著了一種非常重要的「邏輯方法」，可認為是杜威方法的雛型（prototype）。他為了「教導」[48]中國人知道「那些西方的方法對中國人的心靈而言，並非是完全陌生的」，[49]遂發現了古代中國的邏輯理論與方法。簡單言之，杜威的「科學方法」即使比較精密，胡氏認為在性質上並非完全不同於中國傳統的科學方法。因此，「有機式的吸收」西方現代文明不僅是可期的，也是可能的。他所計劃做的是以杜威的科學方法為模範，來改造中國傳統的科學方法。胡適相信如此做不但未捨棄中國傳統文化的成分，而且使它成為現代特質的一部分。

胡適於一九一七年回到中國後，仍繼續致力證明在中國演變成的科學方法雛型與杜威科學方法的類似性。他強調朱熹的「格物」、「致知」的理想的發揮，在精神上與方法上，都是科學的。[50]雖然，宋明理學的其他成分——根據胡氏的看法，主要是受佛教的影響——曾經阻礙了科學探討的進展，但是他們不能阻止近三百年來考證學派的興起——這是主張「大膽假設，小心求證」之固有科學傳統的「文藝復興」。

當我們考察胡氏在這一方面的努力時，我們知道他不僅強調傳統中國文明與近代西方文明之間類型的相似性（generic similarity），而且更強調，科學的精神與探討是中國傳統的特色。這一點與印度傳統正相反，卻與近代西方相當接近。以這些命題為基礎，我們對胡氏全盤西化的理論不能解釋為意含著對於中國傳統完全的拒斥。[51]以特有的中國科學傳統「有機式的吸收」西方近代文明以達成中國之全盤西化，即使那些中國傳統中與西方近代文明不相容的成分將在此一過程中被淘汰；就定義而言，此一計劃乃植基於固有的科學傳統之上。

前面曾提過，胡氏以中國文明漸進地「有機式的吸收」近代西方文明的理論，是以二者之間類型的相似作其理論基礎。但是，何以他們在類型上相似呢？他是以生物及環境決定論來解釋的。文明是一種生活方式，即根據一民族生理上的需求對於生存環境所作的調適。不同文明的特殊差異僅是環境與時間不同的結果。近代西方在科學與民主政治上的成就是由於西方近三百年來的環境所促成的。胡氏對人類歷史的普遍進步深信不疑。他覺得類似近三百年來的西方環境與問題將會來到中國對中國人民挑戰。因此，他預料科學與民主政治毫無疑問地將在中國繁榮滋長。簡單言之，由於他的中西文明類型相似論，與他對科學與民主政治在中國發展的期望，他否認中西文明之間有任何「質」的不同的可能性。[52]

48 同上。

49 同上。

50 《胡適文存》（上海：一九二一），〈清代學者的治學方法〉，卷二，頁二〇八—二一一。

51 Hu Shih, "Conflict of Cultures," in *The Christian Year Book, 1929*, pp. 112-121. 亦參見胡適，《胡適論學近著》（上海：一九三五），〈充分世界化與全盤西化〉，頁五五八—五六一。

52 《胡適文存》，二集，〈讀梁漱溟先生的東西文化及其哲學〉，卷二，頁五七—八五。

作為一個世界性的現代知識分子，胡適毫無顧忌地接受了杜威的思想與價值，因為對胡適而言，它們不僅是一套特別的西方思想與價值，而是世界文明中最進步的思想與價值，每一文明遲早都須追隨之。[53]由以上的分析，我們可以很清楚地知道，胡適的科學改革主義（scientific reformism）主要是使中國全盤杜威化的工具，而不是在中國的現代化過程中尋找中國文化的認同。對胡適而言，中國傳統科學研究之所以有價值並非由於本身的貢獻，而是因為它能與杜威的實驗主義相融之故。他個人在思想上是認同於杜威的，因此，他對於中國傳統科學研究的批評也以杜威的實驗主義為準。

如果胡氏的改革主義不源於對中國文化認同的追求，那麼，它主要的理由何在？第一，以漸進的、逐步的改革作為實際有效的手段以達成社會、文化變遷的目的，是杜威實驗主義的基本理論。作為一個杜威主義者，胡適對於此一觀念非常執著，並以此作為他的思想的出發點。他故意尋求改革的方法以求達成他激進的目標。第二，雖然胡氏對各類的民族主義感到懷疑與擔憂，他個人卻是個文化民族主義者。當面對他所接受的西方價值時，有意或無意間，他在中國傳統中尋找些足以使他自傲的東西，以抵銷他面對中國傳統所產生的自卑感。作為一個文化民族主義者，他以中國具有科學傳統，由此使他能夠提出「有機式的吸收」西方近代文明為榮。

在此必須指出的是，胡適曾說過，中國全盤西化的結果將是在固有的基礎上使中國文明重現活力；所以給人的印象是：他的全盤西化論原是為了達成復興中國文明的一種手段。[54]但，這是他應然命題（ought-proposition）與實然命題（is-proposition）之間的混淆，並且是為了「化解」他思想上的推論及信念，與他的文化民族主義兩者之間所產生的衝突的遁辭。就他思想上的推論及信念而言，中國文明的全盤西化是一個過程也是一個目的。正如胡適所提出的，這過程是漸進的、「有機式的吸收」近代西方文明。既然他對近代西方文明的了解並不含混，而且是一元式的，這個目的是明顯而清楚的：使中國文明杜威化。

然而，胡氏也知道中國所應努力爭取的「全盤西化」的目的事實上不可能達到。因為文明是保守的，而且，所謂全盤西化在「量」上根本不可能。有時候，他似乎頗為這種不可能而快慰，樂意見到中國文明的發展終究是仍要以本身之基礎為基礎的。但，此一了解是由他的文化民族主義所支持。在他的文章中，我們不但不能發現全盤西化理論的改變，也不能找到以理知的論點辯解中國不需全盤西化的觀點。[55]

53 胡適明白的表示近代西方文明將迅速地成為世界文明。見所著“Civilization of the East and West,” in C. A. Beard, ed., *Whither Mankind*（New York, 1928）, p. 25.

54 胡適，《胡適論學近著》，〈試評所謂『中國本位的文化建設』〉，頁五五二—五五七。

55 已故徐高阮先生在所著〈胡適之與『全盤西化』〉一文中曾為胡適先生辯解，認為胡先生並非「全盤西化」論者。（該文收在胡適等著，《胡適與中西文化》〔台北：水牛出版社，一九六七〕，頁一一—二三。）但，該文

應該如何（whar ought to be）與事實如何（what is）之間的混淆，在胡適的晚年逐漸成為他思想上的信念（intellectual commitment）與文化民族主義之間的衝突的「化解」。雖然，在內外壓力之下，他已感到他的全盤西化論的限制與困惑，但是，他不能正視問題的癥結所在，並提供一個實際可行的、創造地轉化中國文化傳統的理論。藉此將傳統中不應保留的成分袪除；並且在謀求傳統現代化的同時，將中國文化的特質由現代化轉變的過程中保留下來。相反地，胡氏只能宣稱他全盤西化的理論是一個復興固有文明的手段。這種修辭上的解釋，使得他覺得可以向自己及他人保證：對於中國將失去本身文化的恐懼是沒有根據的，雖然每人仍須盡量使自己杜威化。他有時說，如果中國傳統中真有寶貝的話，它們將經由西化的過程而復興；但，他卻對甚為困難的，如何復興中國傳統的問題輕易地避而不談了。

胡氏有時也主張中西文化應該融合。但，這仍是經由他的文化民族主義所推動的修辭上的口號。如果固有中國傳統中的每樣事物，除了不如西方的科學方法之雛型以外，都須排除；試問我們如何能為此種融合辯解，而此種融合又如何實踐呢？杜威無需學習漢學的科學方法以增進他底科學方法的理論與實踐。如果胡氏認為中國傳統文化對於現代西方並無任何可以貢獻的地方，他的融合中國傳統與現代西方文化的建設只是一自相矛盾的論點而已。

但是，胡氏的科學改革主義並不足以說明他對中國傳統的通盤態度。他的改革主義是基於一個觀念，即傳統中國文明與近代西方文明之間有類型的相似性，而這個觀念是以生物與環境決定論來支持的。這樣的一個決定論在別人很可能促成悲觀或無所作為，但它卻被胡氏用來支持他的全盤西化論。作為一個樂觀的改革者，他相信中國社會的新環境將導致中國的西化。歷史是與他站在一邊的，他的鼓吹是為了使國人自覺到此一歷史趨勢，並指出一條明確的途徑；經此途徑使中國的西化得以達成。[56]然而，胡氏的改革主義並未能抑止他的整體性反傳統的衝動。在作這些攻擊時，他並未意識到這些對中國傳統的攻擊，會與作為他改革主義基礎的生物與環境決定論相抵觸。若凡事都由生物性質與環境來決定，則傳統中的罪孽可化約為外在的與歷史的因素。誰也不能被歸罪，那麼，反傳統的論點在理論上便不能成立了。但是，胡氏深受傳統思想模式的影響，強調內心之思想與道德的功能，以致他歸根結柢仍認為中國傳統的罪孽是由於傳統中國人民心靈的罪孽所造成的。他受了此種根深柢固的中國傳統文化傾向所影響，以致不能領悟到他的生物與環境決定論與他的主知主義的整體性反傳統思想之間的矛盾。

胡氏認為殘忍、懶惰，以及對於個人的壓抑是中國傳統最根本的特性。除了傳統中國人心靈的卑劣這一點以外，沒有任何其他因素能夠說明這種中國傳統的特性。

只是從文字層面上做的考證工作，並未接觸到胡適思想的性質問題。其實，胡適在修辭上的修正並未使得他的思想有創造性的改進。讀者如細讀本文，當知筆者的意思。

56 《胡適文存》，二集，〈讀梁漱溟先生的東西文化及其哲學〉，卷二，頁八二—八五。

在一九一八年十月十五日出版的《新青年》上，胡適與陳獨秀聯合答覆一位讀者來函時，他們說道：「舊文學、舊政治、舊倫理，本是一家眷屬，固不得去此而取彼。」[57]在為《吳虞文錄》作的序中，胡氏高呼吳虞是「四川省隻手打孔家店的老英雄」。[58]他稱讚吳虞掃除了街坊上的塵土，使青年人得以自由地前行。胡氏為他的整體性攻擊儒家思想所作的主要辯護，與陳獨秀為他的反孔教的辯護相類。事實上，胡氏引用了陳獨秀答覆常乃悳的兩段文字（見前引文），來支持他贊同吳虞攻擊儒家的論點。[59]這兩段文字是他整體性攻擊儒家的證據；在他後來攻擊中國傳統文化時，他也是採取一元論整體觀的論點。毫無疑問地，胡氏承認中國的文化傳統包含許多成分：儒家、道家、法家、文學、藝術等等。但是，當他攻擊中國傳統之時，他無意去區分它們。

胡氏在他的學術著作中，並不蔑視孔子。孔子曾悟出了一些人類的普遍價值——如忠、孝、仁、愛等。但是，以這些價值來維護中國的傳統就不切題了。與陳獨秀一樣，胡氏認為這些價值是人類共同的理想，而為世界上各個文明所共有，因而不能用來解釋中國傳統的特性。既然在中國無法實現這些理想，它們只是一些「空話」而已。[60]中國傳統的特徵就是中國所「獨有的寶貝」：「八股、小腳、太監、姨太太、五世同居的大家庭、貞節牌坊、地獄活現的監獄，以及板子夾棍的法庭。」[61]他指出：「講了七八百年的理學，沒有一個理學聖賢起來指出裹小腳是不人道的野蠻行為，」[62]反而只見大家崇信「『餓死事極小，失節事極大』的吃人禮教。」[63]他並未將這些罪孽或中國的「獨有的寶貝」歸之於生物或環境的因素，卻歸咎於傳統中國人心靈的罪孽。因此，胡氏說中國所「獨有的寶貝」是「祖宗造的罪孽」。[64]既然傳統中國人的心靈是罪孽的，那麼，根據胡氏經由傳統思想模式所得到的看法，中國文化傳統中每一成分都含有此種特性。所以，攻擊中國的傳統，如果要有用的話，就必須是整體性的。

57《新青年》，第五卷第四號，頁四三三。
58吳虞，《吳虞文錄》，頁七；胡適，《胡適文存》，卷四，頁二五九。
59必須注意的是胡適這段文字十分含混。胡氏說：「正因為二千年吃人的禮教法制都掛著孔丘的招牌，故這塊孔丘的招牌——無論是老店，是冒牌——不能不拿下來，搥碎，燒去！」（同上）如果不顧及這個句子的上下文，也許可以解釋它暗示：所有的禮教法制都依孔子之名行事。但，是否孔子原來的教訓在形式上與內容上都與日後的禮教法制是一致的，卻仍是一個問題。然而，既然胡氏在這篇文章中同意陳獨秀對常乃悳的答覆；很明顯地，胡氏完全與陳氏整體性反孔教思想是一致的，他暗示二千年來的禮教法制都得自孔丘原始的教旨。因此，如此的孔教是必須打倒的。
60胡適，《胡適論學近著》，〈再論信心與反省〉，頁四八八、四九〇。
61同上，〈信心與反省〉，頁四八三。
62同上。
63同上。
64同上，〈三論信心與反省〉，頁四九五。

胡適很爽快地承認「西洋也有臭蟲」，[65]諸如貞操鎖等。但是，這些西方的罪孽是孤立事件，不能與中國「獨有的寶貝」相提並論，後者不是孤立或偶然事件，[66]卻是傳統中國心靈的典型產物。

我們應該注意的是，「經過二十年的反省」，[67]胡氏了解中國傳統中有三點長處：中國語言簡易的文法、中國傳統中較為平等的社會組織，與薄弱的宗教心。也因此，胡氏以為傳統中國人的心靈較不易陷於迷信。[68]在這三點中，頭兩點不可能影響他的整體性反傳統思想。第一點是關於語言的形式方面，它不能影響傳統道德的好壞。胡氏是依據歷史的環境來解釋第二點，因此它與傳統中國人的心靈並無關聯。然而，第三點有改變或修正他的反傳統思想的可能。他認為中國人心中特別具有自然主義的與非宗教的成分（對胡氏而言，自然主義的〔naturalistic〕、理性的〔rational〕、科學的〔scientific〕幾乎都是同義字），此一體認隱隱地與他在他的漸進西化論中視科學的理性（scientific rationality）為傳統中國特有的成分有關。如果胡氏能從此一體認中獲得積極的啟示，則他不會攻擊一項他喜愛的成分，因而他可能修正他的整體性反傳統思想；然而，在考察胡氏整個反傳統思想的著作以後，我們知道他並未獲得如此積極的啟示。雖然胡氏與杜威都相信科學的理性一向具有道德的性質；但，他知道在傳統中國人的心靈中，此一理性成分卻不發生任何道德效用。他對於這個理性成分的「發現」只能在他建構他的漸進西化論時發生功效。因此，在傳統中國人的內心中，這樣一個理性成分與中國傳統中的道德（或不道德）的性質並不相干。

在評價中國傳統之時，對於此一傳統的理性成分與傳統中的道德性質相互無關的了解，可由他認為佛教對中國文明有不良影響的想法獲得證實。當胡氏陷於他的文化民族主義的情緒時，他有時將中國人的殘忍歸咎於佛教的影響。[69]可是在他反傳統的文章裡，他並未將中國人的殘忍歸咎於佛教的影響。當宋明兩代擺脫了佛教影響的時候，中國並沒有產生更為人道的文明。因此，沒有理由將中國人的殘忍歸咎於外來的影響。簡言之，根據胡氏的看法，傳統中國人的心靈是根本而絕對的卑劣。傳統中國人內心中的理性成分受到了更根本的卑劣成分所左右，所以不能發揮其應有的作用。

既然傳統中國人的心靈已病入膏肓，它不可能依靠本身來解救自己。只有西方文化出現在

65 同上，頁四九四。胡適引自周作人，〈西洋也有臭蟲〉，《獨立評論》，一〇七號，頁一二（一九三四年七月一日）。

66 同上，頁四九四—四九五。

67 同上，頁四九六—四九七。

68 同上，頁四九六。

69 例如 Hu Shih, "The Indianization of China," *Independence, Convergence & Borrowing*, Harvard Tercentenary Publications（Cambridge, Mass.: Harvard University Press, 1937）, pp. 244-246.

中國人眼前以後，始有獲救的可能。胡氏說：八股、小腳等的廢除全然不是程頤、朱熹、顧炎武、戴震以及其他儒學領袖的功績，而是中國人與近代西方文明接觸的結果。然而，雖然年輕女孩纏足的不良習慣以及束縛思想的八股都已絕跡了。「但裹小腳的殘酷心理，上夾棍板子打屁股的野蠻心理，都還存在無數老少人們的心靈裡。今日還是一個殘酷野蠻的國家，所以始終還不曾走上法治的路，更談不到仁愛和平了。」[70]職是之故，是否中國人能被解救，端賴他們是否能夠全盤西化。

以上的分析已明顯地指出胡氏思想在邏輯上的矛盾：他一方面要將傳統的成分作為他的漸進改革主義的基礎，一方面卻整體性的攻擊傳統。然而，雖然中國的科學成分有助於中國的西化，不應受到攻擊；但是，從胡氏反傳統思想的觀點而言，它是中國傳統中不相干的成分，因為它並未對中國傳統文化卑劣性發生任何正面的影響。因此，我們可以了解為何胡氏從未認真地感覺到此一邏輯上的矛盾對於他的整體性反傳統主義的威脅——雖然他一直認為作為一個真正的杜威主義者的主要職責是清晰地思考問題。

不過，我相信在潛意識裡，胡氏仍深愛著中國傳統中的某些成分。但是，這份喜愛不能打破他整體性反傳統主義；尤其與他強有力的整體觀思考（holistic thinking）方式比較起來，他幾乎找不到任何適當的理由來作為這份喜愛的理論基礎。[71]

展望中國自由主義之未來

在前面的討論中，有關中國自由主義前途的，主要有兩點：第一，五四全面性反傳統思想之形成是深受一項傳統儒家思想模式的影響所致。[72]如果當時的知識分子未曾受到此項傳統思想模式的影響，某種反傳統思想可能仍會在近代化的過程中興起；但是，此種反傳統思想也許不會像五四時代那樣激烈到要求整體性反抗的程度。第二，當我們分析了陳獨秀與胡適的思想以後，筆者關於五四整體性反傳統思想的論點，希望已獲得證實。[73]至於強調個人價值與自主

70 胡適，《胡適論學近著》，〈再論信心與反省〉，頁四九一。

71 前面也曾提過，反傳統的思潮在五四時代的初期達到最高峰，以後就開始衰落。由於中國的個人主義與五四反傳統思想關係密切，因此它自然對應地失去了在中國知識分子中的重要地位。胡適好歹一生都固執著個人主義，而逐漸地在思想界變成了邊緣人物（peripheral figure）。

72 我們可以從五四時代的另一思想派別看出傳統儒家思想整體性的思想模式廣泛而重大的影響。梁漱溟等新傳統主義者與反傳統主義者有著相同的傾向，雖然梁氏決不同意陳獨秀反傳統思想的內容。他之所以稱讚陳氏為一頭腦清楚的思想家，乃因陳氏提出根據思想、文化以解決根本問題的看法。梁氏與陳氏之不同在於他主張將儒家文化全面性的流布於世界，其思想模式則與陳氏無異。參見梁漱溟，《東西文化及其哲學》（上海：一九二二），頁六—一〇，及書中其他各處。

73 關於魯迅的反傳統思想，也可以說是整體性的。他對於中國傳統公開而無保留的譴責，幾乎每一本有關近代

性的中國自由主義的前途，筆者的主要觀點，在上文中已經有所暗示了。

我們展讀西方自由主義的歷史與理論時，可以發現五四反傳統知識分子的意識與西方自由主義的態度是甚為不同的。簡短的敘述並不能確切地掌握此一繁複的問題，所以，我在這裡僅擬提出幾點一般熟知的、有關西方個人價值觀念的特徵。第一，個人價值的最終辯護不是基於理性的探討，而是基於由宗教信仰世俗化所演化的倫理信念。[74]個人的價值是由法律及政治秩序（法治與民主制度）所保障；這些都是歷史演化的結果而非有意的特別設計。而自由的政治與立法制度的功能亦大大仰賴於思想與道德的秩序，這也是由歷史演化而來。當然個人主義的精神必須經常自覺地維護，否則將趨於式微。如果沒有爭取個人自由的自覺運動，則自由制度經常會遭受每個社會中均有的反自由力量的破壞。但是，此種自覺運動必須建立在既有的價值與道德架構上，而這個架構僅能從傳統演化而來。

一個自由的社會必須建基於傳統。但是，表面上這似乎是一詭辯式的說法。一個自由的社會應該對於權威採取批評的、獨立的態度，而傳統卻必須因權威在過去一直為人所遵守而承認權威。然而，自由的傳統性結構不僅與理性的批評及創造性的革新相容，而且是理性的批評與創造的革新的必要條件；雖然傳統式的結構要求這種批評與革新必須在傳統所範限的脈絡中進行。[75]博蘭霓（Michael Polanyi）及其他西方自由主義的大師們曾有力辯解真正的創造及創見中國的書都曾提到過。魯迅的文學作品提供了一個難得的機會，可使我們從意識的三個層次來研究他的反傳統思想：顯示的辯難層次（the explicit polemical level），隱示的、未明言的意識層次（the implicit conscious but inarticulate level），隱示的下意識層次（implicit subconscious level）。在公開場合，魯迅是一個反傳統的思想戰士，深信全面而整體的排除中國傳統社會與文化的影響是必要的。但是，在私底下，至少在一九二六年他離開北平以前，魯迅是一個個人主義的藝術家，深受中國文學傳統的影響以致於在他意識的三個層次上，均透露出他對中國文學傳統的價值與意義的真正賞識。尤有進者，在他意識的兩個隱示層次上，他與儒家道德傳統的關係表現了一種愛恨交集的特徵——事實上，他的靈魂為此種內在衝突所扯裂。但，就他所持有的真正價值而言，它們是他所接受的西方價值與某些儒家價值之間彼此強化（mutual reinforcement）的結果，那些儒家價值雖脫離了傳統的架構；但仍然是他道德認識的核心的一部分。他不接受任何教條式的立場，以及他意識中複雜而強烈的內在衝突，表現了他在陳腔濫調、簡單而籠統論斷的時代裡，特殊的思想上與道德上的地位。然而，就他的整體思想來看，在意識的不同層次上他之所以不能超越衝突與矛盾，主要是由於他受了全面性反傳統思想的深切影響所致；假若他能夠超越他底意識中不同層次之間的矛盾，他可能會找到一種對中國傳統轉化式的解釋（a transformative interpretation of Chinese tradition），或者至少對整體性反傳統思想之正確性提出疑問。魯迅整體性反傳統思想之根源太過繁複，由於篇幅的限制，此處不能詳論。（讀者可參看拙著 *The Crisis of Chinese Consciousness*, University of Wisconsin Press, 1979, Ch. 6。）不過它主要也是由於「藉思想、文化以解決問題的方法」所導致的。

74 當然，如伏爾泰（Voltaire）提倡的言論自由，起源於對教會權威的反抗，並且基於對理性的力量過於肥腫的相信。但是，法國自由主義與個人自由觀念之間的關係至少是有問題的，也許與個人自由的價值與觀念並不相容。

75 本段中以上的敘述採自 Edward Shils,"Tradition and Liberty: Antinomy and Interdependence,"*Ethics* 68.3. 158（April 1958）.

僅能在具有創造性的傳統中獲得。[76]

我想五四自由主義的兩難（dilemma）現在已非常明顯了。五四時代初期對於個人的關切與反傳統思想運動有密切的關連。而且這種反傳統思想是整體性的。但是，個人價值的觀念必須是一個道德信念，而此一道德信念僅在它為社會道德秩序的一部分時方有其社會的意義。這種道德秩序也僅能由傳統演化而來。五四時代的社會情況及思潮卻不容許中國傳統作任何創造的轉化（creative transformation），而此項轉化卻為真正的自由理想在自由知識分子心中獲得某些基礎所必需的。既然五四反傳統的知識分子有意完全拒斥儒家的傳統，他們當然就不會去尋求創造地轉化傳統的可能性了。即使他們要將儒學與西方自由主義相整合，他們也會覺得並不可能，因為他們對儒學的了解深受傳統思想模式的約制之故。他們急切需要的思想秩序（intellectual order），僅能建立在外來的「意締牢結」所提供的建構大綱（constructivist scheme）之上，即：科學主義（scientism）或馬列主義等。

如果我們就思想意義了解了中國自由主義的失敗，這項了解有助於下面問題的解答嗎？中國自由主義的前途如何？它的前途實在很暗淡。但是，我們應該氣餒嗎？我想如果我以下的分析有幾分正確性的話，我們無須完全放棄希望。

首先，必須再度強調的是，在理論上，個人價值的強調應該基於個人內在價值的信念。假若提倡對於個人的關懷是基於功利或功能的考慮，則極易導致變質。其次，就思想的觀點而言

（雖然社會、政治、經濟的發展亦扮演重要的角色，但是，這些不在本文討論的範圍之內），中國自由主義的前途繫於五四新文化運動真精神之實現，也就是，要求根本的改變以及信任經由知識而獲致的解放（這種改變與解放，必須與「藉思想、文化以解決問題的方法」作一區分），但在意識型態上卻不可持續五四式的整體性反傳統思想。我認為要獲得個人價值觀念的掌握，依賴整體性反傳統思想是不可能的，而需對儒家人文主義作創造的轉化。五四的反傳統主義者並不能摒棄中國傳統中所有有害的成分；他們也不曾對傳統作足夠的了解。當然，新傳統主義者開倒車式的嘗試更不能適合當時的情況。

對儒家人文主義進行創造的轉化的大綱是什麼呢？其理由又是如何呢？

今日對於文化與社會的了解的重要出發點，其中一之是：文化與社會系統互相不能化約（mutual irreducibility）的觀念。雖然思想、信仰、價值的文化層面與社會、政治、經濟組織的社會政治結構層面互有影響；但是，對此二層面作一區分是必要的。基於此一了解，則五四的

76 Michael Polanyi, "Foundations of Academic Freedom," in *The Logic of Liberty*（London: Routledge and Kegan Paul, 1951）, pp. 32-48; and also *Personal Knowledge: Towards a Post-Critical Philosophy*, pp. 53-54; 243-245; Karl R. Popper, "Towards a Rational Theory of Tradition," in his *Conjectures and Refutations*（New York: Harper Torchbooks, 1968）, pp. 120-135; C. M. Bowra, "Poetry and Tradition," in M. R. Stein, et al, eds., *Identity and Anxiety*（New York: Free Press, 1960）, pp. 524-529; T. S. Eliot, *What is a Classic?*（London: Faber & Faber. 1945）.

整體性反傳統思想實際上犯了文化化約主義的謬誤（a fallacy of cultural reductionism）。人們可以摒棄傳統中國社會中所有的罪孽，而無須攻擊整個傳統中國文化。

我曾在別處就「仁」與「禮」的和諧與衝突，討論了先秦儒家的根本理論。拙文指出藉著對於「仁」的重新取向（re-orientation），分離傳統的「禮」是有可能性的。[77]根據先秦儒家思想，道德並無意義，除非它在人際關係中植根。「禮」因此是必須的。人類奮鬥的最高理想在求得「仁」與「禮」之間完美的平衡，藉此「仁」可以在「禮」中培養，而「禮」之存在即在於養「仁」。在這「仁」與「禮」的創造的激盪中，「仁」乃具有優先性，雖然它需要「禮」。「禮」之意義在於提供一個養「仁」的架構，「禮」本身並無意義，而「仁」的價值與意義是獨立於「禮」的。

如果說先秦儒家在形式結構上與自由人文主義（liberal humanism）十分相融，似乎並不牽強。「仁」的觀念與西方自由主義對個人價值的信仰並不同。但是，要成為現代儒者無須作一基教主義者（fundamentalist）。若對儒學重作一番解釋的功夫，我相信儒家道德理想主義與西方自由人文主義之間的新整合有相當可行的可能。無人能預言此一整合之結果；但是，對我而言，似乎僅有這樣的整合，自由個人主義始能在中國知識分子的意識裡生根。這新的中國自由個人主義當然與西方的自由個人主義不能盡同。但是，它有許多要點是與西方自由個人主義相合的。對中國知識分子而言，此一新整合的工作可能在其本身就是一有價值的工作，他們也許因此會發現一個新的認同意識。

77 雖然孟子認為「仁」暗示著人內在之善（「仁者人也」《孟子》〈盡心下〉十六），朱熹（「蓋仁，是性也」，「蓋仁者，人所自有。」《論語集注》〔四庫備要本〕卷一，頁二上；卷八，頁七上。）王陽明（《大學問》）以及其他許多儒者也都認為如此，可是，在《論語》中，孔子從未直接提及仁為內在之善。某一觀點之正確與否不能僅憑持有此觀點的人數的多寡來決定。但是，如果我們仔細閱讀《論語》，我們會發現仁確實暗示著人內在之善的觀念。如果從嚴格的文字的觀點來看，只有孟子是此一觀念的創始者。然而，我認為孟子較荀子更為接近孔子的立場，正因為孟子發現並明確地形成此一不曾為孔子所明言的觀念。仁是人內在之善的涵養與發展的最高層次，也是道德的極致，因此最難達到。（《論語》〈公治長〉十八，〈述而〉十七，〈憲問〉二）但是，孔子卻說過：「仁遠乎哉？我欲仁，斯仁至矣。」（《論語》〈述而〉二十九）如果我們認為仁是不間斷的道德的生活過程，則這令人困惑的一段話就不難了解了。人是否從事道德的涵養與發展，最後仍是由自己決定。但是，人一旦決定進行此涵養與發展，他會發現一種自然的「道德動力」（moral energy）促進他的道德行為，並且可能使他達到道德的極致。如果人不具備此種自然的「道德動力」，而對於善惡之事很冷漠，那麼，事實上，他不可能為了道德目的把自己捲入道德行為之中，即使他處心積慮如此做也不可能。因為他的本性遲早會制止他這種虛假的決定——除非此一決定不是為了道德的目的，而是基於功利的考慮，就如荀子所曾提出的那樣。但是，《論語》與《孟子》中的「仁」是道德行為，也是道德目的。是以孔子有上面的那段話。至於從哲學的連貫性與歷史背景來詳細討論孔子的仁的哲學，可參看拙作 "The EVolution of the Pre-Confucian Meaning of Jen and the Confucian Concept of Moral Autonomy," *Monumenta Serica*, Vol. 31（1974-75）.

（原載《中外文學》第三卷第一二期，一九七五年五月一日；修訂後經《明報月刊》第一二五—一二七期轉載，一九七六年五月—七月）

論梁巨川先生的自殺

——一個道德保守主義含混性的實例

拙文初稿是為了參加一九七二年美國「社會科學研究協會」（Social Science Research Council）與「美國學會聯合會」（American Council of Learned Societies）所屬「現代中國研究聯合委員會」（Joint Committee on Contemporary China）舉辦的「民國知識分子與保守主義問題」研討會而寫的，經過修訂以後，發表在傅樂詩（Charlotte Furth）教授主編：*The Limits of Change: Essays on Conservative Alternatives in Republican China*（Harvard University Press, 1976）一書中。

我開始注意梁漱溟先生的父親梁巨川（濟）先生自盡的問題，是遠在一九五三或五四年。那時在臺大歷史學系讀書，因為學校圖書館看不到五四時代的期刊與著作，而我當時對「五四」的一切卻極感興起；所以，一有空便清早去和平東路搭中央研究院的交通車（記得當時還是中型吉普）到南港史語所圖書館呆一天。現在回憶起來，那時的讀書生活，實在既悠閒又熱切。隨便翻閱外面看不到的《新青年》、《新潮》等期刊，一天下來覺得生活得很豐富。中午在伙食團吃大鍋飯，外加一個滷蛋，也覺得特別可口。

有一天，看到陳獨秀寫的〈對於梁巨川先生自殺的感想〉，知道梁先生「殉清」的事在當時的北京輿論界產生了很大的震盪。像陳獨秀那樣的激進分子，卻對梁先生這種違反潮流、「頑固」而「迂腐」的行為甚表敬意，使我覺得這不是一件尋常的事情，遂立刻借來線裝的《桂林梁先生（濟）遺書》看下去。當時的確被梁先生誠篤的人格所深深感動。那時，我對中國之過去雖有很深的感慨，常思盡一己之力對中國之未來有所貢獻；但，實在談不上有什麼系統的看法。對梁先生自盡這件事，除了深為感動，以及稍後知道了一些有關的史實（如梁漱溟先生由佛入儒的轉變頗受其影響）以外，並不能掌握其歷史的意義。

將近二十年以後，當我接到上述研討會的邀請，考慮應該提出什麼論文的時候，梁巨川先生自盡這件事，不由地又重新浮現在我的腦際。我想藉這個機會對梁先生自盡的歷史意義做一點分析的工作。可是，當我重新再把原始材料仔細看過以後，除了梁先生人格之完整在我心中再一次得到肯定以外，從思想史的觀點來看，由於道德保守主義歷史性自身內在的難局，我發現這個複雜事件的歷史意義，主要在於它在中國傳統政治秩序與文化秩序大解體以後，呈現了中國意識之危機的一面。換句話說，除了顯示他個人人格之完整以外，他自盡的那些理由與自盡時所希望得到的效果，正呈現著嚴重的含混。（個人精神之自我完成，並不是非要在思想上澄清以後才能達到，這裡所謂的「精神」應與「思想」做一區分。）因此，儒家傳統是不能用這些理由與這些想法來維護與發展的。梁巨川先生雖然勇毅地犧牲了自己的生命以求達成他的理想，但除了他個人表現了在深沉的文化危機之中，一種儒家良心的實踐以外，這種偉大的精神卻不能化解現代中國政治、社會、文化與思想上的問題。

拙文主要是從思想史的觀點去觀察一位非專家式的、但誠篤而有教養的儒者的思想所呈現的中國意識之危機，以補過去根據對激進主義的分析以解釋中國意識之危機的不足。這種歷史的認識雖然並不能解決我們意識的危機，但它能告訴我們所處歷史環境的性質。有了這種歷史感，如果我們的心靈能不被悲觀所占據，我們也許可不再在原地兜圈子，而設法為建立民主與法治的制度（文中所謂「社會結構中的各項安排」），並對中國文化傳統之「創造的轉化」做一點切實的努力。

拙文承陳忠信君與陳弱水君在一年多以前即已分別把他們單獨譯就的譯稿寄來，謹此致謝。最近窮兩個多禮拜的時間，發奮把它校改完竣。譯事之艱苦，非有親身經驗者，是無法體會的。

一九一八年十一月十日，一位無藉藉之名的前清小官員、名哲學家梁漱溟的父親——梁濟（巨川），自沉於北平城北的積水潭。在留給家人、朋友、世人的遺書中，他說，如果他的自殺要以具體的詞語來理解的話，那就是為了「殉清而死」。[1]這一事件立刻引起了當時中國首都輿論界巨大的騷動。

有關梁濟自殺的意義與影響的評論，意見甚為分歧，但多數人都為他果決的行為所感動。遜清皇帝立即「下詔」追贈謚號，以表彰他的忠義。甚至連陳獨秀這樣激進的知識分子，雖然認為梁濟的自殺是為了維護傳統的「綱常名教」，卻也在他去世後不久在《新青年》的一篇文章中，對他完整的人格表示敬意。[2]著名的社會學家陶孟和，則純然依據功能的觀點，認為梁濟的自殺是他自己思想不清和對現代政治觀點的無知所致。陶孟和認為這項行為的社會影響將是十分微弱的。他表示，意識的覺醒與道德的重整，只有活在世界上的人才能推動，並不是一個人以斷絕生命的方式所能奏效的。[3]

名詩人徐志摩在讀了一九二五年出版的《桂林梁先生遺書》之後，對陶孟和的看法甚為不滿。徐志摩指出，梁濟的自殺，是一項由精神層次上的命令所激發的自覺行動。他之所以犧牲自己的生命，是因為他聽從了某種呼喚——「隨你叫它『天理』、『義』、信念、理想或是康德的道德範疇」。[4]對梁濟而言，無論他的自殺能否如願地對社會產生影響，聽從這個呼喚遠較他活著更重要。因此，徐志摩認為，梁濟自殺的意義不能從社會學的功能觀點來了解。

1 梁濟撰，梁煥鼐、梁煥鼎（梁漱溟）編，《桂林梁先生（濟）遺書》（以下簡稱《遺書》）（台北：文海出版社重印本），〈遺筆彙存〉，頁一上。

2 陳獨秀，〈對於梁巨川先生自殺的感想〉，《新青年》，六卷一期，頁一九。（日本汲古書院重印本，頁二五）（一九一九年一月十五日）。

3 陶履恭（陶孟和），〈論自殺〉，《新青年》，六卷一期，頁一二—一八。（汲古書院重印本，頁一七—二三）（一九一九年一月十五日）。

4 徐志摩，〈讀桂林梁先生遺書〉，收入蔣復璁、梁實秋編，《徐志摩全集》（台北：傳記文學出版社，一九六九），第三集，頁一四六。

當時對梁濟自殺的討論中，無一能真正探頤到梁濟這項行動的意義。即便梁漱溟當時表示的意見也是十分含糊，只是為他父親的行為辯護，但卻全然遠離問題的核心。他崇贊父親的道德熱情和決然的卓立精神，但卻將他父親自殺的決定歸因於精神耗弱，以及因缺乏新知識而造成的思想錯誤。[5]徐志摩正確地點出了梁濟行動的精神層面，但未能掌握此一事件錯綜複雜的含混性。

和一些可能有的臆測相反的是，梁濟並不是一個頑固的反動派，也不是腐儒。事實上，在中日甲午之戰以前，他已是一位深切關心中國命運的改革主義者。[6]一八九二年，他在日記中寫道：「卻有一種為清流所鄙正人所斥者；洋務西學新出各書，深切時事，斷不可以不看。蓋天下無久而不變之局，我只力求實事，不能避世人譏訕也。」[7]甲午之戰前夕，在北京官員鼎沸的主戰聲中，梁濟的主張是非常實際而有見識的：他認為與日本的交戰行動應當避免。在一八九八年的札記中，他諄諄以教子弟出洋為言，寫道：「務必以出洋當一件正大要緊之事。勿惜費，勿憚勞，即使竭盡大半家資亦不為過。」[8]這一年梁漱溟開蒙讀書，梁濟囑咐老師不要讓他背誦四書，而代之以《地球韻言》。因此，梁漱溟一直不能熟誦四書的章句——這是在世紀之交開蒙入學的中國讀書人當中一個有趣的例外，也是有關這位二十世紀中國最著名的新傳統主義哲學家之一的一件妙事。[9]當北京第一所新式小學開辦時，梁漱溟是首批入學的學生之一。

梁濟贊成戊戌變法，但他當時僅是一名內閣中書。這項職位離維新運動的實際政治中心太遠，使他無法直接參與。梁濟之贊成變法，並非因受「今文學派」的特殊理論所影響，他和「今文學派」或任何其他學術運動都沒有關聯。由於他並不認識康有為、梁啟超或其他主要的變法領袖，梁濟支持變法的立場，也不能歸因於私人關係。他之贊成變法，乃源自他對社會與政治情況實際的評估，以及期望中國強大的愛國心。至於他對變法政策的立場，他贊成康梁在制度上的改革，如廢除科舉、設立新式學校等。但他很憂慮朝廷在短時間內急促頒布許多改革法令的舉動可能操之過急。他曾草擬奏章，認為改革計劃的實行應當謹慎從事；稿成未上，政變即已發生。[10]他在這份奏稿中，強調人心歸正與官吏清正乃是政治的基礎。這種主張藉思

5 梁漱溟，〈給陳獨秀的信〉，《新青年》，六卷四期，頁四二七—四三一。（汲古書院重印本，頁四七七—四八一）（一九一九年四月十五日）。

6 以下對梁濟一生的撮述，主要根據梁煥鼐、梁漱溟撰，《年譜》，《遺書》，頁一上—二九上；梁漱溟，《我的自學小史》（上海：華華書店，一九四七）；梁漱溟，《自述》（山東，鄒平：山東鄉村建設研究院，一九三五）。

7 《年譜》，頁九上。

8 同上，頁一一六下。

9 梁漱溟，《我的自學小史》，頁一〇。

10 《年譜》，頁一六下—一七上。

想、道德以解決政治問題的方法（intellectualistic-moral approach to political problems）和康有為、梁啟超的基本觀點相當契合；雖然由於康梁當時接近政治權力的中心，使他們更意識到須利用機會以實行制度的改革。[11]

一九〇〇年義和團之亂達於高峰時，梁濟冒著生命危險，敦促兩位北京巡城御史逮捕拳民。一九〇二年，為了啟迪民智，他贊助摯友彭翼仲創辦第一份在北京發行的白話報——《京話日報》。最初幾年，這份報紙一直被大眾漠視，有人甚至對之懷有敵意；梁、彭兩先生經常在嚴重的財務危機中掙扎奮鬥。

從上面對梁濟在家中和參與公共活動的描述，我們得到的印象是：他是一個堅決的改革家；在許多方面，梁濟是站在清季改革運動的前線。這些事實並沒有使我們得到任何輕微——如果清廷被推翻，他將以身相殉——的暗示。即使在清朝覆亡的前夕，他對革命的態度是好惡兼有的，並不是絕對反對——這在許多從前主張「變法維新」的人士之間毋寧是一種相當普遍的反應。一九一一年，當梁濟得知梁漱溟參加同盟會京津支部的活動時，他勸誡他的兒子不要從事顛覆清廷的活動，因為他們是累世仕清的家庭。但是，梁濟同時以一種超然的態度等待要發生的事，他對漱溟說：「立憲足以救國，何必革命？倘大勢所在，必不可挽，則疇不望國家從此得一轉機？然吾家累世仕清，謹身以俟天命可已，不可從其後也。」[12]在此，他之勸告兒子不要參加革命活動，與其說是對滿清的効忠，不如說是不同意他兒子那樣明顯地違背家庭傳統。正如他的話語中所提示的，他的觀點，總括地說，是對國家前途的考慮先於對一朝一姓的忠貞；在另一方面，也顯示出他比較贊成漸進改革。然而，在梁濟熱心於清季改革活動和面對一九一一年到一九一二年間之劇變所保持的表面的平靜之後，他心中潛存著一深切的不安。一九一二年二月十二日清帝正式遜位後幾天，為覆亡的前朝自盡的意念即已盤據在他底心中。[13]是年六月十六日，他參加粵西老館同鄉團拜，在關帝、文昌兩殿及先賢位前行禮（先賢牌中祠有他的父親），他秘密地告誓神明及乃父之靈，重新肯定其殉清之志：「必將死義，以救末俗。」[14]

梁濟的決定，在許多方面是令人驚訝和費解的。如我們所知，直到此刻，從他外在的生活方式去觀察，一點也看不出這種決定的可能性。其次，正如他自己深感詫異的，清朝覆亡之

11 在拙文〈五四時代的激烈反傳統思想與中國自由主義的前途〉中，我曾經指出，強調「心的理知與道德功能」，一直是傳統儒家學者和後來的知識分子所採取的思想模式（mode of thinking）。至於更詳細的分析，請參閱拙著：*The Crisis of Chinese Consciousness: Radical Antitraditionalism in the May Fourth Era*（Madison, University of Wisconsin Press, 1979）, Chaps. 2 and 3.

12 《年譜》，頁二四上。

13 梁濟，《遺書》，〈遺筆彙存〉，頁一三上；〈伏卯錄〉，頁二六下。

14 梁濟，《遺書》，〈遺筆彙存〉，頁一〇下—一一上。

際，自親貴皇族、八旗官員，以至全國臣庶（改革派更不必談），無一人秉持傳統中國的忠君觀念，自殺殉清[15]——這顯示了傳統中國「普遍王權」（universal kingship）的神秘魅力已經全面崩潰。為什麼梁濟這樣一個職位微末的小官員卻是例外？他的自殺真如他自己所說的，是為殉清而死麼？

拙文試圖說明，梁濟實際上不是像傳統的臣下殉身前朝那樣以身殉清；但，他宣稱「殉清」卻是有可理解的理由的。在此，筆者無意探討梁濟自殺之終極的心理原因，也不企圖窮究導致梁濟作此性命攸關的決定之一切大大小小的可能因素。拙文的目的有三：第一，說明梁濟思想的「含混」性（ambiguities）；第二，衡量梁濟思想底「含混」對他決定自盡的影響；第三，闡釋在歷史變遷的脈絡中梁濟思想的含意。筆者不僅希望能使讀者了解梁濟底決定以及他對他底決定的看法，而且希望能描繪出，在深沉的文化危機之中一種儒家良心的實踐。在一個儒家道德遭受嚴重壓抑的時代裡，梁濟卻真正觸及了儒家的道德精神。另外，了解梁濟對其自盡之解釋所含有的「含混」（ambiguities）實是一項有意義的工作，因為這些「含混」反映著中國傳統「文化、道德秩序」（the traditional cultural-moral order）的解體。對這些「含混」的了解也使我們能特別注意到，在民國初年對中國人挑戰的幾項「思想的緊張」（intellectual tensions）（它們是當時許多「思想的緊張」的一部分）。這些「含混」同時也呈現了「普遍王權」崩潰以後，梁濟底道德保守主義歷史性的自身內在的難局。

梁濟於一八五九年在北京出生，他的生母是一位中級官員的側室。他八歲時，父親死於方任職兩年的山西地方官任上。當時梁濟家中一直為祖父的債務所累；他的祖父是一位退休的地方官，和梁濟的父親同樣以耿直著稱。梁濟父親逝世時，祖父仍健在，帶著家人悄悄返回北京，隱姓埋名，借住親戚家中，以逃避債主的逼索。在這種淒涼貧困的環境中，梁濟在嫡母（父親的正室）的管教下開始唸書。他的嫡母出身官宦家庭，能讀詩書。梁濟是家裡的獨子，家人自然期望他能夠讀書中舉，恢復梁家社會和經濟地位。他的嫡母雖然並不是一個缺乏愛心的婦人，但她是一個嚴峻的名教信徒；無論在學問或品行方面，都以十分嚴厲的態度督導梁濟。

梁濟直到二十七歲才考中舉人。後來兩次會試未第，終其一生沒有考上進士。有許多年，梁濟在塾館擔任塾師，有時也在滿清王公家中充當家庭教師。一八九五年到一八九八年之間，孫毓汶於中日和議成罷政以後，梁濟擔任他的記室。一八九八年，梁濟四十歲，才開始入仕，如前所述，他擔任的是內閣中書。一九〇六年以前，他一直擔任這項職務，起草例行的批奏與詔書，後來參與修撰皇史宬書。一九〇六年，調往民政部，擔任教養總局、分局兩局總辦委員，策劃罪犯教育事宜。一年以後，他辭去此職，直至清朝覆亡，他擔任的是無俸的候補員外

15 同上，頁一四下—一五上。

郎。[16]（這些年中，他主要以典當他夫人的妝奩來維持家庭生計。）如此平凡的經歷，使梁濟內心深處產生了極大的挫折感。

梁濟獻身儒家理想，並不是因為他服膺某一特定儒家學派的緣故，也不是因為他對某部儒家經典或某一派宋明理學有深入研究的結果。當然，梁濟對四書五經和一些通用的注疏是熟悉的，這是每個十九世紀中國士子的主要課程。但梁濟對文學（除了通俗戲曲）和哲學無甚興趣，他是一個有教養的儒者，而不是一個從事研究工作的學者。相反地，他十分鄙視咬文嚼字式的文獻研究與詩詞唱和等文藝活動，並將中國積弱不振之部分原因歸諸於文人的空言。[17]梁濟的儒家心靈主要來自他幼年的教育，和他家中先人樹立的楷模。[18]我們可以說，梁濟因浸潤在充滿儒家文化氣息的環境中，受其薰陶而成為儒者。

梁濟底儒家道德與宗教的心靈的核心是奠立在一個堅定的信念上，即：道德的資源（或動力）和判斷力是人性本有的。這個信念隱含著一個意念：天生的內在道德資源與天理是和諧一致的；道德修養達到最完美的境界時，便是天人合一。這個信念比較接近陸王學派，與程朱學派則較為疏遠。程朱學派的形上學，在形式上雖然仍預設人性本善；但，由「格物」而「致知」的概念之發展，已從孟子性善說一路的傳統歧出。陸王學派的形上學則由確認道德判斷力之天賦來源而強化了這個信念。然而，在儒家思想的架構之中，道德判斷力天賦來源的信念，並不蘊涵人有創造一個新的道德系統的權利。

一般地說，絕大多數持有此一信念的儒者，都認為傳統中國政治與道德秩序是妥當的，並以為這種妥當是當然之事。不過，認為道德判斷力是來自人底天賦這一信念，卻意謂個人應該衡量社會上的禮儀與習俗——看它們是否與自己所了解的儒家傳統本質相符。另外，既然道德判斷力與道德資源是與生俱來的，相信這一信念的儒者自然熱切地期望自己能在社會中實現並光大自己的道德本性，這不只是為了個人人格的完成，同時也是為了使社會能有秩序。（因為，儒家認為「修身」與「齊家、治國、平天下」有著有機式的連鎖關係。）在儒家的特殊信仰中——尤其是從孟子至陸王這一脈相傳的傳統之中——個人與社會的目標，被認為是具有整體性的關聯（holistically related）；雖然，從分析的角度來看，兩者是可以分開的。事實上，

16《年譜》，頁二三上。

17 梁濟，《遺書》，〈伏卯錄〉，頁一下。梁漱溟在許多地方也說過，他父親平素最看不起讀書人，最看不起做詩詞做文章的人，認為傳統的中國學者和文人為「無用之人」、「廢物」。梁漱溟，《自述》，頁七；《我的自學小史》，頁二九。

18 見梁濟，《遺書》，〈侍疾日記〉，頁二上—四上。雖然梁濟的父親在他七歲時即已去世，但他在許多方面卻深深地承受乃父的影響。梁濟回憶說，他長大以後，有機會閱讀他父親的函札，深為他父親在字裡行間表現的道德關懷與正直所感動。《遺書》，〈辛壬類稿〉，頁一七上。

這種將社會問題主要當作個人問題來處理之文化精神的特徵，[19]在梁濟道德與宗教的心靈中活生生地得到了再次的肯定。（儒家思想認為社會秩序是遠古聖君與聖人有意建構的，而維持社會秩序主要靠社會中領袖人物道德之實踐。反過來說，社會的不安與混亂也因此多半要訴諸於領袖人物道德之敗壞。所以我們可以說，儒家常把社會問題當作個人（尤其是社會中領袖人物）的問題來處理。以海耶克為代表的自由主義卻不把這件事看得如此簡單。請參看他有關「社會中自動自發之秩序」的著作：F.A. Hayek, *Law, Legislation and Liberty*, Vol. I,"Rules and Order"（Chicago, 1973）, esp. Chap. 2, "Cosmos and Taxis," pp. 35-54; F.A. Hayek, *Studies in Philosophy, Politics and Economics*, Chaps. 2,4,6,17, pp. 22-42, 66-81, 96-105, 237-247; F.A. Hayek, *New Studies in Philosophy, Politics, Economics and the History of Ideas*（Chicago, 1978）, Chap. 15, pp. 249-266.

面臨著清末道德敗壞的政治與社會情況，沉浸在儒家信仰中的梁濟，深覺他應更自覺地努力實現他的道德本性以匡助中國社會的危機。換句話說，社會中道德越墮落，他就越要特別努力道德的實踐；社會中道德的墮落可說是對他道德實踐的一種挑戰，看他能否在腐敗的環境中堅持自己的道德原則，實踐自己天賦的道德本性——一方面完成自己，一方面影響別人。身為儒者，他自然相信通過守「禮」的過程，道德本性才能在社會中得以實踐。但，對「禮」的遵守並非意指一定要依從通行的官式禮俗與儀式。運用自己的道德判斷力去檢查禮儀與習俗是否適當，這樣才是正確守「禮」的做法。正如孟子所說：「非禮之禮，非義之義，大人弗為。」[20]一個儒者根據他自己對儒家傳統本質意義的了解，如發現某一禮節並不適當，就不應該遵守它，因為他不可能真誠地遵守這種不適當的禮節。

當大多數北京小官員為了個人利祿奔走權門之際，梁濟與同事、上司接觸的時候，卻完全被考慮各式各樣北京官場中流行的禮俗是否適當所縈擾。梁濟調到新成立的巡警部後，為了保持品行端正的意識，他並不去尚書官邸拜謁調他來部的徐世昌，故意放棄了晉升的機會。[21]梁濟說：「久住京師，日與名利場中相接觸，而未嘗注意營求富貴。其中以不梯榮仲華（祿），不鑽營肅（王）邸，最為心安之事。[22]至於舊交父執，則尚非不可請求栽培。但余材質魯庸，不諳世事。生平未得權貴援助，不妨舉以自明。余前云：『請求故舊間或有之，[23]鑽謁夤緣敢

19 Wm. Theodore de Bary 已經很清楚地闡釋了這一論題。見他的 “Individualism and Humanitarianism in Late Ming Thought,” Wm. Theodore de Bary et al., *Self and Society in Ming Thought*（New York: Columbia University Press, 1970）, pp. 145-247, especially p. 169.

20 《孟子》〈離婁下〉。

21 梁濟，《遺書》，〈辛壬類稿〉，頁一六上。巡警部成立後不久即改為民政部。

22 梁濟，《遺書》，〈辛壬類稿〉，頁一七上—一七下。

23 譬如他第一次去拜謁他的父執孫毓汶時，請求推薦擔任順屬書院主講，因為當時孫毓汶已罷政，未能如願。

云絕迹。』[24]實撫膺愉快之語。」[25]

經由這種對操守小心謹慎、幾乎有些「過分」的把持，梁濟一方面對當時的腐化官場提出了無言的控訴，另一方面使自己仕宦蹇途和缺乏對社會的影響得到慰藉（因為這樣做畢竟對得起自己的良心）。然而，意味深長的是，在梁濟內心之中，伴隨著因自己人格的完整而感到的自慰，卻是一種深切的挫敗感。清亡之前，在他底日記與札記中常見的一個主題是，他期望藉中舉入仕而重振家門的深刻責任感。他不斷提醒自己要苦讀，以便考得最高品第。他雖然鄙視八股試帖，但，為了滿足嫡母與生母對他的期望，他知道他必須對之勤加練習，以便藉此考取功名。[26]梁濟曾生動地追憶，幼時為準備應試在家中夜讀的情景：「篝燈古屋，人聲寂息，生慈用麵糊黏補破書，逐本補苴，毫無倦色。」嫡母與他「孤燈相對，訓責諨全，常勉以成人立品數大事。頻問男長大後願為何等人？而男殊無志氣，所對皆卑靡庸劣，不稱旨。慈親常廢書而哭，掩袂告生慈曰：『如此鈍劣，終恐蒼天負我，吾兩人何所望耶？』然訓責之後，仍復勸勉，或命作對，或命講書，夜分始息。」[27]

這裡必須注意的是，在梁濟嫡母的教誨中，她並沒有把事業或道德上的成就加以區分。梁濟嫡母以道德條目教育其子，因為她把個人的道德教養既當作目的，也當作手段。她相信，她對梁濟的道德教育不僅可以使他成為一個君子，同時可以使他事業成功。她在教導其子之時，雖然沒有區分事業成就與道德成就；但非常清楚地，懸在她心目中的一個主要目標是希望梁濟成為一個成功的官吏。事實上，她要求梁濟做官的意念極為強烈；梁濟在一八九〇年會試失敗後，她甚且慫恿他借錢捐個功名。梁濟答以「齒未遲暮，戰雖不利，事未可知，宜且待時，自然有得，倘來科倖捷，亦免悔此一著。若使男在四旬以外，不必芸史慫恿，早已急圖矣。」[28]

事實上，梁濟並未能成就他和家人期望的事業。他從未考上進士，一生也未做過高官。梁濟在決心自盡以後曾說，他畢生希望能對世界有所貢獻，但一直未能如願，同時，他也深以辜負嫡母對他的期望為憾。[29]顯然地，他覺得他的自殺將是貢獻於世之舉，這項果決行動所要產生的影響是符合他嫡母對他的期望的；雖然，她如仍在世，將不會同意他採取這樣非常的手段來達成這種影響。另外，有一次他曾說，他決心自殺是嫡母給他的道德教育的直接結果。[30]

他也曾請求過另一位父執孫家鼐，為其母寫壽對。梁濟，《遺書》，〈辛壬類稿〉，頁一八上—一八下。

24 梁濟在〈辛壬類稿〉，頁一七上已說過此語。

25 〈辛壬類稿〉，頁一九上。

26 梁濟，《遺書》，〈感劬山房日記節鈔〉，頁二上。

27 梁濟，《遺書》，〈侍疾日記〉，頁二上—三上。

28 同上，頁二四上。梁濟在會試放榜前幾天，擔心再考不上，實際已暗自作了安排。他為了安慰嫡母及生母，已向人借款準備捐個功名。但他後來決定，即使再度落榜，也要辭退這筆款項。同上，頁二三上。

29 梁濟，《遺書》，〈別竹辭花記〉，頁八下。

30 同上，頁六下。

但，他的嫡母希望他在道德和事業上都有成就；而且不可否認地，後者是她期望的主要部分。

梁濟很痛苦地了解他在事業方面是失敗了，他也為他的道德努力缺乏社會影響而深感困惑。我們不能說，梁濟在道德上的努力之唯一目的是要對社會發生影響；但，對一個真實的儒教信仰者而言，道德上的自我成就必須和社會相干。儒家的最高理想——內聖外王——使得一個儒者一方面要從事個人內在的道德修養；一方面要向外影響他人以便建立一個大同世界。至少對某些儒者而言，這個複雜理想的雙重使命並非意指這兩種使命是經由兩個明顯不同，各自遵循自己理路，而最後在它們發展最高層次上相互重疊的過程。相反地，這個理想的涵義是：「外王」是從內在完成的「內聖」的光輝的散發而得到的。儒家的這個理想，根本上立足於一個基本命題：自我的道德修養本質上不僅僅是目的，[31]並且還是——從對道德楷模在社會上具有影響力的角度來看——達成大同世界的一種手段。因此，社會問題基本上是一個個人的道德問題。對某些接受這個理想的儒者而言，除非他們道德行為的成就具有相同比例的社會影響，否則就永遠不覺得完成了自我。

然而，實際上一個人的道德成就幾乎不可能與其社會影響相當。對一個有德行的君子來說，他的道德成就是否能對社會發生影響是時機和命運的問題。在歷史上，這些問題也確曾被認識到。另外，在儒家思想領域之內，不同的派別注重不同的事端，有的強調「修身」，有的強調「治國平天下」。在強調「治國平天下」這一端，一些經世學派亦曾強調制度和法律對社會的重要性。[32]但由於個人的信仰，像梁濟這樣的儒者實在無法把道德成就不能產生相同比例的社會影響的這一現象，坦然地視為時機、命運或制度的問題。既要「修身」又要「治國平天下」因而產生的「緊張」，的確發生在儒家思想發展的歷史中；然而對梁濟個人而言，正因為他把獻身道德修養的努力，既當成個人完成自我的目的，又當作影響社會使之成為和諧的秩序的手段，所以這種「緊張」與梁濟的心情是距離很遠的。如果自我的道德修養並未能導致完美的社會，是否還應運用其他手段來達成這個目的呢？一個完全信仰道德修養具有導致完美社會的功能的這一派儒者，將無法提供有力的答案；他只得回頭繼續強調道德典範移風易俗的功能。職是之故，曾國藩的「原才」成為梁濟珍愛的文章是不足為奇的，他曾多次援用這篇文章的觀點，[33]說明社會習俗可以經由少數君子的道德典範所轉移。

就此看來，梁濟對其自我道德修養在社會上並未發揮作用的覺悟，並未使他放棄對社會產

31 從歷史背景討論儒家道德自主的觀念並論及其哲學的連貫性與含混性，見拙文：“Evolution of the Pre-Confucian Mcaning of Jen（仁）and the Confucian Concept of Moral Autonomy,”in *Monumenta Serica* 31（1974-75），pp. 172-204.

32 Benjamin Schwartz, “Some Polarities in Confucian Thought,” in D.S. Nivison and A.F. Wright, eds., *Confucianism in Action*, pp. 50-58.

33 梁濟，《遺書》，〈遺筆彙存〉，頁八下、頁三八下；〈辛壬類藁〉，頁二三上；〈伏卯錄〉，頁五下。

生道德影響的希望，也沒有使他喪失對「道德的奇理斯瑪」（chrisma of virtue）的信仰。（毓生案：關於「奇理斯瑪」的定義，請參看本書頁二四—二五。我在這裡是用它的引申義，指謂一種儒者的信念——一種認為個人德行之本身具有使社會變成和諧圓滿的功能。有關「奇理斯瑪」的進一步說明，請參閱拙著 *The Crisis of Chinese Consciousness*，頁二一—二二，註二四。）很明顯地，對他的道德修養並未在社會上發揮作用的這項覺悟，使他只有更強烈地希望用更強烈的道德力量去感化社會；現在，必須採用一種不尋常的方式才能使這個希望實現。為「殉清而死」的自盡方式，一方面可以讓社會矚目，卻又不損及他個人「修身」的理論與實踐；另一方面，在不被社會忽視的情況下，可以成就（如他所想像的）道德影響。

梁濟是在清帝正式遜位後不久，「突然」有了自殺殉清的念頭。但他自己十分清楚，他的動機既不是起於個人對清室的忠貞，也不是來自保皇派的情感。他曾經說過：「（余）決非反對共和，而且極贊成共和。」[34]他不像某些保守分子，支持袁世凱的帝制運動；梁濟十分蔑視袁，極為反對他稱帝的詭計。梁濟和許多滿清遺老的作為也完全相反，他們為一九一七年張勳發動的遜清皇帝溥儀的復辟運動而歡欣鼓舞；梁濟卻寫了幾封長信給張勳，勸他放棄復辟的計劃。[35]然而，他也為辛亥革命的後果——袁世凱獨裁政權的興起、人民疾苦的加深，以及到處皆是混亂與道德的淪喪——感到深刻的哀傷和沮喪。

梁濟在一九一二年第一次向神明和父靈起誓殉清之後，經過了六年才實踐他的決定。他在這些年間，以極悲痛的心情，竭其所能地在遺書中寫下自盡的理由，以免徒然行動而毫無影響。事實上，在自盡前夕，他還為這六年間寫好的遺書作了最新的補充。在遺書中他說，許多事情遲延了他的行動。最初，他要等待史無前例的臨時國會的召開，以便把他的公開信交給人民的代表。後來，因為這些議員極為腐敗，使他深感幻滅而決定放棄此舉。梁濟深愛他的兒孫，甚願安享天倫之樂，他為訣別家人的決定而深深感傷。雖然如此，他在一九一三年再度肯定了自殺的誓願；[36]此後這些年，他一再告誡自己：他在神明與父靈之前所做的莊嚴誓言是必須履行的。[37]顯而易見的是，梁濟在一九一二至一九一七年間極合人情的躊躇並未動搖他原來的意向；相反地，梁濟自盡的決定，由於民國成立後社會中道德淪喪之變本加厲而越加堅定——使他希望藉自盡行動來警告世人的意念也變得更加必要和迫切。

如果梁濟自盡的理由是如以上所說的那樣，那麼我們應當如何解釋梁濟堅持他自盡的具體意義是為「殉清而死」呢？首先應當說明的是，他並沒有說他的自盡僅僅是單純地為了殉身前朝。他只是說，如果這項行動要以「具體」詞語來理解的話，那就當用「殉清」一辭。梁濟要

34 梁濟，《遺書》，〈遺筆彙存〉，頁五一下。
35 同上，頁一一上；〈伏卵錄〉，頁一六上—一六下、頁二四上—二六上。
36 梁濟，《遺書》，〈遺筆彙存〉，頁一〇下。
37 同上，頁一〇下—一一上、頁一三上—一四下、頁五七下—五九上；〈別竹辭花記〉，頁一上—一一下。

以自盡表明一種對理想獻身的榜樣，以喚起其他人獻身他們所服膺的理想。他相信空談共和政體的理想是沒有用處的；重要的是：要真誠地為實現共和政體的理想而從事實質的努力。易言之，他堅持人們應把他的自盡當作他對儒家「忠」的觀念的獻身的具體行動，並非就是為殉清而死。這項行動的目的是為了喚起他人，希望他們的行動與理想能夠一致。

就外表而言，從梁濟對晚近歷史變遷的積極態度與對共和理想之實現的關懷來看，他對未來的態度是相當開放的。梁濟思想底這一方面，並不顯得特別保守。但是，他對「真誠」的特意強調，卻反映著一個傳統儒家的分析範疇。就像大多數儒者一樣，梁濟假設社會的基礎是道德，而不是社會結構中的各項安排。對他而言，社會的形式可以改變，他所認定的社會基礎則不能動搖。因此，他相信中國共和政體成功的最重要因素在於主張共和的人的真誠。他相信，如果沒有這種「真誠」，新的社會將無從建立。

當梁濟思考如何促使國人真心誠意為建設共和政體而努力時，他開始鼓吹保存「國性」。據他自己說，這一意念受了一九一二年十二月一日與一九一三年九月一日分別在《庸言報》刊載的梁啟超撰〈國性篇〉與吳鼎昌撰〈未來之中國〉的影響而產生的。[38]梁啟超認為，國家之生命依存於「國性」的強度；「國性」是由國語、國教、國俗所構成。有些國家可能一時非常強大，但因「國性」未「成熟具足」，生命遂十分短暫。中國立國已五千餘年，正因中國的「國性」，「養之久而積之厚」。但是，現今國人正懷疑其民族遺產與傳統的社會和道德規範；因此，共同信仰和共同行為的準則已漸被腐蝕。梁啟超在文章的結論中，呼籲國人要保存「國性」。他警告國人；一旦「國性」毀滅，即使聖人也無法使其再生；因為「國性」只能在歷史過程中演化而成。他雖然認為中國「國性」中有許多善美的事物，但此文的主旨是要表達一項實際的關懷：一個國家如果沒有共同的道德傳統可資倚憑，便無法生存下去。[39]

吳鼎昌的論點較梁啟超的警告更為嚴重，他率直地預言，如果現在中國民德敗壞的趨勢繼續下去，中國必然亡國。議論政治改革是沒有用的；中國的命運將由中國人民在德性上的振興或墮落而決定。[40]在梁濟積極為他的自盡尋找正式的辯解時，他注意到了這兩篇文章。這兩篇文章的要旨與梁濟基本的立場和信仰甚為契合。

如前所述，在梁啟超的文章中，「國性」是由三種基本要素所界定。梁濟卻沒有這種學術上枚舉的興趣。對他而言，「國性」主要包括，他所了解的中國人的道德傳統，這個傳統的主要成分是仁、義、廉、恥、誠、敬、忠、信等。[41]在另外一個地方，他界定國性為：正義、真誠、良心、公道，他又說：「換言之，即天理民彝，為聖道所從出者，是吾國固有之性，皆立

38 梁濟，《遺書》，〈遺筆彙存〉，頁六二上。
39 梁啟超，〈國性篇〉，《庸言》，一卷一期，頁一—六（一九一二年十二月一日）。
40 吳鼎昌，〈未來之中國〉，《庸言》，一卷一九期，頁一—五（一九一三年九月一日）。
41 梁濟，《遺書》，〈遺筆彙存〉，頁五九下。

國之根本也。」[42]在這裡，梁濟以在最普遍層次上的儒家道德價值來界定中國人民的道德傳統。他認為這些道德價值是人類的普遍價值，也是宇宙本體之法則的表徵。

梁濟認為特殊的中國傳統具有普遍的通性，他用對特殊中國傳統具有普遍通性之認定來維護保存這一特殊傳統；這一論辯方式在思想上陷入了嚴重的困境。同時這種論辯方式也顯示了，當時許多人所持有的中國型保守主義的難題。如果中國道德傳統除了普遍的人性以外什麼也沒有，那麼中國道德傳統有什麼中國式的特點呢？換句話說，梁濟是真的要保存維護特殊的中國道德傳統嗎？從他想提供一些東西以鞏固中國社會使其不致解體的實際目標來看，他的確要維持特殊的中國道德傳統；他也認識到中國的道德傳統與其他民族的道德傳統是不同的。後來，梁濟受到《新青年》上一篇文章的影響，開始稱謂「正統思想」（儒家傳統的基本要素）為中國的道德傳統，並且強調這種「正統思想」是中國歷史中社會的向心力，具有鞏固社會的功能。[43]他並沒有提出對儒家思想中哪些價值比較重要，哪些價值比較次要的分析，也沒有討論過它們之間的關係。例如，儒家的諸道德價值，雖可以說終極地奠基於普遍原則（universal principles）；但，它們的相對重要性，概括地說，是依其與「孝」這一中心德行之關係而定。早在《論語》〈學而篇〉第二章，「孝」與「悌」就被視為「仁之本」。易言之，從儒家的觀點來看，人性的第一具體指謂是「孝」，第二具體指謂是「悌」。[44]耐人尋味的是，「孝」並不在梁濟界定的儒家基本價值之列，而且，儘管梁濟認為他的自盡是代表他對忠君的名教的獻身，他卻在思想上已暗自與儒家特定的一種社會行為準據（social referents）——「三綱」——分離。

當梁濟護衛儒家道德傳統時，他的論式特別強調這個傳統具有普遍通性。然而，在二十世紀中國，聲稱中國傳統具有普遍性的這種主張是保存中國傳統價值的有效方法嗎？在儒家傳統中，普遍價值具體地表現於被認為具有同樣普遍有效的行為規範之中。（忠、孝、仁、愛這些被認為任何人均持有的普遍價值，具體地表現於自漢以降被認為具有同樣普遍有效的「三綱五倫」之中；易言之，在遵守「三綱五倫」的行為中，忠、孝、仁、愛等等人所持有的普遍價值才能得以實現。）普遍的理想和價值與其在具體行為規範中的展現，這兩者之間的關係是固定

42 同上，頁六〇下。

43 梁濟正式使用「正統思想」去指稱他所要保存的東西，是在他讀了光昇，〈中國國民性及其弱點〉（《新青年》，二卷六期，頁四。（一九一七年二月一日。汲古書院重印本，頁五七四）。之後，見梁濟，《遺書》，〈伏卯錄〉，頁二六下。在梁濟思想脈絡中，「正統思想」一辭，不應譯為"Orthodox thought"。梁濟並沒有自覺地要為儒家任何學派爭門戶；雖然他的生命風格有些地方較接近陸王學派，而與程朱學派比較疏遠（但有些地方卻又與陸王學派很不同）。他所說的「正統思想」是指儒家傳統的基本要素。

44 事實上，儒家繁複的道德系統中存在著許多「緊張」（tensions），而且這些「緊張」一直未能得到化解。例如，「對君主盡忠」和「對父母盡孝」這兩項道德範疇究竟哪一項在先（哪一項更重要）就是一個問題。但是，我們有理由說，儒家的道德價值，至少在具體層面，是衍生於對家庭倫理的特殊關懷，而孝道正是最重要的德行。

的。由於傳統中國的道德秩序與社會、政治秩序是緊密地整合著的，抽象的理想與價值都有明確而具體的展現方式。

舉例而言，作為傳統道德秩序中抽象的理想與價值的「忠」與「義」，由於道德秩序與政治和社會密切整合著，所以，這些抽象的理想與價值在社會秩序中有明確而具體的展現方式——在過去的中國，中國人明確地知道，那種具體行為是「忠」的展現，那種具體行為是「義」的展現。但是，當傳統社會、政治秩序解體的時候，這些抽象和普遍的理想與價值還能繼續保留原來那樣的了解嗎？換句話說，無論在傳統或現代，遵循「天理」是每一個人的責任；然而，在傳統政治、社會秩序解體以後，什麼是「天理」的本質？與什麼是「天理」的具體展現方式？這兩個問題卻容許不同的解釋與解答了。

因為梁濟對歷史變遷採取前瞻的態度，所以他對未來的看法十分開放。他並不主張保留過去的行為規範。另外，他並沒有具體地說明哪些儒家價值比較重要，哪些比較次要，以及它們之間相互的關係；事實上，他已經把這些價值化約至人類價值最抽象、最普遍的層次——因此，這些道德價值被視為具有普遍的人性意義，而不是中國特有的了。梁濟的「普遍主義」的主張使儒家道德價值的意義變得非常貧乏，因為儒家的道德傳統根本不能用這種方式來保存。

梁濟認為社會的基礎是道德，而非社會結構中的各項安排。他想以自盡來表現儒家的理論與實踐對當時的社會是相干的，對促進當時社會的發展是有效的。他尤其受到，個人道德必須對社會發生強有力的影響，那種儒家觀念的影響。從這些方面來看，梁濟的思想可以說是一種不自覺地傳統的，而不是自覺地保守的。不過，梁濟也自覺地希望以保存儒家道德傳統為手段，替現代中國提供一個新的社會基礎。就此而論，他的手段是保守的，目的則非是。

同時，梁濟以一般性的籠統用語來護衛儒家的道德傳統。當他認為儒家道德價值之「天理」在任何時代放諸四海而皆準的時候，他已將儒家道德價值的解釋從屬於中國的、有實質意義的層面，移轉到普遍的、只具形式意義的層面。於是，在保存儒家道德傳統時所面臨的，如何對付歷史變遷的重大課題，對梁濟而言是不存在的。因此，他沒有問：如果不經歷基本的改變（實質意義的），儒家道德傳統對新社會是否仍舊有用、有意義？他也未曾注意到，如何為儒家道德傳統之「創造的轉化」（creative transformation）[45]做出貢獻；藉此項「創造的轉化」，儒家符號與價值系統可以獲得改造，因此可使之成為有利於變遷的「種子」，同時在變遷的過程中繼續保持文化的認同。

筆者在別處曾經指出，由五四時代激進分子對中國傳統進行整體性反抗所反映出來的現代

---

45 毓生案：creative transformation 可直譯為：「創造的轉化」。我過去根據種種思慮，在「五四時代的激烈反傳統思想與中國自由主義的前途」及其他幾處最初均譯作「創造性的改進」。現在覺得，還是直譯為「創造的轉化」比較恰當。（在本書發表的各文均已儘量修訂為現在的譯法。）

中國意識的危機，部分源自傳統中國社會、政治秩序和文化、道德秩序的有機性整合之遺留。由於這一歷史性不可分割的整合，普遍王權之崩潰所導致的社會、政治秩序之解體，不可避免地破壞了傳統的文化、道德秩序。於是，對激進的中國知識分子而言，傳統文化與道德中的每一部分都已失去可靠性。[46]這個現代中國意識的危機，也反映在梁濟為保存中國道德傳統的努力中。傳統社會、政治秩序的瓦解，同時導致了（實質意義的）傳統文化與道德秩序的崩潰，以及在特定的具體展現方式中的，傳統文化與道德的纜繫的喪失。於是梁濟不自覺地把儒家的道德價值化約至最普遍的層次，並且提出一個普遍主義式的論點來維護這些價值。但，傳統（或傳統主義）的具體行為方式與抽象的理想和價值之間必須存有穩定關係才能使道德保守主義在社會中生存下去。易言之，一個在社會中有生命力的道德保守主義是預設（assume）著、或有能力創建這種穩定的關係的。憑藉這兩者之間的穩定關係，抽象的理想與價值可以被認為是經由那些具體的行為方式才能展現的。因此，保存傳統或傳統主義的具體行為方式即是保存抽象的理想與價值。當傳統中國道德的護衛者放棄了這些抽象理想在社會中特定的具體展現方式的時候，一個在社會上可以成長的道德保守主義便不再被視為當然，也不能重新建立起來了。

五四以後，一些新傳統主義哲學家們自覺地從中國傳統中尋求「意義」（meaning），這種活動與梁濟不自覺地視中國傳統當然具有意義是相當不同的。但在很多方面，新傳統主義哲學家們，如唐君毅和他的同道，依然擔負著梁濟的「保守主義」的問題。他們傾向於從普遍的觀點，為保存中國道德傳統作論辯，卻不能為傳統或傳統主義的道德價值與理想，創造在社會上新的與具體的展現方式。梁濟的實例顯示了，致力於找尋一個在社會上可以成長的道德保守主義的中心難題，早已在二十世紀的中國出現了。[47]

（原載《時報雜誌》第九一一〇期，一九八〇年二月三日、二月十日）

46 見注11所引拙文與拙著。

47 一九七二年麥迪遜．威斯康辛大學研究委員會提供的夏季研究金，有助於撰寫本文所需做的研究工作，謹此致謝。

三

「開放心靈」的認識與了解*

——對「五四」中西文化接觸的反省

問：首先請問林先生，您對「五四」運動整個的意義看法如何？而在這麼一個運動之中，當時知識分子又扮演著怎樣的角色？

答：五四時代在中國是一個重大的蛻變時代，五四運動的形相也呈現著生動複雜的特徵。當時參加這個運動的知識分子先先後後發表過許多意見，而談五四意義最多的，也以參加活動的這批人為最。所以今天談這個問題，應該先談談他們的感覺。另外，再談談我們從事學術研究，把五四運動作為一個學術問題討論的人所認為的意義。

他們的感覺有很多層面，大略言之，最首要的就是愛國主義運動——反帝國主義運動。愛國主義運動牽涉很廣，一方面是打倒曹汝霖、陸宗輿、章宗祥等賣國賊，爭回我國在青島的主權；另一方面是促使青年人自我覺醒。他們發現這件事除了遊行示威打倒賣國賊之外，不可就此中止，還應該擴大延續下去。於是這一愛國運動就與前後的歷史銜接，強烈地激動了青年人的參與感。體認了不該空讀死書，應該把讀書與社會、文化密切連接起來，因此產生了所謂「新文化運動」。實質上，當時能即刻自動自發產生這樣大的運動絕非偶然，而是因為知識分子已具有相當程度新文化啟蒙運動的準備與覺醒。自從民國四年《新青年》（最初的名稱是《青年雜誌》）發行以後，啟蒙的中心思想凝聚在強調青年人的重要性上，青年是社會中堅，中國未來的希望，青年應當領導社會的觀念，與過去傳統思想迥然相反。因而激起了青年人的高度自重感，直接促成了愛國運動，所以新文化運動與愛國運動彼此間有密切的相輔關係存在著。

通過學術研究的途徑來透視，五四運動至少具有下述的幾個重大意義：

新文化運動的潮流實是五四運動的主要意義。其實所謂「新文化運動」不過是一個名詞，我們要先脫離名詞的纏擾，不必斤斤計較於這個名詞上的形式意義。從學術的觀點而言，尤其以我個人研究思想史的觀點來考察，五四新文化運動之特徵及其不平衡之處應環繞兩個主要基點來探討：(1)激烈反傳統思想——對中國傳統社會與文化全面而整體性的反抗運動——在五四時代產生了；(2)在此運動影響之下，產生了對西方文化特殊的態度。

以上兩點是五四時代以前的文化思想運動所從來沒有過的。嚴格言之，五四之新文化運動應追溯至康梁時代。他們是中國第一代知識分子。五四時代的老師輩如胡適等是第二代知識分子，五四時代的學生輩如傅斯年則是第三代知識分子。有人認為五四時代產生了強烈的民族主義，這一點頗值商榷，民族主義產生在第一代知識分子，五四時代不過繼續發揚而已，其基本性質並未改變，只是當時參加的人更多，感覺更深刻而已。反傳統思想也產生於第一代知識分子；但其性質到了五四卻發生了劇烈的轉變，因為第一代知識分子的反傳統思想係針對某些特定事物的反對，如譚嗣同之反「三綱」，雖然反傳統的態度極激烈，但尚未至整體性（holistic）反抗的程度。因為他們還沒有把過去視為一個整體的觀念。傳統雖已腐蝕；但，他們仍生活在

* 本文由鄒紀萬、何懿玲記錄。

一個傳統文化尚未完全解體的時代。因為他們生活在傳統之中，傳統中各派思潮的複雜與衝突之處，他們是切身感受到的。他們心情雖然激烈，但思想上卻並未認為傳統為一有機體，所以不會產生過去一切全部不對的想法。這種反傳統思想到了五四產生了在性質上、種類上（generic）都不同的劇烈變化，新的反傳統思想對於傳統要求全面而整體性的打倒。這種現象在全世界現代化過程中，任何其他國家都未曾發生過。此種激烈思想的本身又連帶產生了一個重要影響，就是由於極端的反傳統導致對西方文化產生了一種特殊的新的態度、新的看法，這種新的看法深刻地影響了中國教育思想文化政策一直到今天。我們探討對傳統全面而整體性反抗的理由，主要可從三方面來看：(1)基於五四時代的知識分子所接受的西方思想與價值，他們覺得許多傳統的思想與價值，應該摒棄；(2)受了「傳統文化大解體」的影響：這句話本身似乎是矛盾的，因為既已解體，又何需反抗它呢？事實上，正因為傳統文化已經解體了，所以才產生激烈反傳統的現象。我所說的「傳統文化大解體」並不蘊涵在這種大解體之後，中國傳統文化就都消失了。我只是說在這種大解體之後，傳統文化架構崩潰，傳統成分成為流離分子；一切視為當然的概念，均不再視為當然了。所以都可能被抨擊了。(3)在這種文化大解體之後，中國傳統的一元論式的思想模式卻因種種原因被推動至其極限，變成有機整體式的思想模式（Organismic-holistic mode of thinking）；根據這種思想模式去看傳統，發現他們所厭惡的傳統成分，都不是單獨的事件。實與中國文化的特質有關，而中國文化的特質導源於中國最基本的思想；所以，只攻擊所厭惡的某些傳統規範、教條，對五四反傳統主義者而言實在不夠深刻。不打倒傳統則已，要打倒傳統，就非把它全部打倒不可。而這種整體性的反傳統主義所要求的首要之務，就是「思想革命」。

問：五四時代有些人寫出極為激烈的文章，他們當時所接受西方思想的情況如何？

答：五四時代的激烈反傳統主義，它的方式剛才已經說過，我不以為是受西方的影響所致，而是受了當時政治環境的刺激與中國傳統一元論式的思想模式後期發展出來的一種思想模式的影響的結果。質言之，它是一種中國傳統思想模式與接受了的西方價值觀念相互激盪的結果。西方價值觀念的接受這一點並不能導致五四式的反傳統主義的產生。日本與印度都接受了不少西方思想，但都未產生劇烈的反傳統運動。

問：您所謂「傳統文化大解體」最主要的原因是什麼？

答：原因當然很多，最易明白的原因就是帝國主義。中國傳統文化被西方文化一衝擊就相形見絀。西方人除了船堅礮利，還另有一套新的觀念與新的制度。西方的武力、文化、制度三者接踵東漸，使得中國招架不住。中國傳統的政治、社會與文化有一很大的特點，即：三者的中心定於天子的位置上。所以政治秩序與文化秩序是非常密切結合著的。這種政教合一的現象是導致文化大解體的重要因素之一。政治秩序在帝國主義侵略之後崩潰，文化的秩序也因此分解了。在這種傳統文化解體而五四知識分子不能擺脫傳統一元論式的思想方式影響的情形下，五四人物對西方文化接受的態度也是一元論式的。當時的學者，往往接觸到什麼，就以為那是西洋文化的代表。譬如胡適一再強調杜威的思想是西方文化主流，是世界文化未來的取向。在今天看來，這種說法是無法言之成理的。這個錯誤的一元論式的觀念，與我們非多元性的教育、思想與文化的關係可能很大。

問：當時有許多學術的大論戰，所謂「東西文化論戰」、「科學與人生觀論戰」、「中國社會史論戰」產生的原因，是否都是因為西方思想進入中國以後的必然反應？

答：一元論最大的影響是，明白了一點以後就以為這是線，某些人接受了一個人的思想觀念就以為是西方文化的代表，這是最糟糕的影響。到現在為止，我們還受這種思想模式的影響。另外，我們也深受機械式的思想模式的影響。什麼是機械式的思想呢？那是專講名詞、定義；不是自覺式、自我批評式的創造過程。西方文化就思想而言，是針對西方產生的問題所提出的建議或試圖解決的方法。我們如只對它做機械式的了解，我們不一定能接受對我們有用的東西。要使西方思想符合中國之用，必須在吸收之後加以消化，使它能成為中國式的東西，需將西方文化與中國傳統相揉和；盲目吸收，反而有害。換言之，中國的問題與西洋絕不雷同，必須要用自己的方法來解決，許多有關學術方面的大論戰，基本上就是對西方文化機械式的接受所引起的，並不足為訓。

問：當時許多留學生接受西方思想的程度如何？而在新文化運動中又扮演著什麼樣的角

色？此外許多未曾出過國的知識分子，他們是如何接受西方思想，在態度上與從外國回來的留學生有何基本不同？

答：當時一些留學生表面上講思想文化改革，實際走上了政治道路的暫且不談，而真正從事文化工作者，卻也並不一定有很大的貢獻，因為他們未曾提出重大原創的改革見解。至於國內的知識分子，受了出國回來的人的思想影響很大，這是很難避免的現象；大體上，沒出過國的知識分子對西方思想的了解，無論是反抗或讚揚西方文化多是受了留學生的意見的影響。

問：當時國內的知識分子所接受的西方思想文化的來源是什麼？

答：來源主要是商務的書，《新青年》雜誌、其他的翻譯等等，還有當時若干報章雜誌的社論，所以西方多元性、複雜性的文化在一元論式、機械式的接受之中，完全簡單化了。基於我們這種檢討，我們知道五四一方面盡情地接受西方文化，結果卻對西方文化產生了相當的誤解。我覺得在今天，「五四」離我們已超過了半個世紀，早已成為了歷史，我們就該跳出五四的迷圈，建立正確的認識，要創造地改進中國傳統文化。如果我們要有一套新的、有用的、不只是口號教條的新文化，我們有兩個基本出發點：(1)要對中國傳統文化做深切的了解，而非教條式的認識。(2)必須深刻明瞭西方文化的精神及其複雜性。唯有跳出「誤解」的漩渦，才能真正體認到中國新文化的相貌，才可以看出中國新文化的方向。

問：根據這個說法，在當時西化與傳統兩派壁壘分明，西化派既已屬於對西洋某些文化機械式的接受，而傳統派為了維護傳統，便以得自西化派的錯誤思想來反抗西化派，二者根本建立在錯誤之上，這是辯論式的了解，而非真正了解，那麼所謂文化論戰也就沒有太大的意義了？

答：要維繫中國文化，必須建立一個新的中國文化。這新的文化必須建立在對傳統中國文化及西方文化真正的了解上。唯有真正了解西方文化才會發現西方文化不能機械式的接受。而對傳統文化更不能武斷的否定，因為中國現有的問題，與中國文化息息相關，我們既不願意，也不可能完全做西方人，更不能與過去傳統血緣斷絕，即使要求斷絕，這種斷絕也不足以了解西方文化。五四時代的人，就是無法看清這一層。我們對傳統之複雜性與獨特性要有開放心靈的了解，對西方文化之複雜性與獨特性也要有開放心靈的真實的了解，這樣才能建立中國的新的文化。至於如何對傳統與西方文化作實際了解呢？我以為必須建立在對西方及傳統重要經典（classics）的了解之上，別無其他捷徑，我們要對中國與西方經典採取開放性的了解與批評的態度，讀得越多越深刻越好。

問：當時有人認為五四新文化運動使傳統文學精神喪失，您站在文學角度來看，對胡適所提倡的文學革命評價如何？

答：胡適所提倡的文學革命，在當時發生了重要的、積極的歷史效用，換言之，胡適未提文學革命的理論以前固已有人提倡白話文，那只是認為白話文是有效的宣傳工具。但是強調白話文作為產生新文學的基礎則自胡適開始，功不可沒——雖然，他當時的理論現在看來多已不能成立了。

問：在五四時代傳統派的知識分子所以反抗西化派人物，是否因為他們認為西化派人物是很多崇洋的，因此應予以反抗？

答：這當然也是個理由，但是結果並沒有發生作用。因為崇洋心理是在文化大解體後導致的，傳統派為了打擊西化人物而反駁其理論，並非根據對西方文化與傳統中國文化之深切了解而建立創造的一個新的中國文化系統而反駁。就崇洋心理來談，如何纔不崇洋呢？關於此點，口號訓勉是沒有用的，說《易經》裡蘊含著有關原子能的現代物理理論也是沒有用的。換句話說，拿西洋的價值標準來衡量固有文化，發現類似處而沾沾自喜不但不足以減少崇洋心理，反而更促進崇洋心理。其實這種態度本身就蘊含著崇洋的心理。要使人們不崇洋，只有自己建立一個獨立的、豐富的文化。

問：過去對中國文化的取向有幾種不同的看法，譬如「中學為體，西學為用」、「全盤西化論」等，您對這些主張看法如何？

答：「中學為體，西學為用」是基教式（fundamentalistic）保守中國固有文化的理論，早不管用，不必贅述。「全盤西化論」是機械式、一元式的思想，絕對行不通。到了一九六〇年代，台灣有些人還在談五四式的反傳統思想之內容與範疇，過了半個世紀，在國內之壓力仍然這麼大，實是令人困惑的問題。「全盤西化論」只在形式上演繹打轉，並未接觸到中西文化衝激後所發生的許多複雜的文化變遷實質問題。

問：五四時代是一個新文化運動的高潮，在這個高潮過後，對西方的文化、思想，您以為要用什麼樣的態度與實際行動去接受最好？

答：關於這一點，我們切不可持一個「接受」的觀念，西方思想本質上是為了解決他們本身社會經濟文化各方面的問題而產生的。其思想來源自有其故，我們只能作為參考而不能加以接受。但，這種「參考」非常重要，因為今天在實質上我們不能摒除西方的影響，西方的文化雖非一定好，但也有其優異的地方；例如自由與民主，是屬於開放性的系統。我們並不一定要效法「美國式的」，我們大可以嘗試中國式的，把「中國傳統的」基本觀念，如「仁」的價值與觀念，與西方自由主義道德基礎之康德道德自主觀念加以創造的整合，大可建立中國自由主義的新系統。這應是關心中國民主自由的知識分子未來工作上努力的目標。換言之，不能只接受西方的觀念，而是要對西方加以了解批判，對其基點明確認識；中國的問題自有其獨特性，必須建立在一種創造性的思想上才能解決中國的獨特問題。

至於談到我們需要以開放心靈對西方文化加以探討，我以為首先必須要超脫「教科書的心理和信仰」，因為西方教科書多是對西方文化簡單化甚至誤解的介紹。至於如何跳出西方教科書的局限呢？就要先從熟讀西方重要典籍著手，而且研讀的時候，必須具有開放的心靈，如此才能做到有擇取，才能做到把西方當作參考，而非盲目的接受。知識是開放的，人人可以得之，不應受到教科書迷昧的束縛。讀西方重要典籍還有好處，因為從其中可以真正了解到他們問題的特性。唯有透過這種比較文化史、比較思想史的了解，我們才可能獨立地為明日的新中國文化做具體的努力。

最後我想談談如何將現代應有的多元性社會在中國調適起來的問題。我個人以為應該想一個辦法，把中國傳統的文化加以創造地轉化，使之成為我們現代民主自由國家多元性社會的文化上與道德上的基礎。這個多元的社會必須建立在一個大家一致視為當然的文化與道德秩序之上。

（原載《中華文化復興月刊》第八卷第五期，一九七五年五月一日）

一些關於中國文化與文學的意見*

一

問：五四時代距今雖已歷半個世紀，但是在國內學界對它的功過卻仍爭議未決，十數年前台灣還有類似五四之「全盤西化論」主張的出現。請您就五四當時提出「全盤西化論」主張的背景及其正面、負面的價值予以扼要的闡釋。

答：關於五四時代「全盤西化論」的原因與影響，我在民國六十四年回國時談得很多。我覺得它是五四全面性反傳統思想衍發出來的一種形式主義式的思想。（這裡「形式」二字相當於「形式邏輯」中所謂「形式」的意義。）這種思想是指：一種根據未對實質問題仔細考察而武斷採用的前提，機械地演繹出來的結論。上次回國時我在國內某一大學講演結束以後，還聽到一位看來甚為純樸的青年，振振有詞地為「全盤西化」而辯護。他說：「現在的一切都是傳統的遺毒。當然，全盤西化事實上不能完全辦到，而且西洋文明也不無缺點。但，我們如能為全盤西化這個目標努力奮鬥，即使只能成功一半，即使那一半中有一半是壞的，結果我們還可獲得現代西洋文明好的一面的四分之一。總比受一團糟的傳統所控制要有希望。」問題是：他如何證明中國的一切問題都是傳統的遺毒呢？他所謂的「傳統」究竟是什麼意思呢？過去四千年中國的一切都不好嗎？現代西方文明又是什麼呢？其實，西方文明有許多矛盾，尤其是在今天，任何能睜開眼睛看事情的人都已覺察得到現代西方文明已發生極大的危機。[1]我們姑且不談「全盤西化」是否可行這個實際問題，即使暫時接受他的意見，他如何能保證，努力的結果將獲得現代西洋文明好的一面底四分之一呢？一窩蜂式、盲目地接受另一文化，所能得到的往往只是那一文化的殘渣；文化的變遷，不像買西瓜，一切二分之一，再切四分之一。這位青年

---

* 本文原為書面訪問，問題是由陳弱水君擬定的。

1 我以為西方政治、文化、社會、經濟各方面如自身不能產生創造的改進，這種危機將無任何解決的希望。當然，在今日交通發達，東西文化很易接觸的世界裡，西方文化未來的發展很可能受到東方文化（包括中國文化）某些成分的影響。但，西方文化的進展並不是非受東方影響不可的。即使受了東方的影響，這種影響是否能夠幫助西方解決它的問題也在未知之數（也有使之更混亂、更難找到解決途徑的可能）。現代西方的危機來自它本身政治、文化、社會、經濟各方面所產生的問題，以及這些問題互相衝激所產生另外的一些問題；如要解決這許多問題，必須對其特殊情況明確診斷，對症找尋藥物，不是藉在東方另一歷史文化所發展出來的思想所能直接解決的。我說這些話並不表示我是一個絕對的歷史主義者（absolute historicist）。在一特殊歷史文化發展出來的思想，常然可能發生超越歷史的意義。人類不同文化中所產生的不同思想是有彼此相互激盪與影響的可能的。東方文化中許多特別強調的重點可能在某些層面上給予西方一些啟發。但，這些東方思想必須在西方經過消化以後始能發生某些程度的實質影響。我的意見與「西方危機將來非由中國文化的智慧拯救不可」這種一元論（或整體觀〔holistic〕）式的主張甚為不同。我在美國的一位同行朋友曾倡言將來西方危機的解決端賴輸入中國文化的智慧。（那些根據政治或其他不純正因素而發表的類似言論，不是這裡討論的對象。）這種論調實在把事情看得太簡單，是一廂情願的浮泛之論。中國知識分子自晚清以來，每代都有這種論調。但，這種論調不但不能替別人解決問題，反而常常使自己轉移了應該集中精力解決自己文化、社會各方面危機的注意力；到頭來，不過只是自我陶醉而已。

的「全盤西化論」實在與實際問題不相干：那是機械演繹的結果。

我想這位青年的言論，可能是受了前些年一位文筆精彩，但思想貧瘠的文化明星的言論的影響，而這位文化明星的言論則是他熟讀《胡適文存》的結果。「五四」距今已超過半個世紀，為什麼那時的思想到今天還在「重生」呢？提起這件事，使人很悲哀。這個「重生」現象的原因很多，涉及近幾十年中國政治、社會、文化與教育等等因素。單從思想方面的歷史背景來觀察，這種形式主義式的思想是直接受了中國傳統一元論思想模式——在中國傳統文化結構解體之後——演變成的有機整體式思想模式（organismic-holistic mode of thinking）之影響所致。總之，今後我們應努力從傳統的束縛中解放出來，建立分析性、多元性、注重客觀實質問題的思想方式。這實在是中國文化界當前的一項重要任務。

二

問：您曾經著文指出，今日我們對於文化與社會的了解應有的重要出發點之一，就是文化與社會制度的互相不能化約性（mutual irreducibility）的觀念。可否請您就此點加以說明。

答：「文化與社會制度的互相不能化約性的觀念」原為上述拙文英文原文中：“The notion of mutual irreducibility（or autonomy） of cultural and social systems”的中譯。現在看來 systems 一

字譯為「系統」似較合適。「文化系統」是指價值、思想、符號與信仰的系統——如儒家思想與價值、中國文學與藝術中藉文字或圖象所表達的象徵與象徵中的涵義等等。「社會系統」，此處是就其廣義而說，包括社會組織（如家庭制度）、政治制度與經濟組織等等。過去許多正統儒家一向以為中國的社會系統是遠古聖君與聖人所有意創建的。換句話說，他們是把社會系統化約（reduce）成了文化系統；因為社會系統並無本身之來源，它是來自文化系統。相反地，馬克思後期思想武斷地堅持，社會中思想、價值、符號與信仰是生產方式所決定。這種唯物史觀不承認文化系統有其自身之來源。易言之，它是把文化系統化約成了社會系統。現在看來，這兩種說法均不能成立。社會系統不能化約成文化系統，文化系統也不能化約成社會系統；兩者之間，彼此獨立——但卻互相影響。關於此點，如要徹底了解，需詳切之說明，不是我現在的時間與「訪問錄」的篇幅所能允許。我在這裡只能談其梗概。（讀者如欲進一步了解，可精讀下面所談到的一些著作。）

今天許多社會科學家與歷史學者研究與教學的共同出發點之一是：說明政治、社會、經濟的發展，如何影響思想文化之變遷。因此，除了一些因政治因素仍高喊傳統儒家思想的教條的人士以外，已經沒有什麼人還相信社會系統可化約成為文化系統。（那些因政治因素而高喊傳統儒家思想教條的人，其所以「肯定」傳統儒家思想，是出於政治的考慮：因此，我們也不能因為他們嘴裡「肯定」了傳統儒家思想，便可推知他們心裡，從理知與道德的觀點，也肯定了傳統儒家思想。）所以，處於今日社會科學與歷史研究的風氣當中，我們無須為「社會系統不能化約成文化系統」而辯解。相反的，「文化系統不能化約成社會系統」——即：「文化系統之獨立」這個命辭，倒需要嚴謹的說明。關於這一點，可從歷史中的實例、知識論與形式（formal）分析三方面加以解釋。

從歷史實例中說明文化系統的獨立的最佳例證之一是：韋伯（Max Weber）所著《新教倫理與資本主義精神》（*The Protestant Ethic and the Spirit of Capitalism*）。從許多不同觀點討論這部社會學與思想史典籍的論文甚多，大部分蒐集在艾森斯達（S.N. Eisenstadt）所編《新教倫理與近代化》（*The Protestant Ethic and Modernization*）一書中。韋伯在這部著作裡希望解答一個重要問題：為什麼資本主義文明最初發生在西歐，而未發生在世界其他各地？他發現這個問題不能只從歐洲政治、經濟與社會的演變求解答，雖然這些演變也是資本主義文明興起的重要因素。除了這些以外，十六、十七世紀宗教改革以來所產生之新的（尤其是喀爾文派教徒的）宗教意識是一個極重要的思想與精神的因素。任何時代，任何地域，都有極想發財的人。但，在資本主義文明興起以前，傳統的人生觀影響了對財富的觀念與求財的方法。資本主義之所以在西歐興起與下列兩個條件甚為相關：一、求財方法之理性化；如使用更有效的會計、私有與公司財產之相互獨立、理性化之法律與行政組織的支持等。二、資本之大量累積。根據韋伯的分析，喀爾文派的新教教義是促成這兩個條件的重要因素之一。

喀爾文派最主要的教義是：不能直接與上帝溝通的定命論——這派教徒堅信他們是上帝的選民，他們早已被上帝所拯救；但，他們卻不能直接與上帝溝通。他們堅信他們是上帝的奴僕，是上帝意旨的工具。光耀上帝是他們生活唯一的目的，而他們的生活也正反映著上帝對他們的恩典。簡言之，這派教義系統地控制教徒生活的一切。但，在有幸與不幸的實際生活中，這種信仰導使信徒內心產生極大的不安與孤寂。對「上帝已選擇了他們」這項信仰如有任何懷疑，都是上帝撤銷恩典的徵象；因為信心本身已被視作上帝對其選民的恩典。但在實際生活中，如何對付這種內心的不安與孤寂呢？為了繼續使自己對自己是上帝的選民這件事不生任何疑慮，最有效的方法是努力工作，用工作來光耀上帝；同時，工作的成功也暗為自己重新肯定了自己是上帝的選民——因而承受著上帝的恩典——這一基本信仰。宗教改革以後，俗世的職業被認為是可以光耀上帝的工作。這種新觀念與喀爾文教義相應合，導使這一教派中在商界工作的人士，運用才智，努力去致富，用致富的成果來光耀上帝，並重新肯定上帝對他的恩典。恣意揮霍金錢，用金錢來購買享樂，是罪惡的；但，拼命去賺錢則是上帝選民的責任。從金錢對於個人功用的觀點來看，這種禁慾式的「貪婪」是完全超越功利考慮的。以這種宗教熱情與專一精神作為商業行為的基礎與致富的動機，喀爾文派的商人遂採用各種有效的理性化理財方法來完成他們不合常理（irrational）、超越功利的致富行為。他們反對浪費，盡量節省，賺來的錢遂可累積起來成為大量資本，再用理性方法去經營；這樣產生了良性循環，終於導致資本主義的突破。

韋伯一再強調他所論析之思想與精神因素並不是資本主義文明之興起的唯一成因。然而，在西歐政治、經濟、社會朝著近代發展的過程中，這個思想與精神的因素確是一個使西歐走向我們所知道的近代歐洲資本主義文明的重要原因。由這個歷史實例，我們可以知道文化系統之獨立性（不可化約性）。

從知識的觀點為文化系統之獨立性作精微而有力論析的，莫過博蘭霓（Michael Polanyi）所著：《個人底知識》（*Personal Knowledge*）一書。博氏以一個大科學家的身分出來用嚴謹的論式說明實證主義與科學主義所提出的「絕對客觀」實是對科學性質的誤解。實證主義所謂主觀就是偏見，就是對科學進展的阻礙，乃是對知識（包括科學知識）尋求過程的皮相之論。當然，偏見是知識的大敵，但排除偏見並不蘊涵真理是在非主觀的意識中追求得到的。真理前程無限；前一代所得到的真理可能被後一代所修正，甚至推翻，但後一代所追求得到的真理是建築在前一代所建築的基礎之上的。真理是在理知熱情（intellectual passion）的促使之下，學術傳統的範圍之內，追蹤「理性的直覺」（the intuition of rationality）而得到的。人類所追尋得到的真理是人心創造——理性的分析綜合與理知的熱情互相交融——的過程。這種創造過程是心的獨立性最好的明證；因此，我們也可確認文化系統是不可化約的。

從形式分析來解釋文化系統之獨立可分兩點來說，第一，我們思想文化雖受客觀政治、經濟與社會環境的影響，但直接造成思想文化之心的功能，除了能接受外界的影響以外，尚有一種辨別與推想的能力。這種能力在選擇可行的途徑時能發揮很大的效能。另外，心有創造的功能，任何創造是無法預定的。這些功能都不能化約成社會系統。其次，由辯論的方式我們也可制服對方：如他說一切思想文化只是客觀生產關係、政治環境與／或（and／or）社會組織所決定，那麼他自己現在的論點也不過只是他所處在的生產關係、政治環境與／或社會組織的反映而已。假若是這樣的話，他的論點也就無所謂正確與否了；「思想溝通」、「為真理、為是非而辯解」這些命辭便都沒有意義了。如果他無法接受這些論點，那麼他必須承認文化系統的獨立性。

三

問：雖然中國近代思想界，常為淺薄的，缺乏自主性、創造性，經不起批判的思想所籠罩，但其間許多苦心孤詣的知識分子，在觀念上卻仍有許多建樹。您是否能就近代中國史的發展，提出一些值得當代中國人反省的趨勢和思想。

答：首先，我們要認清兩點：第一，自五四以來中國雖然沒有產生很多偉大的思想家和傑出的人文學科與社會科學的學者。但，近五、六十年的中國卻有一些相當有分量，甚至了不起的成就。第二，從歷史的觀點來看，我們要知道在幾千年延續不斷之傳統文化結構大解體以後的六十幾年中，因受客觀文化環境的限制，在這方面工作的人的確很難達到他們希望達到的目標。要有偉大深刻的思想，不是亂努力、亂想可得。但，在文化結構大解體以後，基本價值取向與基本思想預設都不存在了，人們如何能做有系統、有深度的工作呢？西洋學術思想，淵源有自；不是學得幾個名詞就可以了解的。五四時代的人以為如果把自己底舊思想全部拋棄，腦子裡便可空出地方接受新的東西。但，人的頭腦不是倉庫，這種想法犯了形式思想的謬誤。事實上，如果我們自己沒有一套活潑、創造性的思想，我們是很難了解另外一套不同思想的；我們甚至連那一套不同思想的特性都看不出來。因為，對另一思想系統深刻的了解，往往需要把它與我們自己的思想的特性及自己思想中的實際問題相互比照才能獲得。當然，我們文化思想界的貧瘠與這幾十年的戰亂以及政治與經濟環境甚為有關。不過，這些外在因素的影響並不如許多人想像的那麼大，文化結構解體以後所產生的思想混亂是更具關鍵性的原因。其實，不少偉大的著作是在政治干涉與經濟不安的環境中產生出來的。最明顯的例子是杜思妥也夫斯基與索忍尼辛底作品。我們甚至可以說政治干涉與經濟不安是對知識良心的挑戰；杜思妥也夫斯基與索忍尼辛是在這個戰場上獲勝的人。這種挑戰是刺激他們創作偉大作品的動因之一。當然，也有許多知識分子在這種戰場上失敗了，甚至從來沒有得到公平作戰的機會。我盼望這種挑戰今後越少越好，好讓我們集中精力去突破客觀的思想混亂的環境，建立獨立深遠的思想與文化。

關於近五、六十年來思想界、學術界有分量的成就，就我所知，可以舉出下面幾個例子來。在哲學方面，梁漱溟先生與牟宗三先生對儒家思想的解釋與發揮，都有不少精闢的地方。梁先生那種粗枝大葉的歷史觀並不足取，牟先生談起文化問題有時也顯得浮泛；但我們不可以偏概全。在文學方面，魯迅二〇年代的作品（如《阿Q正傳》、〈孔乙己〉、〈藥〉、〈祝福〉、〈在酒樓上〉及《野草》中所收的散文詩）是中國新文學的奇葩。過去曾有人建議當局開放三〇年代的文學，一直沒有下文。如果三〇年代文學有許多不便開放之處，不知為什麼連二〇年代的文學也一起遭禁？魯迅在一九二六年離開北平之前的創作與共產主義毫無任何關連，如果我國主持文化政策的當局具有任何理性的自信，實在不能令人明瞭究竟根據什麼理由去禁閱他二〇年代的作品？在史學方面，陳寅恪先生的著作可說是近代中國史學研究的範例。他的一些解釋現在已有人加以修正，但那些修正的見解也是受了他的影響才得到的。在政治思想方面，徐復觀先生對中國專制政體與中國文化之關係的分析，張佛泉先生對自由與人權的說明都是甚有見地的。先師殷海光先生對思想自由的意義、價值、功能的論著是發人深省的。

從以上各家的著作與作人的風格上看，可以發現一個共同的特點：雖然他們是處在思想混亂的時代之中（有時竟也不免受了這個客觀文化環境的影響），甚至其中有幾位在時代的漩渦中翻過筋斗；但，從基本上說，他們都與他們所處的時代有意或無意地保持了相當的距離。梁先生是沒有上過大學的苦讀之士，一生特立獨行。牟先生精研中國哲學，卻一直在名位的邊緣默默地著述。魯迅早年的孤寂生活是後來創作生命的一大潛因。陳先生是以一個沒落王孫的心情看世變，治國史的。徐先生在台初期是在一個農學院教一門共同必修課那段時間潛心治學的。張先生到台以後一直閉門著述。殷先生雖易熱血沸騰，基本上是一位連台北街道都弄不清楚，打電話都緊張，努力鍛鍊「隔離智慧」的書生。

從以上的例證看來，這些能拿出有分量著作的學人與思想家，內心深處都有所持，有所本；因此，在傳統文化結構大解體以後的文化環境中，雖然不免受了不少影響（而這些影響也的確反映在他們的作品中），但卻沒有被混亂的漩渦所完全捲去，掙扎著為現代中國文化盡了他們的努力。相反的，那些愛熱鬧，靠近學術界中心（甚至早享國際聲名）的名士學者所發表的東西，現在看來，只是泡沫而已。

四

問：在近代中國思想史的發展上，近三十年來台灣思想界的偏枯貧乏，是最令人失望的，您能否就此問題提出一些建議，讓關心此問題的知識分子與學生得到一個反省的機會。

答：前面已經提過，在幾千年傳統文化結構大解體之後的六十幾年中，我們還沒能建立起深厚的思想系統，這件事並不足為奇，也許時間尚未成熟。我們有了這種歷史意識，一面可以不妄自菲薄，一面也可以不好高騖遠；這樣心理上便可先建立起腳踏實地的態度。

然後，我們應作兩件事。第一，要排除對「方法」的迷信。五四以來在中國知識界甚為流行，但卻最為皮相的見解是：提倡所謂「科學方法」。那些提倡這類說法的人以為「方法」是一把鑰匙，有了這把鑰匙，任何問題都可迎刃而解。這種取巧的辦法表面上看去倒是很聰明；實際上，造成許多錯覺，中國文化思想界對社會與人文現象之不能深入與這種風氣大有關係。因為「方法」所能接觸的只是形式問題；但文化思想的各項實質問題是從各個具體問題本身而來，如欲對這些問題提出重大原創的見解，「方法」並不重要——它所能幫助的只是形式部分，而我們所要突破的是實質部分（只有如此才能提出重大原創的見解）。當然，邏輯訓練也不可完全忽略；它雖然不能幫助我們產生創見，但卻能幫助我們釐清我們的思想。

第二，要致力提高人文學科與社會科學工作人員的理論基礎。這主要包括兩點：①提高思想精密的程度與敏銳分析的能力；②增加思想的內容，使之更豐富、更開闊。要達到這兩點，最有效的辦法是精讀與精譯現代西方人文學科與社會科學的典籍。例如：如有人用五年的時間把博蘭霓的《個人的知識》和孔恩的《科學革命的結構》（*The Structrue of Scientific Revolutions*）仔細譯成通達曉暢的中文，同時寫一些謹嚴的介紹文字，我相信五四以來中國知識分子注意所謂「科學方法」的皮相之談與對科學的科學迷式的誤解便可得到很大的釐清。假若有十個人每人均能根據自己的興趣，用五年的時間，譯一部像這樣分量的文學、史學或哲學部門的著作，五年以後國內文化思想的境界可能為之一變。

另外，我想談一件令人興奮的事。你們的問題中「思想界」三字之前如加上「文化」二字，那麼「偏枯貧乏」四字就不很合適了。我在前年返台之前，整整十年沒有回來過。前年在台使我最喜悅的是知道台灣文學界活躍的情形。在作家方面，本省老作家已被重新認識，他們篳路藍褸的功績也被重新肯定；另外年輕一輩的青年作家，如陳映真先生、黃春明先生，十分努力從事創作。像陳先生的〈鄉村的教師〉、〈將軍族〉，黃先生的〈看海的日子〉都是含有深沉的社會良心的上乘之作。陳先生的筆法與筆法背後的精神是與五四文學傳統沒有斷絕的。在我的印象中，這種情形在台灣的年輕一代的作家中是絕無僅有的。與傳統銜接並不蘊涵一定要延續那個傳統，或受其所囿。銜接並非連貫。因為他與五四的傳統主流相銜接，所以他的資源豐厚。作家在真正屬於自己的傳統中才有希望創造偉大的作品。個人能力有限，如果一切都從頭做起，或硬把外國傳統作為己用，創造力將受很大的限制與分散。黃先生是用淚的感情去寫他小說中底主人翁的；他靈活地運用著土語，陪襯在鄉土的情致中，表現了台灣鄉土中特有的悲哀與偉大。

我覺得這些文學的創作表現著可喜的端倪。當然，文學無所謂本省外省；只要有才能，如有話說，大家都可以寫。但，五〇年代我在台灣時，當時的印象是占勢力的作家大都是外省來的，寫些無根的流亡文學，那些人的作品，除了消消自己的寂寞或自我解嘲以外，並不能引起大多數人的共鳴。現在不同了；陳先生、黃先生等的作品代表一泉活水，文化在台灣生根了！

當然，如用最嚴格的標準來衡量我們自己，大家都須更進一步，而台灣客觀的環境有不可否認的限制；但，關鍵不在我們是否能達到最高的目標，而是在於我們是否在創造地突破自己格局方面盡了最大的努力。

前年我在一個偶然的機會中讀了《鍾理和短篇小說集》，深為他寫的「復活」所感動，那是一篇血淚凝成的至文；鍾理和先生在文學創作的努力可說是突破自己格局的努力！

（原載《中國論壇》第四卷第三期，一九七七年五月十日）

超越那沒有生機的兩極

一年以來台灣文化界出現了前所未有的蓬勃現象，我在海外，雖未能躬逢其盛，但從寄來的報紙與雜誌上也可略窺一二。台灣過去常被人譏為「文化沙漠」，我們雖聽之不甚入耳，但卻不易拿出具體的事實來反駁這種諷刺。主要是因為過去我們的文化界呈現著沒有生機的兩個極端：一方面是把過去的腐朽與纖巧當作國粹宣傳，越喊越使人覺得中國傳統中好像只有這種腐朽與纖巧；另一方面則是盲目的崇洋，這樣，對西洋越崇拜，越不能對西洋產生深切的了解，而且越使自己失去文化創造不可或缺的自我。這一年以來的許多文化活動，使人覺得我們的文化界在成長、在進步，在漸漸地超越那沒有生機的兩極。

林懷民的「雲門舞集」、郭小莊的「雅音小集」、姜成濤的民歌演唱等等，不但演者與製作者精誠努力，而且在社會上獲得了廣大的共鳴；這種現象，使人覺得我們的文化界已經開始在嚴肅地找尋自己的根的過程中與傳統產生了創造的銜接。

根據博蘭霓（Moichael Polanyi）的知識論的觀點，我們知道，真正創造的泉源是來自個人心中無法表面化的「支援意識」（subsidiary awareness）而不是表面上可以明說的「集中意識」（focal awareness）。這種「支援意識」只能在接觸或師侍豐富、具體而親切的事例或師長的過程中得來。例如：一個想做音樂演奏家的人，在他的「集中意識」中，無論多麼努力（學會了各種演奏技巧，研究了各個名家的傳記，聽了許多名家的演奏會和唱片，平日勤加練習等等），他還是不能變成大家，但如果他有好運，一朝被一位音樂大師收為門生，經常跟隨他一起練琴，偶而被這位大師相當武斷地改正一下姿勢或手法（藝術大師通常只知如何「做」，但卻說不出「道理」），日久天長，在潛移默化中，他漸漸形成了一種無法明說的「支援意識」，心中產生了如何拉彈才對勁的感覺，最後甚至可能超越大師的作風，自成一家，青出於藍。

博蘭霓的知識論，極精微、艱深，此處不能詳述；但從這一淺近的例子中，我們知道文化的創造最大的動力是與親切、具體、有生命力的「實踐」相接觸；而在我們的精神中，真正使我們產生具體親切感的，是我們文化的傳統寶藏中許多具有藝術與道德生命力的東西，對於許多傳統中的死東西，如以教條式的態度在「集中意識」中硬要保存，無論如何努力，除了自欺欺人以外，終究是毫無功效的。但，如以開放的心靈與我們的文化傳統相接觸，如果我們在這種接觸中真誠地對某些東西產生具體的親切感，這種親切感自然會使我們的「支援意識」豐富而活潑，我們文化的創造力也自然會充沛起來。

根據這種充沛的自我力量，我們同時也可以超脫過去崇洋的風氣。因為，只有在我們對西洋文化與藝術產生了具體而真切的了解以後，我們才能不崇洋，這種具體而非形式的了解必須以我們自己具體而非形式的觀念與感受作基礎才能獲得。

這一年來台灣文化界的趨向是令人高興的。當然，這只是一點起步的成績。但，與過去文化生命割裂的境況和歇斯底里的崇洋風氣相較，我覺得我們已漸漸走入正確而有生機的道路。

（原載《中國時報》人間副刊，一九七九年十二月十七日）

不以考據為中心目的之人文研究*

林先生離開台灣已有十四、五年之久了。其間只有一九六四年曾返台半年。他認為這十餘年來台灣知識分子所面臨的許多問題之中，仍有不少是一九四九年以來的老問題，那就是「我們的文化是什麼？」「我們往何處去？」因為我們不是西方人，我們既不應該而且不能夠全部接受西方文化。我們今天不是五四時代，因此我們不能返回到五四的潮流中去。另一方面，我們人文學術界的風氣也沒有太大的改變，許多學者仍然從事於（廣義的或狹義的）考據工作，不少青年學子也不免跟著學習。他們高喊為未來做奠基鋪路的工作；實際上，他們的工作與我們今日所面臨的時代問題背道而馳，不但沒有接觸到問題的核心，而且頗有本末倒置的傾向。事實上，探討並尋求解決一個時代的思想文化問題，是這個時代人文學者不可逃避的責任。我們要有我們自已獨立的文化與思想，因此我們對於台灣人文學界目前仍偏重考據的學風應加以革新，也因此林先生提出了他的「不以考據為中心目的之人文研究」的觀點。

什麼是「不以考據為中心目的之人文研究」呢？首先應該了解什麼是人文研究。所謂人文學科的研究主要是研究人的學問以及人與社會之關係的學問。這種研究要了解：（一）人是什麼？（二）人活著幹什麼？（三）人與社會的關係是什麼？而人文研究的中心目的是尋找人的意義（in search of the meaning of man）。凡是離開這個中心目的越遠的越是邊緣性的東西，越不是人文研究的主題。我們如何尋找人的意義呢？途徑當然很多。可以透過歷史、哲學、文學、藝術、宗教的研究去尋找。試以史學研究為例。歷史是過去人類生活的紀錄。人類幾千年的歷史文化，雖然各時代有好壞智愚之不同，但我們可從歷史上看到過去人們尋找人生意義的過程。我們應該盡量去了解，哪些是他們尋找的目標？哪些是他們尋找的方法，並進而研究他們尋找的目標與方法是否與我們所尋找的目標與方法有連帶的關係。易言之，史學研究是了解我們自己的重要手段。五四以來，有一派史學家要把歷史變為「科學」，認為現在所做的考據工作，是達到「客觀的歷史真實」（objective historical truth）的鋪路工作。其實他們所了解的科學性質與意義，深受實證主義、十九世紀德國語文考證學派與乾嘉諸老的影響。今天從博蘭霓（Michael Polanyi）的科學的哲學與孔恩（Thomas Kuhn）科學史的觀點來看，實在相當錯誤。根據這種對科學之誤解去把史學變為「科學」，實在是錯上加錯了。我們今天都知道所謂「客觀的歷史真實」只是十九世紀德國語文考證學派的幻想，事實上無從達到。而從「不以考據為中心目的之人文研究」的觀點來看，這個問題的本身是根本不相干的。我們從事歷史研究，當然要盡力應用最可靠的史料；但史料並非史學。史學研究最主要的功能在於幫助我們了解我們自己，並進而促使我們的人生成為一個豐富而有意義的人生，我們的社會成為一個豐富而有意義的社會，我們的時代成為一個豐富而有意義的時代。換句話說，作為人文研究的史學，其意義不在於是否能最後達到「客觀的歷史真實」，而是在藉歷史的了解，幫助我們了解

---

* 本文由張永堂訪問記錄。

我們今天的人生、社會與時代，並進而尋找一些積極的意義。

林先生所強調的史學研究與現在的關係，已被許多人文學者所重視，包括目前西方一些第一流的文學批評家們。西方文學批評學界，過去曾流行過一陣子所謂「新批評」（New Criticism）。「新批評」實際導源於對以前誤把文學考據作為文學批評的反抗。它強調文學的自主性、獨特性；研究文學是研究文學本身特有的內容與形式。但「新批評」容易變成一個封閉系統，流於新的形式主義；容易自己陶醉在自我封閉的小圈子裡，以為研究「新批評」所界定的符號、象徵等就是研究文學的價值與意義。事實上，許多「新批評」方面的著作流於一種遊戲，甚為無聊；離研究文學的價值與意義越來越遠。為了補救「新批評」的流弊，Paul de Man 與 Geoffrey Hartman 等強調「歷史感」在文學批評中的重要性。「歷史感」與文學批評之間存有一種 dialectical 關係。文學批評主要是要了解作品的特性，而不在乎它產生於什麼時代。然而，我們只能在了解作品產生的那個時代的時代精神之後，才能了解作品的特性。而了解作品特性又能幫助我們了解產生它的時代的時代精神。所以，作品特性之了解與產生它的時代精神之了解，兩者之間是相輔相成的。尤有進者，當我們確切了解作品的特性之後，這種作品才能對我們現在的人生產生思想上的刺激，發生人文研究的功用。所以，文學批評家必須具有敏銳的歷史感，把握著作品的時代精神。

人文研究雖然主張我們必須對今天自己的人生、社會與時代發言，但這種發言必須建立在真正的創造過程中，不可空洞，不是亂套公式或硬取他人學說可以辦得到的；不是建立在自己獨特的創見上的言論，根本是人云亦云，不必發言；只是引經據典、東抄西抄，也談不上發言。柏拉圖、尼采雖有偏見，但有他們的獨到見解；朱熹、王陽明，雖引經據典，但也有他們的創見，因此他們都有資格發言。總之，對人生發言、對社會發言、對時代發言，都必須建立在自己的創造過程中。在這一點上，考據工作也做不到。考據雖然也需要不少心機去證明一些失去的東西，但嚴格說來，那只是「發現」，不是「創見」。當然，強調創見並不意味著拋棄傳統或反傳統；相反的，創見必須建立在傳統之上。博蘭霓在其 *Personal Knowledge* 一書中曾特別強調真正的創造是需要建立在一個活的、發榮滋長的傳統之上。這是他整個知識論的最後結論之一。從人文研究之強調創造這一點來看，也可以看出所謂歷史或哲學的最後真理根本沒有什麼太大的意義。最終極的真理在人力的範圍之內是不能達到的；即使能達到，也甚無聊，因為到那個時候，人性中最光輝的一面——創造力——便須停止活動。大家只須學習前人所發現的最終極的真理，不必有自己的見解，那不是很無味嗎？我們要求的是創造，每個時代的知識分子都必須有其獨特的見解以貢獻他們的時代。他們都必須是具有創造性的思想家。就此而言，考據也是邊緣性的東西。

總之，人文研究的基本任務有二：(1)尋求人的意義；(2)使我們今天自己的人生、社會與時代變得更豐富而有意義。為了達成這兩種任務，人文學者對人生、社會與時代的發言必須建立在自己特有的創見之上。考據工作不能勝任這種工作，它只是邊緣性的東西，因此林先生要提倡「不以考據為中心目的之人文研究」。

在提倡「不以考據為中心目的之人文研究」的同時，林先生覺得還有以下幾點需要補充：

第一、我們說「不以考據為人文研究之中心目的」，但並不否認考據的用處。因為根據上面的觀點，我們在研究之時，雖然不會找一個考據題目，但是在研究過程中，還是會碰到考據問題的，此時我們還是要花時間去做考據的。所不同的是這種考據是為了尋求更正確、更清楚的人文研究而做的考據。在傳統的中國學術界中有不少人把「考據」與「義理」相提並論，好像這兩種工作具有同等的重要性。從強調創造的人文研究觀點來看，「考據」與「義理」不能相提並論。一個是邊緣性的工作，一個是核心的工作。

第二、我們在提倡「不以考據為中心目的之人文研究」時，也必須隨時隨地自我批評、自我省察，以免流於形式主義。人文研究的大忌是沾沾自喜、自我陶醉。這是中國小有成就的學者們易犯的一種毛病。蘇格拉底說：「一個人如不用批評的態度省察自己的話，這種生命是不值得活下去的。」（Life is not worth living, if it is not subject to critical examnation.）人生如此，學術亦如此。因為人性最重要的一面是理性，而理性最重要的一面是批評的能力。當我們強調創造性的人文研究時，我們必須同時強調自我省察、自我批評，這樣才能發現自己學說的缺點，才能改進。換言之，人文學者必須注意材料的準確性與推論的邏輯性。他一方面創造，一方面必須是自己所創造的學說的批評者——產生一種自己與自己的對話。能夠如此批評自己，才有批評別人的資格，也才有發言的權利。

第三、前面已經提過，人文研究雖然重視創造，但是創造卻離不開傳統。因為傳統對創造實在太重要了。舉例言之，同樣在共產黨政權的高壓統治之下，俄國可以有索忍尼辛那樣富有創造性的作家出現，而中國大陸卻沒有，為什麼呢？原因很多，其中之一是：俄國文學的傳統沒有中斷，而中國大陸在毛澤東統治下，文學的傳統已經斷絕了。再就自由主義為例。自由主義在五四時代為何不能成功地發展，原因當然也很多。不過，從思想史的觀點來看，它之所以在思想上也不能確立起來的原因，主要由於它沒有與中國傳統連接上。我們若要談自由主義，首先要問中國傳統中有沒有自由主義，如果沒有的話，中國傳統中有沒有哪些思想成分有被創造地轉化的可能。林先生認為中國傳統中並沒有自由主義，但是卻有些思想成分有被創造地轉化的可能，儒家思想中所肯定的「道德自主性」便是。如果我們能把握儒家思想中這種「道德自主性」，賦予自由主義的新意義，加以發揚光大，則中國自由主義起碼在思想上是可以建立起來的。如果政治、社會、經濟各方面給予有利配合（這只是理論的構想；事實上，並沒有如此，也不太可能），則中國自由主義的發展也許會走向近似韋伯（Max Weber）在 *The Protestant Ethic and the Spirit of Capitalism* 一書中所談論的基督教新教改革的模式，一方面不與傳統脫節，一方面又產生新的原野。可惜五四時代知識分子不了解此層，不但自由主義沒有成功，反而走上反傳統的路子。可見創造與傳統是密不可分的。這是我們強調創造時應有的認識。

第四、對於一個中國人而言，在所有人文研究的學科中，最重要的是中國文學、中國哲學與中國歷史。因此，當我們提倡「不以考據為中心目的之人文研究」時，我們應在大學與研究所中努力把研究這方面的學系辦好。試以中國文學系為例。中國文學系是維持與發展中國文化的最重要學系之一。我們不能把它辦成一個以考據為主的學系。世界上第一流的大學，無論牛津、劍橋、哈佛、耶魯，教授陣容堅強、創造宏富、學說層出不窮的學系之一，總是他們本國的文學系。中國文學系應注重「不以考據為中心目的之人文研究」。文學作品本身是反映人生問題、社會問題與時代問題的，研究文學作品的目的，主要是在探討蘊涵在作品之中的意義，譬如紅樓夢提出一套對人生基本問題很重要的看法，我們了解紅樓夢的主要目的就是在了解它這種看法。但文學並非哲學。文學的特點在於它不是用直接的、概念式的表現法，而是用主題、情節、象徵等來表現。它的表現不是抽象的，而是具體化的。因為是具體化的，故作品與讀者之間產生一種辯證的（dialectical）關係。具體化的表現可以非常豐富，與每個人都很接近。具體化的文學表現與讀者的想像力連結以後，可以刺激出很多的想像與思想。因此具體表現可以導引想像力，以及抽象的、概念式的思想。紅樓夢用具體的表現方式對人生基本問題提出了一種極為深刻、原創性的看法。這種看法與西洋偉大文學作品都不一樣。這種看法因為非常具體，可以刺激每個人的想像與思想。而且刺激出來的結果因人而異。這種獨特、深刻而原創性的看法是什麼呢？這就是研究中國文學的學者們所應尋找的，所應告訴我們的。它不是考據學者所能考出來的。其他如李白與杜甫詩中的意義是什麼？《論語》與《孟子》在思想系統中有哪些問題得到解決，哪些癥結尚未解決，這些解決與未解決的問題，與我們今天所面臨的問題有何歷史淵源？這都是人文學者所應探討的問題。所有中國經典、偉大文學作品，我們都可以探求它們的意義與內涵，而後提出我們的看法。當然我們提出來的看法也許有漏洞，但那是很難避免的，我們不應該為了避免別人的批評而不去努力做創造性的人文研究。只有最淺薄的思想系統才可能沒有漏洞。

第五、我們必須強調的是：如果中國思想界要有光明遠景的話，也非提倡「不以考據為中心目的之人文研究」不可。因為近百年來中國沒有第一流的大思想家出現，而近二十餘年來，整個台灣人文研究領域中連小型思想家也不易見。之所以如此，當然不僅是個人的因素。其中原因，仔細研討起來，當然是很多的：有政治因素、社會因素、經濟因素等，但同時也有一個很難抗拒的文化因素。從文化史的發展來看，自十九世紀中葉西方文化東漸以後，中國數千年文化發生了史無前例的大解體，整個傳統文化的基本架構都崩潰了，這是自中國古典時代以來的第一次，就是佛教的輸入也沒有這麼大的影響。中國文化的大解體蘊涵著中國文化之基本結構的分裂，中國知識分子遂喪失了理知與價值的基本取向。從思想史的觀點來看，自五四以來，中國思想界所呈現的是一種混亂現象；各式各樣的意見雖多，但很少有精深、原創性，經得起嚴格的理知標準考驗的思想系統之建立。在幾千年傳統文化大解體之後的幾十年內，這種思想混亂的現象也並不奇怪。也許時間尚未成熟到建立一個大的思想系統的時候。但五四運動已是半個世紀以前的事情了，我們現在應該拋棄那個包袱了！老一輩維護中國文化的學者，往往是以反對五四的反傳統言論為他們思想的出發點；致使他們對中國文化正面的言論，並不有力。我們現在應該跳出五四正反兩面辯難的漩渦，自己獨立地思考。不可因時間並未成熟，就妄自菲薄。時間不成熟這種歷史感，可使我們腳踏實地做我們能力所及之事。但我們不可因時間不成熟，就放棄我們在文化上、思想上的責任。要建立一個發榮滋長的文化界，我們非自提倡「不以考據為中心目的之人文研究」出發不可。如此，我們的文化界、思想界才有光明的遠景。

以上所說的是林先生提倡這種新的人文研究的動機、宗旨與意義。可是只談理論會變成形式主義的。因此林先生個人希望本著前面所說的理想，在這半年之間，多從事一些實際的工作。他準備從兩方面著手。

第一、介紹。最主要的是希望介紹一些西方第一流的鉅著給青年朋友研讀；在研讀之後，大家進行批評與討論，從這種批評與討論之中來培養創造能力。譬如博蘭霓的 *Personal Knowledge* 一書就很值得大家精讀數遍。舉例說，該書有一章討論到「懷疑」的問題就很精采獨到，它主要的結論是：懷疑精神在科學的研究中並不一定導致重大的貢獻。這一種對科學性質的深刻了解，可以矯正一下自五四以來以為「大膽假設，小心求證」就是科學精神的膚淺看法。當然，由於時間、精力的限制，介紹是必須慎重選擇的。一般介紹西方東西有兩種方式：一種是機械式的，即把西方某些著作或學說，直接的翻譯或評介過來；一是針對某種問題而介紹，凡是有助於我們對該問題的了解的才加以介紹。從我們前面所主張的人文研究而言，我們當然應該採取第二種方式。在介紹時我們必須選擇學術性最高、最富啟發性的學說。譬如以思想史研究而論，史華慈（Benjamin I. Schwartz）就比賴文森（Joseph R. Levenson）值得我們先介紹。因為賴文森中文程度差，對中國的了解都是間接的，他的評論常失之武斷，他雖然建立了一個系統，吸引了不少人，而且影響很大，但他的曲解很多，破壞性也很大。史華慈先生雖然因自己不願意建立一個系統而未建立一個系統，但是他的中文程度好，他對中國傳統有相當深刻而同情的了解，因此儘管他的影響不如賴文森大，但卻是正面的，建設性的。總之，介紹工作相當艱難，但也是不可或缺的。當然，值得介紹的勢必無法完全介紹，因此林先生表示最後要編一個書目作為輔助。

第二、演講。林先生表示他希望在這半年內透過一系列的演講，把自己曾經思索過的一些問題以及所得到的一些看法提出來，供大家討論。這一類的問題很多。舉例說，關於中國近代派遣留學生學習西洋文化的歷史發展情形，後來產生一種什麼風氣，這種風氣有什麼錯誤，如何改正這種錯誤，今後我們如何在與西方文化接觸時而不被其鎮懾。諸如此類的問題，不但是近代史上的大問題，同時也是我們目前切身的問題。其次關於讀書方法等問題也可以談談。譬如哪些書應該讀，哪些書不值得讀，該讀的書又該如何讀等等，都可以用自己實際的經驗，告訴大家，以免大家走寃枉路。此外，思想史方面的問題，更可以專題討論，譬如，什麼是分析式思想史，什麼是敘述式思想史；什麼是思想史（intellectual history），什麼是觀念史（history of ideas）。在討論這些問題時，應該舉出實例來幫助說明。試以分析式思想史為例。它是指建立一個整體理論貫穿地解釋研究範圍的各種現象。這個理論自最初之探索至最後的確立是要經過漫長的深思過程，隨時自我批評省察，修正改進。它絕不是引用別人理論，硬套別人公式可以成立的。只有依據這樣一種創造的理論而寫成的思想史才是「分析式思想史」，史華慈的 *In Search of Wealth and Power* 便是最好的例子。否則，只是對史料分類、排比、加上各種名目，那是分散而沒有系統的歷史著作。在這種著作中，著者只能隨時加些零碎的意見而已。那便是「敘述性的思想史」。

（原載《幼獅月刊》第四一卷第三期，一九七五年三月一日）

民主自由與中國的創造轉化*

問：請您簡單介紹一下自由主義在近代中國形成的特色及影響。

答：當初中國的知識分子引進自由主義，是因為中國受了帝國主義侵略，有了挫折感，把它拿來當成富國強兵的工具。結果發現自由主義並非最好的工具，更不幸的是，某些野心家表面上拿自由當口號，實際上把別人當作火牛驅使。這在近代痛苦的歷史上，我們可以看到很多證據。

中國第一代講自由主義的，應該說是從康梁時代開始。在制度上，他們主張君主立憲，由國會取代君權；在思想上，則有了主權在民的民主思想。過去帝王時代，儒家雖有「民為貴，君為輕，社稷次之」的理想，但這是民本思想，不是民主思想。

第二代就是五四那一輩人。對於老一輩的蔡元培先生，我們要給他一個特別的位置，雖然蔡先生並不是一個非常深刻的思想家，但他對自由主義有重要的實質貢獻，這個貢獻，至今仍無人能超越他。

蔡先生主張學術自由，並非僅是喊口號，而的確在理論上和實踐上產生了結果。他擔任北大校長時，北大有了相當高的學術自由，而結果證明非但沒有天下大亂，反而大放異彩。直到今天，中國學術界不管受到多少干擾，知識分子堅持言論自由、思想自由的理想仍未死滅。凡是對學術有相當尊敬的人，咸認為「真理的追求是不應受政治干擾的」。這個觀念與儒家「從道不從君」的思想匯合，產生了重大意義。

另外像胡適之先生，他的思想基本上有許多錯誤，但他的《人權論集》，卻須給予正面評價。在《人權論集》裡，他主張人民應有基本人權，而人權應受憲法保障，應高於政治運作。（許多人以為我們的憲法是從五五憲草而來，事實上，憲法很多重要條文是民社黨領袖張君勱先生擬的草稿，基本上是相當好的憲法，對人權如何保障，政府的權力如何制衡，有明文規定。）

至於胡適說幼稚的民族也可實行民主，這是很不正確的。事實上，實行真正的民主很困難，要站定腳根一步一步才能達到，需要各種努力與各種條件的配合。

後來，先師殷海光先生的最大貢獻，是他那威武不屈的高貴人格，給了自由主義一個道德力量。殷先生多年為自由的維護和奮鬥，終於為自由主義賦予了道德尊嚴。所以，他的成就是他人格上的成就。在基本理論上，他並無原創的貢獻，只是將西方自由主義的一些要義，用中文介紹出來（但，因受羅素與邏輯經驗論的影響，也有觀念混淆的現象）。他用激烈的反傳統觀念來提倡自由主義，這種做法可以說是不通的。（如果人生中的道德成就、思想成就與事功成就均能達於至善之境，這當然是最完美的。但，如果三者不可兼得，我認為道德成就比其他兩項更為重要。從人之所以為人的觀點來看，人生最大的責任是在生命中以仁愛與勇毅獲致道

---

* 本文由李寧訪問記錄。

德的尊嚴，所以在道德上達到很高成就的人，特別令人欽敬。然而，我們卻不可因為一個人已經獲得了道德的成就，便以為他也獲得了思想的成就；這項混淆不但於事無補，而且還可能產生阻止思想與文化進展的副作用。）晚年殷先生雖然有了轉變，但，遺憾的是，他沒有機會發展他較成熟的思想。

問：中國傳統裡有沒有自由的觀念？

答：這是一個很繁複、很艱深的問題；但，我在這裡只能做一個簡略的答覆。如果問我中國傳統中是否有民主的觀念，我可以很直截了當地說：民主的觀念最根本的意義是「主權在民」（popular sovereignty）——國家為人民所有，應由人民自治，中國傳統中並沒有這個觀念。（民選的官員與這些官員指派的部屬以及民意代表，在民主的觀念與制度中都是人民的公僕，他們的政治行為要向人民負責，而民主的制度必須制定法律使他們不能不負責。民主的運作必須依據法律的程序，在這個程序中的一切行為都應服從多數，但同時也要尊重少數。無可諱言地，無論從思想層次而言或從運作層次而言，民主是從西方引進來的東西。）事實上，中國在「普遍王權」（universal kingship）未被懷疑之前，無法產生民主的觀念；而十九世紀末葉傳入中國的西方民主思想是導使「普遍王權」崩潰的主因之一。「普遍王權」的觀念是指人間的政治與社會秩序必須依靠秉承「天命」的君王才能獲致，在這個觀念的籠罩之下，我們傳統中的思想家壓根兒未曾想到國家的秩序可以來自人民的自治。（道家的最高理想是個人從社會、國家與文明的纏繫中解脫出來，以自己內在的資源獲得個人的自得與自適。所以終極地說，「普遍王權」是與道家的人生不相干的，因為道家基本上是反政治、反社會，甚至可說，反文明的。這當然不是說道家思想後來對中國文明的發展沒有正面的影響。西方的自由主義則是要在政治、社會與文明的秩序中獲致個人的自由。但是，在個人尚未離開政治、社會與文明的秩序之前，道家仍然假定社會、政治與文明的秩序還是由君主統治的。）左派王學與黃宗羲的思想雖然深切地感受到了帝王專制的痛苦，黃宗羲並曾提出了「有治法而後有治人」的觀念，但在實質層面他們並未突破傳統政治思想的架構。雖然儒家有「從道不從君」的觀念（這是儒者站在「道」的立場對無道之君的反抗精神，這是一種悲劇精神；朱熹釋「忠」為「盡己」，其言甚善，儒家所謂的「忠」並不是無條件地要人做君王的奴隸），但儒家政治哲學的最高理想，歸根究柢仍是一元論的、政教合一的「聖王」觀念。有道之君要為人民謀福祉，故孟子有「民為貴」的話，然而，這是來自政治道德化的思維，即使表面上與民主觀念中所包含的「民享」觀念相通，但因來源不同，不可與民主觀念相混淆。民主觀念所包含的「民享」，在理論上是政治運作的自然結果（實際情況當然要複雜得多）：國家主權屬於人民，亦即民有；人民有權利，也被假定有能力自治，亦即民治；自治的措施一切為人民，亦即「民享」，所以「民享」是民主的自然結果。簡明地說，「民享」就是人民自己為自己。儒家中「民為貴」的思想來源與這個「民享」觀念的來源完全不同，是從上而下的關心。孟子所謂「天視自我民視，天聽自我民聽」指謂「天命」是由民意所顯示，同時衍生出來人民有權對無道之君的苛政加以反叛（「替天行道」）的觀念。但，這並不表示就是民主，因為「天命」雖由民意所顯示，但並不傳入人民手中：如果反叛失敗了，天命仍然保留在原來的君王手中，如果反叛成功了，天命便傳給下面一位「真命天子」的手中，人民的地位並無改變，仍然是需要君王統治的。

基於以上的分析，我們知道中國傳統並沒有民主的觀念。但傳統中沒有，卻不蘊涵現在也不能有；同理，傳統中有的東西，現在也不一定仍然會有。何況民主的觀念被介紹進來已快一百年了，而台灣的社會、經濟、文化結構也產生了可以實行民主的變化。正因為我們傳統中並沒有民主的觀念與制度，所以我們在努力實行民主的時候，要特別小心，要特別提高警覺，千萬不要被野心家和頭腦不清的文人的說辭與障眼法所迷惑或玩弄。自康梁以後，每一代中國知識分子當中，都有人主張中國傳統中原有民主的論調。那種說法，即使不是由於自卑心理在作祟——看見西洋的好東西，就硬說我們自己也有——也多半是牽強附會的結果，或是為了政治利益所做的宣傳工作。我們必須認清一點：因為我們傳統中並無民主的觀念與制度，所以在中國實行民主實在不是一件容易的事，雖然我們有了實行民主的要求而客觀上也有許多有利的條件可以配合。有了這種思想上的了解與警惕，我們就不會以為繼續保持或發揚原有的「民主」就是實行民主了。不過，話還得說回來，雖然我們傳統中沒有民主的觀念與制度，但卻有許多資源可以與民主的觀念與制度「接枝」，例如儒家性善的觀念可以與平等觀念「接枝」，黃宗義的「有治法而後有治人」的觀念可以與法治的觀念「接枝」。(儒家性善的觀念確可做為「平等」的真實基礎,但黃宗羲的「有治法而後有治人」的說法只能做法治的形式基礎,法治的實質內容,是無法從黃宗羲的思想中衍發出來的。)

至於中國傳統中是否有自由的觀念?這個問題就更繁複了;因此,我在這裡反而無法詳論。首先,「自由」這個語彙在中國傳統中並不是沒有,在杜甫的詩中,「自由」一詞曾出現過四次(我想在別的地方也可能出現過;但在《莊子》中卻無此詞,只有「自得」、「自適」、「自善」等語彙;《孟子》有「自得」,卻也無「自由」一詞),如「朝光入甕牖,尸(一作方)寢驚弊裘,起行視天宇,春氣漸和柔。興來不暇懶,今晨梳我頭,出門無所待,徒步覺自由。」又「東閣官梅動詩興,還如何遜在揚州;此時對雪遙相憶,送客逢春可自由。」杜甫在這裡所謂的「自由」,是一種自由自在、心中覺得舒服暢快的感受,這種感受當然是自由主義所贊許的;但,這不是西方自由主義的政治哲學與道德哲學講的那種自由。所以我們可以說,傳統語彙中的「自由」一詞,並不能代表自由主義所說的觀念。但,如果說自由主義中一個主要的觀念是「人的道德自主性」(the moral autonomy of man),那麼儒家的「仁的哲學」的確蘊涵了這個觀念。我在一篇英文論文中也曾特別強調這一點,這是儒家哲學傳統中最有生機的一部分,歷代都有或多或少的闡發與肯定。不過,儒家思想中雖有這個觀念,但它在歷史的發展中,因受了許多內在與外在因素的影響,經常與違反自由主義的觀念與行為纏繞在一起,以致在傳統的中國，它的實質力量並未得到充分的發揮，在一些學派中甚至有傾向或變成形式主義的現象。所以我們只能說儒家的「仁的哲學」確可作為我們為了發展中國自由主義所應努力進行的「文化傳統創造的轉化」的一部分基礎，藉以與康德哲學的「道德自主性」的觀念相銜接，以期融合而發揚光大之（甚至在理論上發展出一套比康德哲學更完美的中國的自由主義）——康德認為每個人在社會中都是一個目的，而非別人的手段；我們在社會中可以有很多關係，但在性質上，不能變成我是某人的工具，某人是我主人的關係，意即每個人在自由中才能有獨立自主的人格與尊嚴。不過，我們不能說我們傳統中確有自由主義的發展（此處「基礎」與「發展」應做一區分）。另外，英國式自由主義的政治與社會哲學特別強調的自由制度（包括法治與自由經濟制度），是源自洛克、亞當斯密、休謨對於社會秩序的了解，換句話說，是一種建基於社會理論（social theory）的政治哲學。這個思想傳統，在二十世紀，因博蘭霓與海耶克兩位先生的貢獻而得到更精深的發展。（周德偉先生譯有《自由的憲章》，夏道平先生譯有《個人主義與經濟秩序》，殷海光先生譯有《到奴役之路》，均可參閱，以上都是海耶克先生的著作；博蘭霓先生的著作還沒有中譯本，而且極難迻譯，譯不好反而產生誤解，最好能看原著。）這個英國式自由主義傳統中的重要觀念，我們中國傳統中是沒有的。

概括言之，自由——從外在的觀點來界定——是指個人在社會中的行為，所能遭遇到的外在的強制的壓力（coercion），已經減少到了最低程度的境況。英國式自由主義在這方面的成就最大：只有在法治、民主與自由的經濟制度中，個人所遭遇到的別人所能施予的強制的壓力可獲減少至最低程度。易言之，自由是指每個個人在社會中的行為已經可以盡量免於外界的強制的干擾與阻礙。中國過去可以說並沒有保護個人自由的制度與秩序。然而，在獲得了外在的自由制度與秩序的保障以後，如果一個人內在的意識被怨恨、恐懼與無知所占據，他仍然是沒有自由的。一個人只有在他對人生的意義有清楚的自覺，對生命的資源有清楚的自知的時候，才能享有自由。根據這些資源，在人生中才能以自由意志獲致道德的尊嚴——這是從內在的觀點來界定自由。在這方面，儒家仁的哲學所建立的成人之教是可與康德底道德哲學匯合而產生正面貢獻的。

在結束我的答覆之前，我要特別強調一點：雖然外在的自由與內在的自由，在理論上，都同樣重要；但，從實際的觀點而言，建立自由的制度是首要之務。如果次序顛倒：我們內在的自由資源很充沛，而外在的自由制度卻並未真正建立起來——以致個人並不能免於別人所能施予的強制壓力到最低程度；那麼，「自由」仍然只是口號而已。

問：請您談談自由與權威的關係。

答：自由與權威是相輔相成的，有著很微妙的關係。所謂權威，可以分成兩類，一是真正的權威（讓人心悅誠服的服從），一是強制式的權威。現在一些民主已高度發展的國家，發生了一個問題，就是當大家都要求自由，並要求自己做決定時，一切的權威都不再被信服，包括教會、學校、父母、經典等。人的創造力很有限，而真正的創造又需要靠傳統的架構才能進行，於是，當各種權威發生危機而解體時，個人所依據做決定與創造的資源就少了，因此，獨立判斷力便逐漸萎縮。在這種不需要權威，不需要傳統的意識中，個人的心靈遂成為真空，只有盲目的跟著流行的時尚走。這也就是說「我自己有權利做決定」與「我是否有能力做決定」混淆了，甚至以為只要有權利，就假定自己也有能力。（當然，盲目的、非思想性的信服權威也是創造的障礙。）尤其在高度商業化的國家，廣告充斥，不祇社會商業化、文化商業化，連政治競選也依賴廣告術。

台灣現在是富裕了，大家有錢花，但怎麼花，很多不是自主的，而是受了廣告術的影響。當然富裕是好的，要實行自由民主，富裕是一個經濟基礎，但實行自由與民主所需要的基礎或條件很多，只靠富裕並不夠。真正的自由能使人過更合理更富創造性的生活，如果我們都成了廣告奴隸，那與失去自由並無兩樣。

現在很多人已注意到這個問題，但我們這方面的反省還不夠。自由主義的發展不能完全靠政治力量，也要靠社會力量帶動，如今台灣已有相當的社會資源，問題祇在怎麼突破，祇要企業家觀念一變，或多或少的投資一部分力量在社會事業、文化事業上，不久就會有實質的成效。譬如最實際的，我們應該有個基金會，好好翻譯基本的現代經典，這樣一來，台灣的理論層次就可能提高。

問：您認為應如何脫離廣告的控制？

答：從理論上講當然很容易，實際要做卻很困難。最重要的，不能祇喊口號，要培養一些具體的興趣。譬如，知識界應在學識的邊疆開拓自己，不能祇炒冷飯，非但要「有中生有」，還要「無中生有」，另外可以多讀第一流的文學著作（二、三流的東西並沒有用），多參加討論等。

對於一般大眾，應該提倡精緻文化。有了高水準的東西，誰還看粗俗的呢？這就是自由競爭。另外我們還應建立影評與劇評權威，這麼一來，粗製濫造的當然會遭到淘汰。

問：您認為自由主義中最了不起的智慧是什麼？

答：艾克頓公爵（Lord Acton）說過一句名言：「權力趨向腐化，絕對的權力，絕對地腐化。」

我個人認為艾克頓的話，是人文世界中一個顛撲不破的至理名言。這是非常深刻而有智慧的認識，與我們中國的政治哲學整個相反。中國人的理想是用一個道德聖人做政治領袖，所以，注意的是人格修養的問題，而非如何用制度防範權力腐化的問題。因此，政治領袖在中國常常利用了聖人的形象，而從事政治活動。

西方認為即使是「聖人」，也有腐化的可能，所以，我們要用制度來制衡他腐化的可能。儒家思想雖然經過「創造的轉化」，可以成為發展自由民主的思想基礎，但就運用制度防止腐化這一點而言，我認為西方自由主義的確比我們高明。

問：您曾多次提到我們必須進行「文化傳統創造的轉化」，是否可再做一點說明？

答：簡單地說，是把一些中國文化傳統中的符號與價值系統加以改造，使經過創造地轉化的符號與價值系統，變成有利於變遷的種子，同時在變遷過程中，繼續保持文化的認同。這裡所說的改造，當然是指傳統中有東西可以改造、值得改造，這種改造可以受外國文化的影響，卻不是硬把外國東西移植過來。

在理論上，儒家思想可以作為自由主義的道德基礎。過去我們的歷史並沒有發展出這種中國的自由主義，是因為受了環境的限制，並非我們沒有這種潛力。歷史是繼續不斷發展的，不能說過去我們沒有，以後也不可能有。如何進行「文化傳統創造的轉化」，是我們最重要的工作。

問：依您看，台灣這三十年來，在自由主義上有什麼具體發展？

答：我覺得很高興的一點，就是雖然在理論上，我們還沒有很高深的成就，但在實際運作上，也就是對於下一步我們該怎麼做，大家都已經有了相當的共識。譬如大家都知道人應該有人權，司法應該獨立，選舉必須公正公平公開，反對意見並非意味動搖國本，法治是「法律主治」（rule of law），並不是古代中國法家思想所謂的「依法而治」（rule by law），政治制衡是為了防止權力腐化等。像這些基本觀念大家都已經搞清楚了（從過去的辯論走到結論），也知道下一步該怎麼做，這是最重要的。

至於自由與民主的理論，倒可不必太擔心，因為當我們一步步在實踐中走向自由民主時，我們自然會發現一些我們所特有的問題，這些特有的問題會刺激我們產生更好的看法和理論。

另一個我覺得高興的是，台灣一些鄉土文學作家在文學上的成就，如鍾理和、黃春明、陳映真（並非指全部作品）。

問：您認為台灣在發展自由、民主上，會遭遇到哪些特有的問題？

答：我離開國內已很久，偶而回來也不能長時間停留，對國內情況談不上深刻了解，所以我很難回答這個問題。但我希望當政的人不要把自由主義看成是那麼可怕的東西，以為會威脅到政權的穩定。其實，我們這個社會唯一的出路就是實現自由與民主，而自由民主的運作，應真正擴及到社會、政治、經濟、文化各方面（即使執政黨的自新也要靠這種運作）。

我在這裡所說的自由與民主是指真正的自由與民主而言，不是政客們在搞宣傳時所說的那一套。祇有實現真正的自由與民主，我們這個社會才能真正的堅強與團結。（這裡所說的團結不是指「你放棄你的『偏見』，擁護我的『真知』，這樣我們大家可以一起團結起來」。這種強制式權威所造成的「團結」，並不堅固。而在自由的價值結構中，經由開放的民主程序所得以鞏固的「共識」與休戚相關的團結卻能使我們的社會真正堅強。）

現在很多人要求開放黨禁，如果從其他國家發展自由、民主的歷史來看，政黨政治的確是一個常軌。所以，原則上我們應該實行政黨政治，實行以後，如果發生問題，我們應該想辦法解決那些問題，不可因噎廢食與基本原則混淆一起。

我祇能說在原則上，我們應該實行政黨政治，但這中間有什麼技術問題，我並不了解，黨內黨外有多少人真正獻身自由民主，我也不清楚。所以，我不能不負責任地說現在適不適合開放黨禁。不過，我認為政府應該切實擬定開放黨禁的時間表，使中國政治逐步走入民主政治的常軌。

問：台灣未來的文化思想發展，應該注意那些問題？

答：在傳統文化崩潰時，我們介紹西洋文化，往往因著一個特別需要，或者一個淺薄口號，而非系統性或通盤性的，因此產生了很多問題。對西洋文化表面上是了解了，而對西方歷史發展卻無整體的認識，於是對西洋文化的看法便不夠精微與靈活。

怎麼樣才能不失去自己，而又能以開放的心靈具體而系統的了解西方呢？

第一、我們必須從閱讀教科書的心理解放出來，以為讀一本西洋哲學教科書就能了解西洋哲學，這種想法不能再有。應該研究中西經典著作，中西古典的經典與現代的經典均需同樣的重視。（這個意見我說過已經不只一次了。如果能夠真正有效地實行起來，我覺得的確是突破我們思想界困境的一項重要途徑。但，經典著作——正因為它們是經典著作——是很艱深的，而且每部經典都有它特殊的歷史背景；如果沒有適當的指導，努力硬讀是不易了解的。但青年們在這方面是否能夠獲得適當的指導呢？如何使青年們獲得適當的指導？這是應該重視的一些問題。）

這樣做，我們是否容易被經典鎮懾住呢？

表面看來這樣做似乎很危險，但我們卻有辦法不被經典罩住，就是必須對自己特有問題加以關注與了解，我們研究西方，祇是因為要解決我們特有的問題，所以祇可把西方的東西當參考，而不必成為他們的信徒。也就是突破講口號與形式推演的層面，完全站在解決自己問題的立場。

第二，要建立批評制度。現在大報副刊已從茶餘飯後的小品欣賞，提升到思想論述的層次上，這方面，《中國時報》高信疆先生與《聯合報》瘂弦先生的貢獻，我們應該給予肯定。但這也帶來了某些危機，因為大眾傳播的力量太大了，萬一用不好，反而帶來不良影響。

好文章不易產生，能寫好文章的人又有限，於是發生一種現象，那些老是出現的中級文章，變成最具影響力的了。你說他沒有程度，他又有；你說他有，又好像沒有。這個問題不易解決，但要注意。

（原載《暖流雜誌》第一卷第六期，一九八二年六月）

一個培育博士的獨特機構：「芝加哥大學社會思想委員會」

——兼論為什麼要精讀原典？

五〇年代我在台灣大學讀書的時候，文學院剛剛開始辦碩士班研究所，那時沈剛伯院長認為文學院的師資與圖書都不夠辦博士班的資格，主張這方面的發展要慢慢來，剛伯師這種對學術負責，有所不為的態度，令人欽敬。後來，別的幾個學校漸漸先有了博士班；情勢所趨（或者說情勢所逼），臺大文學院與法學院也就辦起博士班來了。但，除了掛起博士班的招牌，招考了一些學生以外，一般的印象是，國內的博士班在形式上大致是採用美國流行的制度，但在實質方面，研究所究竟應該如何辦理，卻很少看到詳切的討論。

美國一般大學文法學科的博士班是不注重經典著作的研讀的；影響所及，國內文法科的博士班也不注重經典的研讀（中文系對於原典的研讀似乎仍多不出訓詁與學術史的範圍）；然而，對於經典的思想意義的研讀與探討實是一個訓練思想的有效途徑。如果我們認為具有博士學位的學者應該是有思想的學者，那麼博士班就應該注重思想的訓練。

以儒家思想為主流的中國傳統文化一向是注重經典的研讀的，也一向注重思想的。即使像戴東原那樣的人，他雖是考據大師，卻仍認為「義理」是本而「考證」為末；所謂泱泱大國之文化，此其一端。當然，過去以科舉取士，使得俗儒把四書五經當作進身之階，對於這些人而言，經典之內涵因形式化而斲喪殆盡；這自然無助於思想的培育。不過，歷代總有一些思想的領袖起來打破這些功利的局限。但自五四以來，學術界許多人士雖口口聲聲高喊「思想革命」，卻因深受激烈的反傳統運動的影響，他們先對中國傳統典籍喪失信心，甚至加以藐視，繼而以為只要是新的就是好的，所以對西洋典籍也無興趣，再加上胡適等人引進「科學主義」（scientism），把他們所謂的科學當作崇拜的對象胡纏胡攪了幾十年，竟把「考據」當作「科學」，使得許多學術界人士，捨本逐末而自以為是，以致產生了在口號層次上仍強調思想重要性的教育界，卻在實質層次上不注重思想培育的怪現象。在這種情況下，一些有志青年即使希望在思想上深下工夫，事實上卻得不到適當的指導與培育。

筆者以為我國文法學院碩士班與博士班的教育，當務之急是要注重思想的培育；所以，鼓勵與指導學生就古今中外的經典詳加研讀是不可或缺的。十幾年來筆者不時興起向國內有心人士介紹一下與美國一般研究院教育極不相同，以研讀經典為培育思想之方式的芝加哥大學「社會思想委員會」，作為國內辦理研究院教育的參考。但，撰寫這篇文章，就不能避免談到自己，心中總覺有些禁忌，再加上這些年來我的工作甚為忙碌，這個念頭，有時只是想想也就算了。兩個星期前，學校放春假，心情比較輕鬆，假期的第一天，隨便翻閱國內寄來的《中國時報》，在「人間副刊」上看到吳魯芹先生的一篇文章，其中提到「社會思想委員會」，我受那篇文章的刺激，便信手拿起紙筆寫成了本文的第一段，後面的段落寫得並不如此輕鬆；但，如無吳文的刺激，拙文恐將不能寫成，這倒是要向吳先生致謝的。

今天（一九八一年四月十四日）看到二月二十七日與二十八日在「人間副刊」刊出的吳魯

芹先生對諾貝爾文學獎得主索爾・貝婁（Saul Bellow）的訪問，其中談到貝婁先生在芝加哥大學任教的「社會思想委員會」（Committee on Social Thought）。吳先生說：「社會思想委員會不是一個科系，不屬於哪一個學院，貝婁的名義是教授，但是他並不授課，大約祇是給碩士博士候選的研究生，做做指導而已。」這些話是與事實有出入的。吳先生大概對「社會思想委員會」的性質不甚明瞭，卻根據「委員會」三個字產生了聯想，遂有這項誤會。

「社會思想委員會」是芝大經濟史家乃孚（John U. Nef）教授在一九四二年創立的（余英時先生曾以「工業文明之精神基礎」為題，撰文介紹過乃孚先生的學術思想，此文收在余著《歷史與思想》，頁三三九—三八〇）。當時乃孚先生有鑒於美國大學訓練人文學科與社會科學研究生的方向越來越往偏狹的路上走，這樣將要造成許多只認樹木不見森林的「學者」，對未來的文化會產生極為惡劣的影響；所以，他與芝大校長赫金斯（Robert Hutchins）、人類學家瑞德斐（Robert Redfield），和經濟哲學家鼐特（Frank Knight）一起幾經商議，在他們的支持之下，創立了以培育人文學科與社會科學研究生為主，不收大學部學生的「社會思想委員會」。（財源除經常費是由芝大擔負以外，其他多來自乃孚夫人的捐助。她是出產鳳梨與其他水果罐頭的道爾〔Dole〕公司創業人的後裔。）乃孚先生本來希望這個機構在學校行政系統中，能隸屬人文研究學院。但當時該院的院長，亞里斯多德哲學專家麥奇恩（Richard Mckeon）對他的計劃甚為反對。麥奇恩認為這等於在大學之上硬加上一個袖珍式的貴族大學，太「秀異」（too elitist）了一點。但，社會科學研究學院院長瑞德斐卻極為熱心贊助這個計劃，「社會思想委員會」遂在隸屬社會科學研究學院的行政系統中成立。

「社會思想委員會」雖然名為「委員會」，實際上是一個獨立的學系。（芝大有不少名為「委員會」而實際上是獨立學系的機構。）大部分的教授都是在本系專任，只有少數幾位是與別系合聘的。此系最大的特色，簡單地說，大概可以用「學術享有絕對自由，一切採取精兵主義」十六個字來形容，分析地說，可綜述如下：乃孚先生認為任何一個時代都需要少數具有原創能力的思想家提出新的觀念來界定與指引這個時代的學術與文化，這種新的思想往往是源自新的問題的提出，而這種新的問題又往往需要跨越幾個學科的知識與訓練才能得到較為完善的解答。然而，具有成規的科系，通常都有它們約定俗成的範圍，在這個範圍以外的有關的問題，常被武斷地認定是不相干的，在傳統的科系攻讀的研究生當中即使有人希望能研究這些問題，他們通常得不到鼓勵，也得不到適當的指導。「社會思想委員會」的建立就是要給一些具有潛力、能夠提出此類原創性問題的年輕人，一個接受科際整合訓練與鑽研自己問題的環境。

因此，除了下文將要提到的每個學生必須完成一系列自己擬定經委員會同意，稱作「基本課程」（The Fundamentals）的經典的研讀，以便通過博士資格考試[1]以外，此系繁文縟節，幾

1 博士資格考試的程序通常是：系中教授們根據學生的「基本課程」書單，擬定六個題目，分成三組，學生在

等於零。學生可以選修本系與外系的任何課程。只要選夠校方規定的學分數目並完成博士論文，即可畢業。在這種自由的環境中，學生可在導師的指導之下毫無拘束地擬定為了解答他底問題所需要的選課計畫，然後按部就班地到各系選課。博士論文的專題，如本系教授不能指導，可由本系禮聘外系或外校傑出的專家擔任主要指導人。如果是外校的教授擔任博士論文主要指導人，通常系中會贊助學生到該校去，跟隨這位外校的專家兩、三年，從事論文的撰寫工作。

然而，除了提供上述的環境，使得青年學子能自由地追求為了解答自己的問題所應獲得的各項自己所需要的知識與訓練以外，系中必須提供基本訓練以培育學生從事原創性的思想工作。系中認為最有效的辦法是由獨當一面、世界性的、在自己專業中有重大貢獻的一流學者帶領著學生精讀有深度、濃度與涵蓋廣的經典鉅著。這樣一方面可以使學生直接接觸世界文化某些面的基本特性（研讀的著作也可包括非西方的原典），因而不必依靠別人間接的解釋，同時可對別人的解釋加以批評並可能進而產生自己的解釋。這樣可以突破依賴「二手資料」的惡性循環；另一方面可以使他們接受思想工作的基本訓練。第一年的研究生，通常在開學不久須與系中各位教授商定「基本課程」的書單，這個書單大約包括十五、六部原典。書單因人而異；但，通常是依據下列兩個原則擬定的：（一）不包括自己將來專業中的經典著作（這一點是筆者於六〇年代在該系攻讀時的情形，不知現在是否仍是如此）。因為，自己專業中的原典，系中已假定學生早晚是要精通而且會有自己的解釋的；故無需指導。例如，如果學生的專業是十九世紀的俄國文學，那麼這個學生的書單雖然可包括不是他的專業範圍之內的文學典籍，但卻不會包括托爾斯泰的《戰爭與和平》與杜思妥也夫斯基的《卡拉馬助夫兄弟們》。另外，更重要的一個理由是，培育青年學子原創能力的最主要的途徑不是在他學術生涯中使他儘早變成一個對幾件事情知道很多的「學者」，而是使他能夠在他學術生涯的形成時期（研究生的最初幾年）產生廣闊的視野與深邃的探究能力。這種視野與能力的培育不是一開始就讓他局限在本行之內所能達到的。（二）書單中通常要包括哲學（形上學、知識論、政治哲學與道德哲學）、宗教、史學、文學、社會學或經濟學方面的原典。易言之，研讀的原典不可只限於一個科目之內；一個希望獻身哲學研究的學生，他的書單中要包括文學、史學、宗教與社會學的原典；一個準備鑽研史學的學生，他的書單也要包括許多非史學的著作。（這種辦法可說與一般美國高等學府訓練研究生的方式正好相反。一般科系通常一開始就規定學生在其專業範圍之內研讀；例如一個研究美國政治史的學生，可以對美國文學不甚了了，遑論世界古典與歐洲哲學及宗教

一約定之時間從系裡秘書那裡拿題目回到自己家裡做答。每組兩題中選答一題，在五天至一週之內完成三篇論文。寫作期間可以參考任何書籍與筆記。因為筆者的母語不是英文，考試的時候，系中特准在七天之內做答。當時，頭五天每天只睡三、四小時，最後兩天連續苦幹四十八小時，一點沒睡，真可謂「拚命」。系中其他同學參加考試的情形也大類如此。

的典籍了。）具體地說，每個研究生所擬定研讀原典的書單，通常是從下列各書中選出：柏拉圖底《對話錄》（《理想國》〔*The Republic*〕通常是要放在書單上，有的人除了《理想國》以外，尚選讀一兩本其他的《對話錄》。系中的教授們，無論贊成或反對柏拉圖，都同意懷海德〔A.N. Whitehead〕所說的那句名言：「對歐洲哲學傳統最可靠的描述是：它是一連串對柏拉圖的註解」）、亞里斯多德底《形上學》、《倫理學》或《詩學》、荷馬史詩、希臘三大悲劇家（Aeschylus, Sophocles, Euripides）底悲劇、修西帝底斯底《比羅奔尼蘇戰爭史》、《論語》、《莊子》、《吠陀書》、聖多瑪（St. Thomas Aquinas）底《神學》（*Summa Theologiae*）、馬基維利（Machiavelli）底《王權論》、笛卡兒底《論方法》（*Discourse on Method*）、斯賓諾沙底《倫理學》、洛克底《政府論》、亞當斯密底《國富論》、休謨底《人性論》、盧梭底《民約論》、康德底三大批判、托克維爾（Alexis de Tocqueville）底《美國民主》或《舊政體與法國革命》、艾克頓公爵（Lord Acton）底《自由史與其他論文》、柏克哈特（Jacob Burckhardt）底《義大利文藝復興的文化》、韋伯底《經濟與社會》與《新教倫理與資本主義精神》、涂爾幹（Emile Durkheim）底《宗教生活的初級形式》（*The Elementary Forms of Religious Life*）、莎士比亞底四大悲劇、托爾斯泰底《戰爭與和平》、杜思妥也夫斯基底《卡拉馬助夫兄弟們》、史坦道爾（Stendhal）底《紅與黑》等。從上面所列的原典，我們知道「社會思想委員會」的教授們，雖然彼此的意見在很多方面並不一致，但他們的識鑒力卻有一個共同之點：他們所謂世界文化中的經典著作是指那些確實經得起時間考驗，不因任何時代之風尚而增損其本身價值的鉅著。換句話說，這些經典著作都有一項辯證的統一性：它們都是對其著成時代之具體問題有感而發的著作，而它們的內容卻又都有超時代、永恆的意義。就上列的西方典籍來說，它們是我們了解西方現代文化的基礎，它們也是構成我們對西方人的了解所需之知識的核心。每個時代都必須對這些著作加以重新探究，當新的著作對這些經典中所提示的命辭與答案挑戰的時候，這些經典不但不會因遭受挑戰而失色，相反地，卻會因之而得到新的意義。

「社會思想委員會」的教授們除了正式開課以外，[2]他們最主要的工作便是帶領學生精讀選定的原典。系中習慣上稱之為「導師課」（Tutorials），通常是一位教授與一個或兩個學生單

2 課程由本系與外系的學生任選。授課的多寡則視聘任的契約而定。海耶克師每年通常只在冬季講授一門「西洋經濟思想史」。（芝大是學季制，一年四個學季；不過，夏季很少人會開課。）他在芝大退休去德任教後，遺缺是由政治哲學家哈娜·阿潤德（Hannah Arendt）女士（已故）繼任，她每年只在兩季中授課，講授西洋政治思想史中的專題。社會學家席爾斯（Edward Shils）則半年在芝大，半年在劍橋大學。他講授「知識分子的角色」與社會學理論的課程。索爾·貝婁先生講授俄國文學與法國文學的課程，不過他也不是每學期開課。依禮雅德（Mircea Eliade）先生（與神學院合聘的）講授比較宗教學，另外大衛·格恩（David Grene）先生講授希臘悲劇、莎翁戲劇與易卜生。詹姆士·瑞德斐（James Redfield）講授柏拉圖與修西帝底斯。目前尚有杜爾門（Stephen Toulmin）先生講授科學底哲學方面的專題。過去艾略特（T.S. Eliot）與博蘭霓也數次到系裡來擔任客座教授。

獨約定時間在教授研究室中每一週或兩週會面一次，共同討論書中的問題；有時每週需寫一篇小文，有時教授規定每季交一篇較長的論文。（這種施教的方式不可能多收學生。六〇年代該系共有教授九人，除了在外校撰寫論文的四、五個學生不計外，當時在系中就讀的學生只有十幾個人。別人批評「社會思想委員會」太 elitist 了一點，也不是毫無道理。）「社會思想委員會」培育學生的實際工作，主要是經由這種類似學徒制的「導師課」而進行的。學生藉此受益無窮；在他們後來的專著中，可能根本不會提到研究生時代所讀過的原典，所以讀者無法知道哪些原典曾對他們發生過那些影響；甚至他們自己在深入自己的專業以後，也不能清楚地意識到早期熟讀有限數目的原典對他們成熟期的學術思想產生如何的影響。但，事實上，原典中精微的深思與開廣的觀照對這些學生的影響是他們終生受用不盡的。這其中的原由可用博蘭霓（Michael Polanyi）底知識論加以解釋。博蘭霓區分人的意識為明顯自知的「集中意識」（focal awareness）和無法表面明說，在與具體事例時常接觸以後經由潛移默化而得到的「支援意識」（subsidiary awareness）。人的創造活動是這兩種意識相互激盪的過程；但在這種過程中，「支援意識」所發生的作用更為重要。博蘭霓說：「在支援意識中可以意會而不能言傳的知的能力是頭腦的基本力量。」[3]在「社會思想委員會」的教育方式之下，學生研讀經典著作時自然容易對這些著作所提出的問題與解答問題的論式產生相當深入的認識，無論對這些問題的解答自己是否同意，他在研讀的過程中實際上會學到一些艱深而涵蓋廣的問題的內容及其解答的方式。如果他在「集中意識」中發現自己研究的題目與某部（或幾部）精讀過的典籍有直接的關係，那麼他可與這部（或幾部）典籍界定問題、處理問題與探究答案的內容與方式參照，以便使自己所研究的問題獲得更完善的答案。但，更重要的是：經由當代傑出的思想家們親自指導和在他們的耳提面命之下，與具體的經典相接觸的過程是一個能使得自己的「支援意識」在潛移默化中增進靈活性與深度的過程。當研讀原典的時候，原典的內容是自己「集中意識」的一部分；但當自己專心研究自己底問題而這個問題表面上與過去所研讀的原典並沒有直接關係的時候，當初與研讀原典有關的那部分「集中意識」便已轉化成為「支援意識」的一部分，「支援意識」因此變得更為豐富而靈活，由這種「支援意識」支持下的研究工作自然比較容易深入。即使後來對當初所研讀的原典的內容細節已不能逐步復記，自己的「支援意識」則仍與之息息相關。具體地說，受過這種教育的人，在自己的研究過程中不容易接受一般或流行的看法，同時對自己臨時找到的答案也容易覺得不滿意。在這種資源比較豐厚的探索中，只要鍥而不捨，是比較可能達到有深度的原創思想的。相反地，如果沒有豐厚的資源做支持而鍥而不捨地硬努力，卻並不見得能夠達到預期的效果。

「社會思想委員會」的學生在通過考核他們精讀原典之成績的博士資格考試以後，可對任何

3 Michael Polanyi, *Knowing and Being* cd., Marjorie Grene（University of Chicago Press, 1969）, p. 156.

言之成理的題目進行研究，撰寫論文。「社會思想委員會」在這方面可說是絕對尊重學術思想的自由。正如創辦人乃孚教授所說：「每一個預見聖火的人必須自己找尋點燃它的道路。一個教師只能在年輕人身上看到理想的形成，在旁邊鼓勵他，跟他說他所走的路是正確的。」[4]在這個「典型在夙昔」與享有絕對思想自由的環境裡，每個學生的心情是既興奮而又沉重，再加上系裡的老師從來不催促學生趕快寫完論文，於是大家自然而然地養成了「比慢」的習慣。正如張永堂君給我的信上所說：「比慢是一種為學運思的嚴肅、艱苦，而又樂在其中的過程。」這種心情主要是源自對於知識的嚴肅好奇心與「有所不為」——不甘於在原地兜圈子，不屑於做些舞文弄墨的工作——的心態。在沒有想通自己的問題、在沒有得到使自己滿意並令人信服的答案之前，研究與撰寫的工作自然會慢下來了。這種「比慢」的工作並不是故意做的。想不通，之所以還要想（寫不通，之所以還要寫），是因為的確知道自己的問題還未想通，但卻又覺得可以想通；既然覺得可以想通，而現在又確知自己實在尚未想通，所以不得不繼續苦想下去。（請注意這種「不得不」的心情，沒有這種「不得不」的心情的人是無從「比慢」的。）如果沒有對一些問題在豁然貫通以後所得的心靈歡愉的經驗與對一個問題尚未想通的時候確知尚未想通的思想境界來支持，這種過程是無法繼續的。因為大家都在「比慢」，[5]所以研究生的生涯通常都需要八、九年才能結束，有的人竟然花了十年以上的時間撰寫博士論文；不過，一旦撰成，其成績大多沒有辱沒「社會思想委員會」創立時的理想。在此，乃孚先生「開闢新途徑的遠見」，[6]與在行政上遭受干擾與阻撓時百折不回的精神，是應該特別提出來加以頌揚的。

一九八一年五月四日於（麥迪遜）威斯康辛大學

（原載《中國時報》人間副刊，一九八一年六月五日）

---

4 John U. Nef, *Search for Meaning: The Autobiography of a Nonconformist*（Washington, D.C.: Public Affairs Press, 1973）, p. 186.

5 也有比不下去，精神崩潰（nervous breakdown）的同學。與筆者同時進入該系攻讀的還有兩位同學。其中一位便在博士資格考試之前的幾個禮拜精神崩潰了。消息傳來，大家都覺黯然。他在學校醫院精神病房中住了三個月，後又轉入州立醫院住了三個月。當他精神漸好的時候，醫生准許他的親友陪他外出幾個小時。我與另一位同學便輪流在週末陪他出去聽音樂會或參觀美術館。然後在預定時間送他回醫院。六個月後，他父親把他接回洛杉磯的家裡。後來他大致復原了。最初幾年，我們還一直保持連絡，他在最後一封給我的信中曾說已開始做汽車推銷商。他家境清寒，當初以著名天主教 Marquette 大學全校第一名（主修哲學與數學）的成績獲得芝大全部獎學金而來「社會思想委員會」攻讀的。然而，以他那種天主教大學極為規律的教育生活為背景，來參加乃孚先生所謂「在自由中的冒險」（adventure in freedom），也許一開始就不太合適的。

6 F.A. Hayek, *Studies in philosophy, Politics and Economics*, p. 132.

四

殷海光先生一生奮鬥的永恆意義

先師殷海光先生是在一九六九年九月十六日以癌症不治逝世的。我遠在海外，到九月二十日夜裡才知道這個噩耗。當時內心整個為悲痛與憤慨所占據——無論就對人生的無望，對學術的真誠，對理想的堅持來說，殷先生都不該在五十之年，就匆匆離開這個世界。這一年多以來，每想到再也見不到他，再也不能和他促膝談心，再也接不到他的論學感懷的長信，內心深處便不由地覺得無比的空虛與悲哀。像殷先生這樣的人，在現在這個世界上是很難再找到了！

我個人深切感念在他逝世前的十幾年中，他給我的無數督促與鼓勵。但本文的目的，卻不僅是為了表示個人的私哀。殷先生一生基於純真理想的奮鬥，所帶給他的橫逆與痛苦，足使天下有良心的人同聲一哭。而他生命中所追求的，所持之不移的，與他一生奮鬥的過程，實具有永恆的意義。下面所寫的，是我個人對他一生奮鬥之意義的一些看法。

要評論一個人，必須先了解這個人所處的時代。殷先生自己常說他是「五四後期人物」。這句話包含了無限的感慨，同時也是對他自己和他所處的時代之深切寫照。[1]殷先生的一生奮鬥的意義，我覺得，應該從他所以成為「五四後期人物」，與成為「五四後期人物」後的精神企向與痛苦來了解。

殷先生既是「五四後期人物」，他的思想與風格自然仍表現著五四精神，只是殷先生的五四精神的內在發展與外在遭遇都有「後期」的徵象。五四時代是一個浪漫的啟蒙時代。所謂浪漫的，是因為這個時代的基本動力來自情感的激越，充沛的情感躍動支持著單簡的信心。這個時代的信息正是遲疑、困惑，及對每件問題繁複性之冷靜的觀審的反面。（當時知識青年有不少從某一主義跳到另一主義的現象。但這不代表遲疑與困惑。他們每次對每種主義做了選擇以後，不求深解，便開始服膺傳播這種主義的現象，正反映著激越的情感與單簡的信心在他們內心的勢力。）所謂啟蒙的，是因為這個時代的自我覺醒；從理性的觀點出發，自己主動地要求掌握歷史巨輪的運轉。這個浪漫的啟蒙運動，內部蘊涵著很大的矛盾。但此種矛盾在五四的高潮時期很不明顯。浪漫的激越與理性的啟蒙，當時好像相互為用，相得益彰。

具體而言，五四精神最強烈的一面是對中國的過去全面而徹底的否定。（雖然各國現代化過程中，都多多少少有反傳統思想的產生；像五四時代的反傳統思想——激烈到毫無保留、全面反抗的程度——卻是各國近代化過程中稀有的現象。）傳統既不可依恃，也不可改進；激烈的反傳統思想遂導向「全盤西化」的企求。在許多五四知識分子的眼裡，科學與民主是近代西方文明的精髓；於是，科學與民主便成了西化運動的焦點。除了最後幾年，殷先生的思想有很

1 殷海光，〈海光文選自敘〉：「我自命為五四後期的人物。這樣的人物，正像許多後期人物一樣，沒有機會享受到五四時代人物的聲華，但卻有份遭受著寂寞、淒涼和橫逆。」《殷海光近作選》（香港：一九六九），頁一；《殷海光先生文集》（台北：一九七九），頁一三一七。

大的變化以外，攻擊中國傳統、提倡科學與民主，是他一生言行的目標。在他的著作中，對中國傳統中的許多缺陷之揭發，尤其對科學與民主之闡釋，往往遠超過早期五四人物的言論。說他是五四思想集大成的殿軍實不為過。

殷先生誕生於五四運動發生的那一年，他自然趕不上參加五四運動。但西南聯大卻有五四的遺風，他在青年時代朝夕浸潤在那種風氣之中，很自然地接受了許多五四時代為科學、自由、民主奮鬥的思想。這些思想在當時因為許多其他因緣，並未很鮮明的顯示出來，然而，這些思想卻是他在一九四九年到台以後，隻手重振五四精神的主要因素。但，西南聯大學生很多，他們的思想也頗不一致，為什麼在這批學生當中，殷先生能特別堅毅地站在五四為科學、為自由的立場為中國奮鬥呢？對於這個問題是不能拿「西南聯大的五四遺風」這句話來解答的。我覺得，主要是由於殷先生生命中，特有的純真與強烈的道德熱情（moral passion），與西南聯大的五四遺風，相互融合而導致的。殷先生純真的道德熱情，在少年時代就已使他對家庭中理學式的虛偽，感到極度的不安與反感。[2]這種不安與反感，配合當時的少年風氣，在情感上已使他對中國傳統文化極端的厭惡，同時也導使他對西洋文化產生很大的仰慕。這種心理後來與西南聯大的五四遺風接觸，再加上他在西南聯大的業師，是一位極為英國化的研究邏輯、經驗論與英國式自由主義的學人；透過這位學人，他所看到的西洋文化自然是以科學、民主與自由為代表的。

在近幾十年中國內憂外患的社會中，五四精神早已殘破不堪。殷先生以一人之力對之做悲劇性的重建，其成績不可謂不大。他之所以能達成這樣的偉業，除了得力於他清新的健筆，據我看來，最主要的是由於他那震撼人心的道德熱情。這種道德熱情使他不能不為自由與民主而呼籲。因為他清楚的看到，在人類幾千年的歷史經驗中，只有自由的民主制度最能滿足道德的要求；也只有自由的民主制度是比較最能維護個人尊嚴的制度。而自由與民主的建立，則必須靠道德自主性（moral autonomy）的觀念的養成。換句話說，自由與民主，必須建築在個人的尊嚴上。任何談論自由民主的人，如不拿殷先生在分析海耶克的自由思想的長文中，所提出的把「人當人」的結論作為言行的前提，終究是藉自由民主之名，行反自由民主之實。[3]殷先生在逝世前的二十年中，以無比的道德勇氣，不避橫逆，挺身而出，為自由民主呼籲的千秋之業，在中國與世界爭自由爭人格的歷史上都是不朽的！

作為一個自由主義者，殷先生肯定了個人自由與個人尊嚴是人的最基本價值——有了個人

---

2 殷先生在一九六八年九月二十四日給筆者的信上曾說：「在家世方面，當我童少年時，家道已經中落，但是長一輩的人還要擺出一幅架子，說話矯揉造作，室屋之內充滿理學式的虛偽。我簡直討厭透了！」此信已刊於《殷海光書信集》（香港：一九七五），頁二一〇；《殷海光先生文集》，頁一三八五。

3 殷海光，〈自由的倫理基礎〉，載於殷海光等著，《海耶克和他的思想》（台北：文星書店，一九六五），頁一—六〇；亦見《殷海光先生文集》，頁七三九—七九一。

自由才能有個人尊嚴。可是，在文化層面，要自由的價值與民主的觀念深入人心，殷先生——除了在他生命中最後的幾年以外——卻和許多早期五四人物一樣，認為應從全面否定傳統文化，與提倡科學方法做起。事實上，他之所以對中國傳統文化做全面的攻擊，主要導源於他對中國傳統中，許多戕害個人尊嚴的思想與制度的道德的忿怒。他提倡科學方法，實際上，也主要是為了滿足他道德熱情的要求。一九六七年十二月二十三日我給他的信上，曾有下面一段對於他多年來提倡科學方法的意見：

> 我最近常想到您平生提倡科學方法的志趣與您近來治中國近代思想史的宏願。您做人的風格上充分表示出您是具有 intense moral passion 和 poetical inspiration 的人，讀您最近的數信更 confirm 了我這一看法；但幾十年來偏偏提倡科學方法，colorless thinking。究其原因，實受時代環境之刺激，而不是為科學而科學——科學方法是一個 tool，是一個使人頭腦清楚不受騙的工具。至少在下意識裡科學是滿足您 moral passion 的道路。However, moral passion，和科學方法的融合有時能產生極大的 tension（if not contradiction）。這種 tension 有時能刺激個人的思想，但有時卻也不見得不是很大的 burden。

殷先生回信甚為稱許，並說，道出了他「心靈深處多年來『緊張』之源。」[4]

殷先生既提倡科學，自然注重純理知識。追求純理知識的欲望，在他身上表現的非常強烈。這種表現，實是五四內在精神發展的後期徵象之一。在五四運動的高潮時期，大家喊口號，隨聲附和；啟蒙的理知追求，是被浪漫的情感激越所掩蓋著的。然浪潮過後，啟蒙的理知成分，終究不能被情感的激越所代替。殷先生對科學、自由、民主的性質、功用、目的的純理了解，都下過很大的功夫，用過很多的心力。這種知識的追求與渴望，更可由他購置大批有關書籍的熱情上看出來。殷先生有關當代邏輯、分析哲學、自由、民主、社會學理論的藏書，大概比當時台灣任何公私立圖書館都完備，以台灣大學教授清苦的待遇，而能有如此豐富的藏書（大部分是自己購置的，只有一小部分是朋友和學生寄贈的），這件事實的背後，蘊藏著對知識追求的熾熱渴望。但殷先生的一生，在他學術專業——邏輯與分析哲學——上並沒有重大的原創貢獻；這是他晚年提到的遺憾之一。一些追悼他的文字中，有的也特別提到這一點。其實，照筆者的看法，這正是殷先生道德成就甚難（幾乎不可能）避免的一面。從道德的觀點來看是無所謂遺憾的。（道德與學問是兩件事，不可混為一談。在道德上有缺陷的人——如諂媚權貴的來布尼茲〔Leibniz〕——可能在學術上有重大成就。我們不能因之以為他不是一個在道

4 原信見《殷海光書信集》，頁二〇五—二一三；亦見《殷海光先生文集》，頁一三八一—一三八八。

德上有缺陷的人。蘇格拉底所說的「知識即道德」的「知識」是指如何完成道德人格的「知識」，不是一般人所說的知識，也不是科學知識。）

任何人如要在學術上有重大成就，都必須有一種不顧一切，專心於研究的能力。在今天苦難的中國社會，一個人如能如此專心，必須相當的自私。自私大別可分為兩種：一種是損人利己的鄙劣行為；另外一種是對外界也有同情心，並不損人利己，但想到自己的工作和自己做研究的時候，均能暫時把外界的苦難忘掉，或對外界的苦難變得漠不關心——有時是以將來研究成就可能對別人有很大的好處做理由，來把外界的苦難忘掉，或對外界的苦難變得漠不關心的。如此專心致志，積年累月，也許有重大學術成就的希望。殷先生雖然談起學問來有時冷峻高邁，實際上，他看到、聽到社會上的不平即熱血沸騰；他熾熱的心，無時無刻不在關心著苦難的中國。

殷先生這種敏銳的道德不安與純理的知識渴求之間的「緊張」關係，更可從他之所以努力鍛鍊「隔離的智慧」看出來。他在他的夫人的幫助下，以數年之力，親手一磚一鏟地把臺大配給他們堆滿垃圾的宿舍，改建成有山有水的小花園。表面上他似要建築一個與世隔絕的世外桃源，以便在其中潛心研究學問。事實上，他之特別努力建築這個小庭院，除了由於他底愛美與厭惡凡俗的性格以外，我覺得，正強烈顯示著他不能與世隔絕而偏要鍛鍊「隔離的智慧」的心境。（相反的，倒有許多終日混在囂雜的市聲中，不須強把自己封鎖在家園中，竟成為對外界視而不見與之隔絕的人。）

邏輯與分析哲學的研究是需要在極端冷靜的心情下鑽研的。殷先生經常處在道德忿怒與純理追求的兩極所造成的「緊張」的心情中，自然不易獲致重大的學術成就。事實上，學問對他不是目的，在強烈的道德熱情呼喚之下，他不可能為學問而學問。以殷先生之天賦與為學之誠篤，如能稍減其對社會的關切，在一個學術空氣流通的地方，積十年之力，是不難有重大成就的。易言之，他之所以在學術上沒有獲致原創成就，正是因為道德成就過高的緣故。

正如殷先生之提倡科學方法和對知識的追求深受他底道德熱情所影響，他在文化層面，另一繼承五四精神的強烈表徵——對中國傳統的攻擊——也主要是由於道德熱情所驅使。但五四式的反傳統思想，雖然表面上是由許多當時頗能使人信服的理論根據所支持，然而究其根由，主要是因為情感上，對中國傳統某些點面的深切厭惡，而理知上，不能從中國傳統一元論的有機思想模式的影響中解放出來的緣故。[5]因此，對中國傳統中某些點面的厭惡，變成了對中國傳統整體的否定。但，中國傳統甚為複雜，僅以在傳統中形成正面價值系統的儒家思想來說，

5 詳見拙著："Radical Iconoclasm in the May Fourth Period and the Future of Chinese Liberalism," in Benjamin I. Schwartz, ed., *Reflections on the May Fourth Movement*（Cambridge, Mass.: East Asian Research Center, Harvard University, 1972）, pp. 23-58。此文中譯〈五四時代的激烈反傳統思想與中國自由主義的前途〉，已收入本書。

從古典時期的孔孟思想到宋明理學，其中變化很大，而在宋明理學中又有許多派別可分，並不是在沒有深切了解之前，可以隨便評論的。況且，(包括思想、信仰、價值的)文化系統與(包括政治、經濟、社會行為模式與制度的)社會系統之間，並不是一個單一的化約關係，雖然兩者是相互影響的。換句話說，傳統中許多令人厭惡的行為模式與制度，並不完全是傳統的思想與價值造成的；而傳統的思想與價值，也不完全是傳統的政治制度或經濟生產方式造成的。固然，開倒車式的復古與自由、民主、科學不能相容；硬說中國傳統中有現代西洋民主與科學的思想，亦足以斲喪許多傳統成分的本身價值。但，孔孟思想中「仁」先於「禮」的觀念，是與漢代以後，受陰陽五行與帝國統治的影響而發展出來的一套「仁」必須在當時特定的「禮」的形式中完成的思想，頗不一致的。這兩種思想蘊涵著很大的衝突。孔孟思想中「仁」先於「禮」之道德自主性的觀念，雖然與西洋近代自由思想的道德基礎——康德的道德自主性觀念——並不完全一樣，但兩者在理論上是可以交融的。因此，要實現自由與民主，今後中國有識之士，不應再拾那五四時期(主要因不能從傳統一元論的有機思想模式的影響中解放出來所造成的)對中國傳統全面否定的牙慧，這種把自己連根拔起，向西洋一面倒的辦法，從五四以來的中國思想史上看，不但不易使自由思想在中國泥土上成長，反而使自己成為一個文化失落者。因此，中國自由主義者的現代課題，不是對傳統的全面否定，而是對傳統進行創造的轉化。[6]

殷先生對中國傳統文化的態度在他生命中最後幾年有重大的改變。[7]這是激烈的五四反傳

6 毓生按：初稿及以前各處發表的此文均做：〈對傳統創造地改進〉，現在校改如文。一九八一，二月一日識。

7 殷先生這種思想的改變，在他一九六六年出版討論近代中國文化變遷的著作中，已經透露消息。在他逝世前數月的談話中（《春蠶吐絲：殷海光最後的話語》）很明顯地表示出來。這裡我想引用一段殷先生與我在一九六七年至六八年間的通信，對他底思想的改變做一個補充：

一九六七年十二月二十三日我給他的信上說：「（當時因為正在趕寫論文，心中裝的盡是英文的表達方式，談到我的論文時，便信手用英文寫了下去）……傳統與自由的關係，當然極為複雜。但 in the final analysis，如果一個時代的知識分子完全放棄了傳統，他們即使高唱自由，這種自由是沒有根基的。中國知識分子自五四以來的悲運是：(1) Traditional symbols and values were so abused that no progressive and conscientious intellectuals wanted to identify themselves with them. (2) Those who identified themselves with traditional values were singularly lacking originality. Therefore, instead of giving new meaning to Chinese tradition in the modern context, they submitted themselves totalistically to tradition and made themselves become laughingstock in the eyes of progressive intellectuals. (3) As a result of this polarity, creative reformism（i.e., the traditional system of symbols, values and beliefs are so reformulated and reoriented as to provide an impetus to change, while at the same time maintaining its central identity and thus eliminating the danger of disintegration of tradition in this changing process）was made impossible to emerge.

我的論文的主要目的之一便是分析：(1) How did a viable creative reformism fail to emerge in the modern Chinese situation? (2) The relationship between the failure to create a viable liberal philosophy and the totalistic negation of Chinese tradition. Now, I realize that there was no viable Chinese

統思想後期的光榮發展；同時也象徵著五四時代趨近結束，一個繼承五四自由主義傳統，而不受五四反傳統思想所囿的新時代的到臨。這個重大改變，在殷先生是得來不易的。像他那樣具有尖銳道德熱情的人，衝力很大，但也正因為他是一個以道德力量為基礎的思想家，以他對思想工作嚴肅而真誠的態度，一旦發現自己從前思想的缺陷，無論陷入多深，都是可以拉回來，再朝自己所認為對的新方向努力的。從他對中國傳統文化的態度的改變，可以看到他的道德感與理知力相互融會的崇高境界。遺憾的是，在這方面的工作開始不久，他就離開了這個世界。

綜觀殷先生一生奮鬥的過程，精神的痛苦，與思想的演變，我們看到的是他的純真道德熱情肯定了精神的實有。在五四時代的高潮時期，大家趕時髦，當時做一個「五四人物」並不難，像梁巨川（濟）先生那樣反抗五四潮流的人物，卻是由堅強的精神力量支持著的，但當許多早期五四人物紛紛萎縮乾枯，或賣身求榮之時，在外界客觀環境劇變之後，殷先生能在種種橫逆之中，以一人之力使五四時代在中國的歷史上繼續延續幾十年，那就要靠堅定的精神力量了。當我們了解他所代表的五四後期的時代意義以後，我們也就了解他生命中所顯示的，超時代的永恆意義。殷先生生命中追求的目標是否及身達成，似乎不是最要緊的事，他追求奮鬥，大仁大勇的精神是永恆不朽的。因為殷先生一生為自由、正義、真理的奮鬥，實導源於人性中最高貴的成分，只要人性本身是永恆的，這種精神便也是永恆的；至於世間的成敗，都是不相干的事。換句話說，如果殷先生在乎世間的成敗，他也不會對自己的理想那樣堅定不移了。

人類的歷史，可說是一部光明與黑暗相互消長的紀錄。黑暗雖然不會因光明的出現而完全絕跡，喪失良心的人雖然也不會因殷先生的奮鬥而有所感動；但殷先生給予人類精神實有的見

---

liberalism as such in the May Fourth era. The pronouncement of Hu Shih and his associates can only be described at best as having liberal orientations which were, however, confused with intellectual elements〔such as instrumentalist relativism and scepticism, scientism, and social Darwinism〕detrimental to the growth of a viable liberal philosophy in China.）

殷先生一九六八年九月二十四日給我的回信中說：「……自五四以來，中國的學術文化思想，總是在復古、反古、西化、反西化、或拼盤式的折衷這一泥沼裡打滾，展不開新的視野，拓不出新的境界。你的批評，以及提出的"a viable creative reformism"，就我所知，直到現在為止，是開天闢地的創見。（毓生按：creative reformism 這個名辭實非筆者杜撰。Robert Bellah 在其編印的 *Religion and progress in Modern Asia* 一書中曾經用過；見該書頁二一〇，不過，我近來覺得，用 creative transformation of Chinese tradition〔中國傳統創造的轉化〕來表達我提出的論點，比較更為恰當。）我讀了又讀，內心引起了說不出的怡愉。我盼見到你有關的詳明論析。你寫的東西如不給我看，幾乎可說白寫了。

你的 approach 是腳踏實地的在中國實有的文化基線上行最少抗力的 transformation, metamorphosis, or spontaneous growth。這樣，既非泥古，又非腳不落地的趨新；既不會引起社會文化的解體，又不會招致目前的大混亂。這既不是烏托邦式的『全盤西化』，又不是胡說不通的『中體西用』。如不無謂的幼稚的破壞原有的制度、符號系統、價值觀念及信仰網絡，則 identity 保住了。如果 identity 保住了，則不致引起守舊勢力的強烈抗拒。這樣一來，近代中國可望孕育出一種類似文藝復興式的『文化內新運動』。如果中國半個世紀以來有這樣的一種運動，那麼就不致出現目前的文化曠野和廢墟加垃圾堆乘小丑了。

證，卻使良心未泯的人們得到一種真切的精神鼓舞！

一九七一年三月十口初稿；一九七八年七月十四日修訂。

（原載《大學雜誌》第四二期，一九七一年六月）

現在的中國文化思想沒有什麼可談的了。真正的本土知識分子幾乎整個覆滅了。即令在五四當時，領導人物又哪裡有深遠一點的眼光？他們多會呼叫，少能思想。何以致此？至少有這幾個原因：

一、胡適之流的學養和思想的根基太單薄。以『終生崇拜美國文明』的人，怎能負起中國文藝復興的領導責任？更何況他所崇拜的美國文明主要是五十年前的？他雖長住美國，其實是在新聞邊沿和考據紙堆裡過日子，跟美國近五十年來發展的學術沒有相干。

二、五四人的意識深處，並非近代西方意義的"to be free"而是"to be liberated"。這二者雖有關聯，但究竟不是一回子事。他們所急的，是從傳統解放，從舊制度解放，從舊思想解放，從舊的風俗習慣解放，從舊的文學解放。於是，大家一股子勁反權威、反傳統、反偶像、反舊道德。在這樣的氣流之中，有多少人能做精深謹嚴的學術思想工作？

三、新人物反舊，舊人物也反新。互相激盪，意氣飛揚，防禦是尚，於是形成兩極，彼此越來越難作理性的交通。一九一一年以後的中國就沒有像日本那樣的穩定的社會中心，以及深厚的中間力量。加以左右的政治分化和激盪，更是不可收拾。正在此時，日本人從中橫掃，遂至整個土崩瓦解，新秦便崛起廢墟。

關於這個大問題的種種，有太多足夠今後的歷史學人研究和思考的。」

在轉型的時代中一個知識分子的沉思與建議

——為紀念先師殷海光先生逝世十周年而作

從辛亥到現在，我們國家經歷了各式各樣的革命與各式各樣的論戰，但到現在卻仍然面臨著兩個重大而基本的問題：第一，如何建立一個能真正維護人的自由與人的尊嚴的民主與法治的制度？（民主制度包括主權在民的普選、議會政治、政黨政治〔此處「政黨」二字當然是指「民主政黨」的意思，不是指作為一黨專政代名詞的「革命政黨」〕。法治是指憲法必須以保障人權為其基本原則。憲法之下政府中立法權、行政權與司法權三權分立，相互制衡；一切政治決策、行政事務、立法事務與司法事務均必須在正當法律程序之內進行。）第二，如何對中國文化傳統進行「創造的轉化」（creative transformation）。

建立民主和法治的制度

關於第一個問題，必須指出的是，建立民主與法治制度是為了維護人的自由與人的尊嚴，並不是為民主而民主；而法治也不是僅指依法而治的意思。易言之，我們是為了保障人的自由與人的尊嚴而要建立民主與法治的制度；民主是保障人的自由與人的尊嚴的一種手段，而法治，如果它是以基本人權為其基礎的話，則是維護人的自由與人的尊嚴的架構。

法治必須以基本人權為其基設。憲法必須根據代表這些基本人權的政治理想而制定。這種憲法對政府的權力一定要加以限制，即對立法機構亦不例外。法治有時被誤解：以為政府的一切行為只需符合已經制定的法律便是法治。當然，法治是以完備的立法形式為前提，但此尚不足概括法治的真義。如果法律給予政府以無限的權力，允許其為所欲為，那麼政府的一切行為均將符合法律的規定；但，此種情況並非法治。究極地說，法治必須使一切法律合乎更高原則——海耶克教授所謂的「超於法律的信條」（a meta-legal doctrine），亦即社群中尊重基本人權（或天賦人權）的政治理想。[1]

基本人權是法治的基礎。這個觀念在西方可追溯至西元前第二世紀斯多噶學派（Stoic School）希臘哲人潘尼諦額思（Panaetius）遷移至羅馬對該學派進行改進之時。在希臘思潮中，最理想的社群是由智者所組成，愚夫愚婦是沒有資格參加的。潘尼諦額思開始把過去這種菁英觀念加以普遍化、人道化；他認為凡人均有天賦的理性，這是人的自然法則。在這個意義之下，人是生而平等的。每人必須享有基本人權，否則人的尊嚴便無法維護。這種人道主義，後來經過西賽羅（Cicero）的發揮，成為西方自然法傳統的主要基石。對西賽羅而言，上帝是授法者，祂給予每個人正確的理性，人的理性是永恆不變的法則。就每個人都具有理性，都對「高貴」與「卑賤」具有共同的態度而言，人是生而平等的。因此，每個人都應受到基本的尊

1 F.A. Hayek, *The Constitution of Liberty* (University of Chicago Press, 1960), p. 206. 譯文採自周德偉先生的翻譯：《自由的憲章》（台北：台灣銀行經濟研究室編印，民六十三年再版），頁三三九。

敬。十七世紀興起的契約論是上承這種自然法傳統而來。至十八世紀，康德的道德自主理論遂集此一傳統之大成。對康德而言，人是價值的來源，任何人本身就是一個目的，不可化約為別人的手段。社群是「諸目的組成的王國」（Kingdom of Ends），因此，社群中的人際關係是不可化約的道德關係。

以自然法與契約論為基礎的西方基本人權說，雖然歷經懷疑與批評（可以休謨為代表），但歷久而常新，當代維護此一傳統有力的哲學鉅著之一是：一九七一年出版的勞爾思（John Rawls）教授所撰《公正的理論》（*A Theory of Justice*）。

西方基本人權或天賦人權的理論當然不是兩三句話可以交代清楚的。但，我希望藉上述極為簡略的敘述說明一點：今天我們所需要的法治必須以基本人權為其基設，而擁護基本人權的思想正不必完全取自西方哲學的傳統。筆者在用英文發表的「孔子以前『仁』字意義的演變與儒家道德自主觀念的形成」[2]一文中曾指出，從古典儒家哲學的結構的觀點來看，「仁」是優先於「禮」；因此，「仁」的精義與傳統的「禮」的內容在理論上是可以分離的。職是之故，我們不一定非要用西方理論為我們所需之基本人權做辯解；孔孟的「仁」的哲學正可作為基本人權的理論基礎。「仁」的哲學的最基本原則是：肯定人底道德資質是與生俱來的；而用內省的工夫，吾人深知自己具有道德資質。這種道德資質是天生的、永恆不變的，不是社會演變、後天教育或法律約束的結果。就每個人都有天生的道德資質、都有發展道德資質的意願而言，人是生而平等的；所以每個人的身體、精神與意願都應受到基本的尊敬。基本人權的肯定是尊敬人並給予他發展機會的條件。人生的目的是完成道德的自我；在社群中個人本身就是終極目的，他不可化約為其他任何人的工具。

在國史之中，天賦人權的觀念並未自儒家傳統中產生；但，這是歷史演變的結果，並非邏輯的必然。「仁」的哲學與自然法學說或契約論，無論就基本內容或歷史發展來說，均有很大的不同。但，自然法學說與契約論所支持的天賦人權說，這一點卻同樣地可由「仁」的觀念來支持。我們現在在思想上，正可進行具有充分理由的與合乎理則的「創造的轉化」，使過去的原則變成現代化的種子。如果我們認為做一個中國人並不是羞恥的事，如果我們認為我們現在的思想與精神和我們的傳統有正面的密切關係，那麼我們要以在我們思想與精神中認同的，文化傳統中正面成分為榮。如果這些正面文化傳統成分中包括「仁」的觀念；那麼，作為一個現代的中國人最大的責任與榮耀之一，便是要為建立保障基本人權的法治制度而奮鬥。

談到民主，我們首先必須認清的是，它與自由不可對等看待，民主不是目的，它只是一種

---

2 Lin Yü-sheng, "The Evolution of the pre-Confucian Meaning of *Jen* and the Confucian Concept of Moral Autonomy," *Monmenta Serica*, Vol. 31（1974-75）, pp. 172-204. 不過，這只是結構分析上的嘗試，更進一步實質地轉化「仁」的哲學及其他中國文化傳統中的價值與符號，使它們特殊而具體地展現現代中國的自由與法治，尚待大家共同努力。

手段，一種方法。民主政制是人類歷史演變出來的有害程度最少之社會結構中的安排。既然說它有害程度最少，當然不是沒有害處（下文將談到把民主絕對化以後所產生的一種害處），只是說與其他害處更多的政制相比，民主政制害處比較少而已。世間不可能變成天國，有心人只得容忍這種不夠理想的境況。因為民主只是一種手段，所以在實際運作上，我們需要隨時謀求它的實質改進，以便使它成為更有效的手段。如果把民主當作目的，種種弊端皆可發生。

民主既然是一種手段，一種方法，那麼它是達成什麼目標的手段或方法呢？這可分三點來說。第一，民主政制是人類所發現的唯一和平變革的方法。當對於同一問題有幾個互相衝突的意見發生之時，民主取決於多數表決的過程遠較用武力強制執行某一意見，為人道而且較少浪費。第二，民主政制與其他政制相比，較能保障人的自由與人的尊嚴。少數人或獨裁者壓迫多數人，絕不是多數人所願意的，亦與多數人自身利益不合。如能實行真正的民主，這種壓迫便不能發生。但保障少數人使他們不受多數人的決定或集體行動之干擾與壓迫，則是另一問題。在民主制度之內如何服從多數、尊重少數，有賴參與民主政治人士的道德與政治的修養，民主制度之存在並不能自動化解此一問題。第三，民主政制之運作，可使大家對公共事務產生參與感，產生比較能被大家接受的共同認識。從長遠的觀點來看，能比較有效地達成社會的團結。對目前台灣而言，這一點可能是最重要的一項功效。在外交屢受挫折的今天，台灣今日所最需要的是大家一心一德的內部團結。如果能產生這種真正的、不是形式的團結，將來外交、軍事與經濟所可能發生的困擾，當可抵擋得住。現在形式上似是繁榮安定，其實仍有暗流，而且海島經濟依賴外來因素甚多，如果有任何波動，現在這種形式的「團結」是否能禁得起真正的考驗是很難說的。如果執政者真能把眼光看遠一點，那麼就必須推行民主，如要推行民主，則首先必須儘快恢復中央民意代表增額選舉。其實恢復選舉對執政黨也有好處，執政黨必須增加新血輪，以求贏得選民的支持，這是促使黨內自新的有效方法。

在多數人要求實行民主的今天，我們除了要認清民主政制所能產生有益的功效以外，我們也要特別注意它所能帶來的弊端，庶幾可未雨綢繆，盡量吸取它的好處，減少它的壞處。在此我只擬先提出一點討論。我們都知道美國是一個很民主的國家；但，很多美國人民，雖然享有很多的自由，卻並不很珍惜自由，思想意見也不很獨立，往往是人云亦云，跟著時尚跑。然而，民主國家的公民需要獨立判斷力，無論他們參加競選、投票或其他種種形式的政治參與，這一切都應以個人的獨立判斷力為基礎才有意義。而且在法治與平等的政治環境中，他們的獨立判斷力，應該既獲得培養又受到保障；因此，社會越民主，人民越需要、越應有、越實有獨立判斷力才對。為什麼在徹底推行民主的社會裡，反而產生個人獨立判斷力趨於萎縮以至趨附時尚的「奇怪」的現象呢？這種現象的產生，除了由於深受社會與文化商業化的影響以外，從思想的觀點來看，它是微妙地與民主絕對化（把民主當作目的）有關。在民主絕對化的社會中獨立判斷力萎縮的現象，更進一步地說明了：民主與自由雖然在運作上彼此甚為相關，它們實在是兩件事。民主是維護自由的制度，有了這種制度是否人民就珍惜個人的自由，卻是另一問題；人對個人自由之珍惜，要靠文化、思想、教育、經濟等其他因素有效地配合才成。

一個真正實行民主的社會，獨立判斷力與言論自由的確受到了保障；但，我們這裡所談的，不是它們是否受到保障，而是它們在實質上是否茁壯或萎縮的問題。一個民主絕對化的社會，一般人自然處處要求平等，什麼事都要由自己來決定，並且相信自己有能力做各種決定；否則就不民主、不平等。因此，各式各樣從傳統演變而來的權威都相對地遭受削減：父母、師長、學校、經典、教會，甚至語言規律都不再被信服，也不再被依靠。一切由自己選擇，自己決定，自己負責。但「自己」是什麼呢？自己根據什麼做選擇、做決定呢？當各式各樣的權威發生危機、漸趨解體之時，自己所賴以做選擇、做決定的資源也就同時減少了。一般人的創造力極為有限，而真正的創造卻需依靠傳統的架構進行。在這種故意不需要權威、不需要傳統的意識中，心靈變成了真空，遂被流行的時尚所侵占而不自知。尤其在美國這樣高度商業化的國家：廣告充斥每一角落（政治競選也要靠廣告術才行），在各式傳統權威失去權威性以後，個人做選擇、做決定的根據便是當時流行的時尚了。個人獨立判斷力因此而萎縮了。

根據以上的分析，我們知道，民主與自由在實際運作上有許多彼此相斥與相成的「緊張」（tension）關係。在社會上如何發揮民主政治的優點，減少隨之而來的弊端，如前所述，是要靠文化、思想、教育、經濟的發展而定。由此可見，發展充沛有力的文化與思想，改進教育制度，使經濟發展與分配更有效、更合理，是配合民主與法治之建立不可或缺的重要條件。

推行文化傳統創造的轉化

文化傳統「創造的轉化」這個目標，是我在一九七二年於〈五四時代的激烈反傳統思想與中國自由主義的前途〉一篇英文論文中提出來的。（其實，最初是在一九七一年，在為紀念先師殷海光先生而寫的〈殷海光先生一生奮鬥的永恆意義〉一文中的註釋裡提出的。）後來，我在一九七五年返臺大講演時，乘機與幾位青年朋友合作，把它譯成了中文。creative transformation 這兩個英文字可直譯為「創造的轉化」；可是，當初根據種種思慮，曾譯為「創造性的改進」。現在看來，還是直譯為「創造的轉化」比較恰當。

這幾年，偶而看到國內有人引用，在一份有關「文化復興」半官式文告中也曾出現（事實上，我所說的「創造性的改進」或「創造的轉化」必須與「文化復興」之所指，做一嚴格的區分），這幾個字大有變成口號的危險了。但，究竟什麼是文化傳統「創造的轉化」呢？那是把一些中國文化傳統中的符號與價值系統加以改造，使經過改造的符號與價值系統變成有利於變遷的種子，同時在變遷的過程中繼續保持文化的認同。這是無比艱苦而長遠的工作；不是任何一個人、一群人或一個時代的人所能達成的。持續幾千年的中國傳統文化秩序大解體以後，在幾十年之內我們在這方面沒有很大的成就，原不足為奇。所可惜的是，自五四以來，因為知識界的領袖人物，「多會呼叫，少能思想」，[3]他們學養與思想的根基太單薄，再加上左右政治勢力的分化與牽制，所以「中國的學術文化思想，總是在復古、反古、西化、反西化或拼盤式的折衷這一泥沼裡打滾，展不開新的視野，拓不出新的境界」，到現在還有人歇斯底里地喊「全盤西化」那種濫調：所以連這個緊要的文化內新基本取向至今尚未確實地建立起來。今後有志之士，必須抖落一切渣滓，超脫世俗，拿出「比慢」的精神，真正腳踏實地朝著這個目標努力，庶幾有趨近這個目標的希望。至於究竟應做哪些具體的努力呢？我在別處曾提到過，對文化傳統進行「創造的轉化」，首先要具有對中國文化傳統與西洋文化傳統真正實質的了解，也就是對這兩個文化傳統的來龍去脈要有深切的歷史認識，同時對中西經典著作要有敏銳精微的了解。關於對中國經典與歷史的了解所應採取的方法與態度，因涉及許多艱難與繁複的問題，在本文之中無法詳論。近幾年來，筆者一直希望能寫成題目暫定為〈對於中國人文教育的沉思〉一文，希望能夠比較有系統地討論這一問題；此文至今尚未寫成；不過，一部分意見已在〈中國人文的重建〉中表明。

為了對西方歷史與西方典籍謀求精深的了解，我們需要有計劃地與嚴謹地迻譯西方史學、哲學、文學、藝術、社會科學各類的典籍。這是一件非常艱苦偉大的事業，在我國歷史上，唐朝的玄奘可說是從事這種努力的典型。這樁事必須靠政府機構與民間團體拿出真正魄力，籌備大量資金，訂定長遠計劃，禮聘專人推動才行。另外，我們要提高人文學科與社會科學研究人員的理論基礎。這主要包括兩點：（一）提高思想精密的程度與敏銳分析的能力；（二）增加思想的內容，使更之豐富、更開闊。對中國文化傳統「創造的轉化」，這份嚴肅而任重道遠的工作不是舞文弄墨、沾沾自喜的才子所能做的，也不是某些浮說游詞、語無倫次的「海外學人」所能做的；至於逢迎權貴、出賣靈魂的學術政客，他們更是我們文化界病態的標本，除了能夠作為醫家研究的對象以外，此處不忍多加討論。

從事文化傳統「創造的轉化」所切忌的是：無謂的論爭。所謂「真理越辯越明」，那只是自由主義形式上的原則，在經驗世界裡卻不一定正確。以中國而言，則非常不正確。如隨便應用，反易變成天真自由主義者的教條。我們考察五四以來大大小小的論爭，很清楚地知道：真理在中國是越辯越亂。中國知識分子，因為大多學識與思想根基太單薄，再加上深受傳統一元論思想模式底影響，所以，在思想層面（有人藉辯論做政治鬥爭或去陷害別人，那是政治與道德的問題，不是思想問題，在本文脈絡中，不值討論），一開始就把事情看得太淺、太簡單（否則也不會動輒就與人爭論起來）；正因為把事情看得太淺、太簡單，所以思路從來「不會」

3 這句話與下面引號中所引用的話是先師殷海光先生語。見他在一九六八年九月二十四日給筆者的信。《殷海光先生文集》，第二冊（台北：九思出版公司，一九七九），頁一三八六—一三八七。

堵塞，根據幾個口號越想越通暢，文思敏捷，倚馬可待，手握筆桿在稿紙上兜了幾個圈子，以為打了勝仗。其實這種行為在心理上是自瀆，在思想上則是陷入形式主義的謬誤而不自知。形式主義有兩義：第一，它指稱只做表面工夫的行為或只看到表面的思想；第二，「形式」二字在此處相當於「形式邏輯」中所謂「形式」的意義。形式主義於是指謂一種根據未對實質問題仔細考察而武斷採用的前提、機械地演繹的過程。這種思想過程是一種對於人間問題之形式建構的過程。犯了形式主義謬誤的人，卻不自覺地以為他根據形式建構所得到的了解是實質的了解。形式主義只是頭腦中演繹邏輯的建構；但形式主義者卻以為這種頭腦中的建構實有所指。形式主義的第一義與第二義，從分析的觀點來看，是可以分開的；但，在實際運作上，兩者常常密不可分：一個只看到問題表面的人常會根據對問題表面的了解進行機械式的演繹。因此，形式主義者無可避免地把具體事實簡單化或扭曲化了。

在傳統文化秩序已經解體，新的文化秩序尚未建立的境況之中，建設性的辯論所必須具有的約定俗成的批評標準根本尚未建立，再加上中國知識分子常有泛道德主義的傾向，很容易懷疑對方的誠意；因此，文字論爭常變成風聲鶴唳、草木皆兵的神經戰，在一種迫害狂的心情之下所做的說辭，也只能是夢囈了。前幾年在台灣發生的鄉土文學論爭，並未超出五四以來論爭的範疇，讀來令人昏昏欲睡。我當時最擔心的不是哪邊占了上風，卻是我所敬佩的少數鄉土作家的心情。文學創造需要許多繁複的條件相互配合；但，最大的泉源是具體而特殊的感受——

從具體而特殊的感受中探尋什麼是基本的、不變的或完美的。真正有創造力的作家是受這種具體而特殊的感受之驅使而從事創作的。台灣鄉土文學的出現，以其中最精采的作品而言，是近年來台灣文化界最令人興奮的事之一。一些具有創造力、找到了自我、找到了自己的根的作家，居然出現了。台灣不可再譏為「文化沙漠」了。但他們具體而特殊的感受，絕不是任何普遍的公式所可套上去的。易言之，如用公式去套，具體而特殊的感受之真實性與豐富性自然簡單化、形式化了。創造的泉源也就自然乾涸了。任何人都不免受環境的影響。而中國的作家最常遭遇的內在困擾是創作生命的後繼無力。主張鄉土文學的論客，表面上是聲援與讚揚那些認真創作的鄉土作家的工作，實際上卻給他們造成了許多心理的壓力。不過，對於少數資源豐厚的作家，一時的壓力，我希望不致於壓縮他們深沉而有力的想像與格局。

根據以上的論析，我們知道，如果我們要建立一個現代合理、合乎人道的新中國，上述的兩大建設——民主與法治的制度和中國文化傳統「創造的轉化」，缺一不可。我們中國人，一般地說，並不比別人壞（有些人不以為然，五四式的反傳統主義者便是如此，那些人「意締牢結」的觀點，淵源有自，但卻禁不住比較與實質的分析），更不比別人笨；但我們的問題、我們的痛苦，為什麼比許多國家要多得多？例如，英美兩國政客自私的程度並不見得比我們的政客要少，但他們的政治卻遠較我們上軌道。那並不是因為他們比我們有道德，而是因為他們有比較健全的制度的緣故。他們的行政權、立法權與司法權分立，可以相互制衡，他們在政治上必須尊重正當法律程序；雖然這樣做要花許多時間，有時也影響效率，但較能避免許多有權力的人獨斷獨行，或假公濟私的行徑。人的精力有限，壞人精力也有限，如果有健全的制度，壞人使壞也只能在制度上找漏洞；因為推翻制度比找尋制度與法律上的漏洞更為困難，雖然這樣做，如果成功，可得更大利益。在有限的精力與比較能夠更可靠地獲得利益的條件之下，壞人在具有民主與法治制度的國家之內，也只得謀求眼前的小利了。因此，只要能建立起實行民主與法治的制度，壞人為害的程度自然也就縮小了。

即使是日本，那是一個有文化而少思想的民族，近幾十年來因為深受歐美文明的衝擊以及高度工業化的影響，也發生了許多嚴重的問題；但，無論英美也好，日本也好，把它們的情況與我們相較，我們發現他們政治秩序與文化秩序，雖然產生了嚴重的危機，但因並未解體，所以本身總能多少產生一些自新的力量，對許多問題做相當程度的解決。當然，誰也不敢說，他們底政治秩序與文化秩序將來一定不會解體。現在因為這兩種秩序尚未解體，至少從表面上看來，他們仍有一些自新的力量對付他們的問題。如果將來這兩種秩序解體了，我們可以說這些自新力量並不夠豐富與有力，所以只能解決一些表面的問題，長期的苟安，使他們忽略了政治與文化上基本的矛盾與重大的問題，最後終於導致整個架構的瓦解。所以，終極地說，英美與日本將來如何當然是在未知之數。但我們暫且先不必替別人擔憂，更不可存著希望別人垮臺的卑賤心理，當務之急是設法解決我們自己的問題。

反觀我們的情況，解決問題的努力顯得那樣空虛、浮誇、形式化！所以當前的急務是：建立民主和法治的制度與推行中國文化傳統「創造的轉化」。易言之，新的政治秩序與新的文化秩序的建設是現代中國人民最根本的任務。如果我們有一點自知之明，這樣艱鉅的工作，前途困難重重，難以克服，實在會使我們產生畏懼感。前已言及，這是長遠的工作，要大家群策群力，需要幾十年，甚至幾百年的時間才能趨近於目標。但，問題不在於我們能克服多少困難；而在於是否仍和許多過去人士一樣，在平原上、圈子內跑馬——人馬皆憊，卻只是在原地兜圈子——或是否能確立正確的方向，不計收穫，奮然而前行。把這件事說得更存在主義式一點，正因為我們還沒有真正健全的民主與法治的制度，還沒有豐富的、有生命力的、植根於自己土壤之內的現代文化與思想，所以今天為建立民主和法治的制度，與為推行文化傳統「創造的轉化」的努力，是令人興奮、令人激昂的大事。我說我們還沒有豐富的、有生命力的、植根於自己土壤之內的現代文化與思想，是以世界水準做衡量的標準，希望不要引起誤會，我並無妄自菲薄的意思。如有讀者以為筆者的評論過於苛刻，請逕自取閱世界第一流的哲學、宗教、文學批評、思想史、人類學或社會學方面的鉅著，我想他一定能夠明瞭筆者的意思。因為我們近代苦難歷史演變的結果，許多中國知識分子常因自卑感的驅使，喜歡自我陶醉，我盼望這種神經衰弱的病態今後不再纏擾他們的心靈。另外，許多人士常不經深思，喜歡隨便恭維別人，背後卻又有「文人相輕」的壞習慣。如以嚴格的理性態度處之，則兩者皆可避免，我們在文化方面，如文學的創作，已經有了一些成果，但實在不夠茁壯；在哲學史與思想史上的疏解工作也許也還有一點成績；但，在純哲學、純思想方面，則是非常貧瘠，大部分的著作，可說還沒跳出詩人感興式的玄想與邏輯家形式思維的窠臼。

反觀英美，那裡保障自由的制度與文化早已建立，民主與自由早已司空見慣，除了六〇年代為黑人爭自由的運動在美國轟轟烈烈地奮鬥了一陣以外，實在沒有什麼好奮鬥了（其實美國城市問題極為嚴重，但這些問題掀不起大家激昂的情緒），大家所想到的是自己小圈圈內的小利益。在沒有什麼引人產生激昂情緒的日子裡，生活也只得平淡的過下去。一些仍然要尋找奮鬥目標的自由知識分子，如「公民自由協會」（Civil Liberties Union）的會員們，所能做的竟是派他們的律師，根據保障言論自由的美國憲法第一條補充條款，為黃色電影導演、黃色藝人在法院內辯護他們表演的自由；或者到法院爭取美國納粹黨徒宣傳迫害猶太人的言論自由；然而，許多「公民自由協會」的會員是猶太籍的知識分子。爭自由爭到這步田地，雖然其堅持原則不無可敬之處，在生活層面，畢竟是太無聊了。相反地，我們所處的社會，經濟的發展與教育的普及已足夠支持民主與法治制度的建立；但，在社會上、政治上與文化和思想上有那麼多重大的問題等待解決，這實在是一個具有挑戰性的時代與環境！我們真得以開闊的胸襟，高瞻遠矚，為建立一套民主與法治的制度和為推行文化傳統「創造的轉化」而切實的奮鬥。如果我們這一代中國人，不願對歷史交白卷，今後必須超脫「民族的自尊與自卑及文化的自傲與創傷」，[4]根據對未來確定的取向，重振中國知識分子特有的使命感；每人立大志，為建立明日的新制度、新文化而盡最大的努力！這是千秋的盛事，不朽的功業！

一九七九年八月十七日初稿；一九八〇年一月二十五日修訂。

（原載《中國時報》人間副刊，一九七九年十一月二十四日與二十五日）

4 引自周伯戡君在一九七五年十一月二十八日給筆者的信。

海耶克教授

二十世紀是西方文明的基礎——自由的價值與自由的制度，受到左右兩方面嚴重威脅與挑戰的時代。從左面進逼的威脅與挑戰是馬克思主義與列寧主義；從右面進逼的威脅與挑戰是法西斯主義。即令根據英法自由傳統建國，兩次世界大戰中為自由而戰的美國，今天在思想上，由於幾十年來流行的實用主義之注重效果，輕視或抹煞人的絕對價值，同時在社會中，因為大眾化（mass culture）與工業產品充塞每一角落導致單調的社會同一性（social comformity）的影響，自由的精神價值也不能不說正受著嚴重的考驗。可是，西方文明並不像斯賓格勒所預言的，到了沒落的時代。「江山代有才人出」。在這一危疑震撼的時代，從橫逆中挺拔出來以保衛並甦新自由思想和制度的，大有人在。海耶克教授是其中的傑出代表。海耶克教授的思想和論著，承繼了發源於希臘的自由精神與十七世紀以來英國法治之下個人主義的自由傳統，熔政治、經濟、社會、法理思想於一爐，並在思想史、方法學與心理學有重要貢獻。

海耶克教授的思想，博通深邃，一以貫之，「氣象籠罩著整個自由世界的存亡，思域概括著整個自由制度的經緯」。他是一個著眼於整個人類的前程，並有極堅定理知勇氣的思想家。從他理論的基本原則嚴格推論出來的許多關於社會與經濟政策的結論，縱使與時下若干知識分子之間流行的意見完全相反，他也毫不顧及誤解與批評直截了當地發表出來。正因為他的思想包羅廣闊、深刻、有系統，而一個論式接著一個論式扣得非常緊，所以對其著作一鱗半爪式的涉獵，不但根本無法窺其思想之全貌，反而最容易產生誤解。但，天下滔滔，多的是附庸風雅的人。因此，海氏每出一書，許多報章雜誌接著便出現了不同的讚譽與批評。可是，事實上，許多書評的作者並未徹底了解他的論旨。舉例言之，筆者數年前讀哈佛大學，政治系教授弗列德希（Carl Friedrich）在《政治評論》（*Review of Politics*）所寫的關於《科學反革命》（*The Counter-Revolution of Science*）的書評時，就覺得他說了半天，到頭來卻實在沒有懂得海氏書中主要的意思。弗列德希是相當有地位的學者，尚且如此，等而下之，就不必說了。又例如海氏大著，《自由的憲章》（*The Constitution of Liberty*）出版以後，英國許多學者合寫的讀書報告：Arthur Seldon, ed., *Agenda for a Free Society: Essays on Hayek's The Constitution of Liberty*（London: Hutchinson and Co., 1961），其中有幾篇很精彩，但有幾篇對海氏立言的主旨卻沒有深切的了解。筆者寫到此處，不禁想起：「在所有的時代裡，自由的真誠友人，向來是很少的。」這句海氏在著作中時常引用的艾克頓公爵（Lord Acton）的名言了。

關於海耶克教授是當代有數的大思想家之一這一點，連對他的立場採取批評態度的學者，除了一兩個不通情理，或居心叵測的人以外，也沒有不一致承認的。筆者個人認為，他在西方自由思想史的地位自《到奴役之路》（*The Road to Serfdom*）發表後奠定基礎，至《自由的憲章》的出版，頗有前越古人之勢。雖然他自謙地說：「一個人並不一定非比過去的偉大思想家更具智慧始能站在一個更好的地位去了解個人自由的基本條件，過去一百年來的經驗給我們的許多教訓不是麥迪遜（Madison）或穆勒（Mill）或托克維爾（Tocqueville）或洪伯德（Humboldt）

所能看到的。」但，事實上，論思想之深度，理論之前後一貫，與討論問題之廣泛，他的自由哲學大概已超過了這些十九世紀主要的自由主義思想家。有人以為羅素與杜威對自由主義也有貢獻；他們（尤其是羅素）對自由主義的某些方面，的確做過有意義的解釋工作。但就他們的整個思想而言，他們的言論，對自由主義所做的闡明並不一定多於混淆與誤解。

海氏不但認為自由是一個重要價值，而且認為自由是所有人類文明與其他價值的源泉與條件；換句話說，人類的文明祇有在自由的環境中才能得到最合理、最完善的發展，其他的人類生活中追求的目標如平等、博愛、富強、樂康，倘若不在自由的環境中產生，便沒有價值，沒有意義。這是海氏自由哲學最基本的前提。至於為什麼自由是個人價值與人類文明最基本的前提，海氏提出了許多有力的理由。讀海氏著作的人，是否完全接受這一基本前提是讀者自己的事。但無論是贊成或反對海氏的理論，都必須從這個基本出發點——即自由是最根本的價值——來了解，否則，終究摸不著他的中心論旨。

筆者有幸從學於海耶克教授之門，深知海氏的偉大，不限於在思想上對於自由主義的貢獻，他為學與做人的風格亦是自由的典型。

芝加哥大學社會思想委員會在教室內上課的課程很少，學生由委員們指導選擇基本讀物，然後從他們個別研究，並寫讀書報告。一九六〇年秋季筆者從海耶克教授習穆勒、托克維爾及他本人的著作。每一週或兩週談話一次。學季結束時，因為尚有一些問題沒有討論，所以不能不增加一次談話的時間。海氏把下一次的談話排在一九六一年一月一日下午兩點三十分。可是，元旦那天中午筆者在一位友人家中吃飯，和朋友們談得很開心，竟忘了注意時間，等筆者猛然想起看錶時，已是兩點三十分了！急奔至學校，假期裡的校園，一片安靜，路旁舖滿了白雪，社會科學大樓似乎一個人也沒有。可是，讀書頭白的海耶克教授卻坐在他的研究室內等他的學生。筆者到達他的研究室時，已經遲了十五分鐘。當時萬分慚愧，正要向他道歉，他卻說：「今天我很抱歉，沒有時間和你討論問題了。我得馬上去機場接我女兒；還以為你仍在教授俱樂部做事，可是前幾天在那裡沒能找到你。（按：一九六〇年秋季，筆者一直在芝大教授俱樂部的飯廳做侍者，是元旦之前兩週辭職的。）你來得正好，讓我們約定下一次見面的時間吧。」海氏與筆者約定了下次的時間，他把時間記在小本子上，然後穿了大衣，和筆者一起下樓，互道再見，便踽踽地自己走了。筆者看著他高大的背影漸漸遠去，內心深處自然產生了很大的敬意；不由地想起歷代自由主義思想家包括海氏自己在內所一再強調的，自由與責任不可分割的道理。像他這樣舉世聞名地位崇高的學者，日常與人接觸的小節，卻如此認真，如此負責。有這種負責任的精神，才配談自由主義的理想。

海耶克教授是向來不用秘書或助理的。所有的研究工作，做筆記、寫卡片，都親自動手。信件也是自己打；因此，信上常有該大寫打成小寫，打錯字母再改正的字。與其他教授們的秘書用電動打字機打出來的既整齊又漂亮的信件相比，顯得海氏不是一個打字能手；可是哲人的可愛處也就從這些小地方流露出來了。在芝大圖書館的書庫裡，筆者好幾次看到他彎著腰在書架上尋找書籍的情景。對於一位有地位的教授而言，根本不用秘書或助理，自己打信，自己到書庫找書，在美國著名的學府裡，大概是很稀有的現象。就連「有辦法」的年輕助教授們都要把腳蹺在寫字臺上，嘴裡念念有詞，口述信件內容，教旁邊的女秘書拼命地速記呢！

海氏持事以敬的態度更可從下面三件小事看出來。一九六一年冬季，筆者寫了一篇關於洛克底自由概念的學期論文，請他批評。他拿去閱讀，第二次見面時，除將文中長處與短處指明外，並問筆者，文中附註所引用的，一篇芝大哲學系學生摩勒茲（Henry Moulds）所寫的博士論文內容如何？筆者報告該論文的主要內容與個人對其評價後，海氏即從口袋中拿出卡片，把論文的題目及作者姓名記了下來。另外一次談話中，當正式問題討論到一個段落時，筆者提及瞿同祖著《中國法律與中國社會》已由原作者譯成英文，海氏立即詢問該書寫得怎麼樣？筆者答：「已自荷蘭訂購，因書未到，尚未閱讀。」海氏也立刻把該書英文題目、作者姓名、出版商地址抄在卡片上。一九六二年夏天，海氏自芝大退休，接受德國佛來堡大學（University of Freiburg）終身職之聘，臨行之前，筆者曾詢其今後研究計劃。他說最近一兩年內將著手批評帕生思（Talcott Parsons）派的社會學理論。隨後，從口袋中掏出夾在記事本的卡片給筆者看。那是他擬定的綱目，隨身携帶以便隨時按綱目思考。三十二歲即就任倫敦政治經濟學院正教授的海耶克先生是天資絕高的人。但，他多方面的成就，據筆者的觀察，大抵得自敬謹堅毅的努力，其他才華不如海氏的人，如希望在學術思想上有所貢獻，態度應該如何，用不著筆者在此費辭了。

但，最初使筆者覺得困惑的是海耶克教授不喜歡多說話的習慣。他和學生談話的時候，很少主動地指導學生如何如何，只在學生問他問題時，才把自己的意見簡要地說出來；或者，把別人關於這個問題的著作與他個人對這些著作的品評告訴學生；如他自己的著作與學生所問的問題有關，有時他也會把自己著作的書名、章節，或在期刊上發表的文章的題目與期刊的卷號告訴學生。因此，跟他讀書的學生，每次見他以前，必須努力準備許多切實問題，否則見面後不久，因無話可說，只得辭出。

海氏這種寡言的習慣與他主張的自由主義可能有密切的關連。自由主義者認為，每一個人都有自己性格上的愛好與自己的價值標準，這些個別愛好與價值標準，在法律的普遍範圍之內與不妨害他人的條件之下，應該受到絕對的尊重。相信自由的人絕不認為自己有資格去判斷另外一個人的價值觀念，或強制別人接受自己的價值與愛好。因為任何人的興趣、傾向只有他自己知道的最清楚（當然，要假定他是在精神正常的情況之下），所以自己應該是自己行為的決定者。更重要的是：自由主義以認識個人知識與能力為其理論的基礎。

海氏朝夕浸染在這類思想之內，自然要儘量尊重學生的自由，讓學生自己去發掘問題，找尋自己的興趣，發現自己能力之所長，進而善自運用自己的能力。學生如有問題，他願意在旁邊幫助學生解決問題，但他自己卻儘量避免使學生受到任何理知的壓力。

上面這個對海氏教學態度的解釋，可能大致沒有多少出入。但，這個解釋卻不能徹底說明為什麼海氏對學生的問題祇做簡要的回答。這件事直到一九六三年秋天，海氏應「華爾格蘭基金會」（Walgreen Foundation）之請，返芝大發表學術講演，講到〈理論的思想之不同類型〉（Types of Theoretical Thinking）時，筆者才算有所領會。他底講演大意如下：

> 根據我個人幾十年來的觀察，發覺在學院裡有兩種不同類型的學者。雖然這兩種不同類型者的能力性質有很大的不同，他們對人類文明的貢獻都很重要。第一類的學者可稱之為：「頭腦清楚型」（clear-minded type）。他們學習的能力特別強，能把與現在有關的，人類過去的經驗與思想，在他們的頭腦中重新組織一遍，然後用大家能了解的現代語言清楚地說給大家聽。人類文明的成績能夠一代一代的傳遞下去，主要靠這個類型的學者的努力。如以實例說明，在哲學界羅素比較接近這個類型；在奧國學派經濟學家中，龐巴威克（Eugen von Böhm-Bawerk）可作這個類型的代表。
>
> 第二類的學者可稱之為「頭腦迷糊型」（woolly minded type）。他們的著作艱深晦澀，不易了解；一個以前沒有讀過他們著作的人，乍讀時，會覺得好像進入一個非常陌生的古堡一樣。古堡裡每一個房間，房間裡的每一個傢俱，每一個裝飾，對這個新

進來的人而言，都是非常生疏的，他必須一步一步仔細地摸索前進，否則很易迷失自己。這一類型的學者具有原創能力（originality）。他們不能簡便地接受過去約定俗成的概念與定義。他們頭腦組織得很奇怪，每一個單簡的概念，對他們而言，都得從新界定，然後才能在他們思想系統中找到適當的位置。因此，一般人認為極單簡的概念，對他們而言，可能是很困難，很繁複的問題。但是，正因為他們無法輕易把前人傳下來的概念視為當然，所以他們常能在困思之中發現新的思想。人類文明的進展，主要靠這個類型的學者的努力。如以實例說明，在哲學界，懷海德（A. N. Whitehead）比較接近這個類型；在奧國學派經濟學家中，宓塞斯（Ludwig von Mises）可作這個類型的代表。

筆者聽完這個講演，才恍然了悟為什麼海氏對學生的問題只能做簡要回答的道理。海氏在講演中曾提到，一次凱恩斯（J. M. Keynes）曾半開玩笑地稱他為「歐洲最傑出的、頭腦糊塗的經濟學家」（The most distinguished woolly minded economist in Europe）。（毓生按：這句話當然不是陳敘事實的語句，而是夾雜著情緒價值判斷的。任何讀過海耶克教授著作的人都會知道，海氏思路與文筆的清晰有力是他的著作的特徵之一。）他覺得這不是一句無禮的話，而是一句頌讚之辭。海耶克教授是站在「知識的邊疆」（The frontier of knowledge）的人。（知識邊疆的外面是未知的領域。）因此，他平日思索的問題經常是尚未解決的、或被人誤解的、或如何將兩個或兩個以上相關的概念連結在一個已建立的系統裡的問題。而學生們所問的，從一方面看，過於淺易，他無興趣多談；但從另一方面看，又過於艱深，海氏自己尚未找到答案；或既已解決，但這個問題牽涉到另一問題，另一問題又牽涉到其他另一問題……要徹底答覆學生最初問的問題，非把他整個思想系統說出來不可——事實上，在有限的時間內，不可能辦到，所以只好簡要地給學生一些啟示，並把與這個問題有關的參考書、期刊專論告訴學生，教學生根據自己的程度，按部就班去努力。

海耶克教授以天下為己任，著眼於人類文明的未來，溶雄渾氣魄與敬謹堅毅於一身，自感任重而道遠，所以性格上顯著的特點是：知識貴族的自制（The self-restraint of an intellectual aristocrat）。知識的貴族精神在西方導源於希臘文化。這種精神與傳統的中國士大夫所致力的大學之道在止於至善的精神很接近。中國近幾十年來，不乏下筆千言、沾沾自喜的知識分子，但要找一個真正眼光遠大、見解深刻、戛戛獨造、成一家之言的大思想家卻不易得。現代中國人的天資並不見得比過去的中國人或外國人要低。但究竟為什麼沒有大思想家呢？這個問題牽涉到近百年來中國政治、經濟、社會演變的歷史，不在本文的範圍之內。不過，近百年來中國政治、經濟、社會的演變雖然影響很大，卻不能化約成中國沒有偉大思想家的充分原因。筆者個人覺得，中國知識分子喪失了像海耶克教授所有的知識貴族的精神，可能是極重要的內在因素。

有些人以為海耶克教授的性格過於理性化。這祇是片面的了解。他雖習於自制，在適當的場合中卻很有幽默感。當他談到自由的價值被許多現代西方知識分子誤解時，有時更會血液沸騰、面紅耳赤。真正的自由主義者對自由的信仰不只訴諸於理智；在情感上，海氏對自由的關切與熱愛，更別有一種感人的力量。

下面是筆者根據《當代傳記》（*Current Biography*, New York, The H. W. Wilson Co., 1945）、《二十世紀作家》（S. J. Kunitz, ed., *Twentieth Century Authors: First Supplement*, New York, The H. W. Wilson Co., 1955）與《誰是誰》（*Who's Who*）等書編譯的海氏生平：

海耶克（Friedrich August von Hayek）教授一八九九年五月八日誕生於奧國維也納市。兄弟三人，海氏居長。父親任教維也納大學，為該校植物學教授。家中的氣氛導使海氏早年傾向自然科學；可是家人對於人的問題與社會問題的關切，給他的影響也很大。第一次世界大戰中海氏在奧匈帝國陸軍服役的經驗確定了海氏研究社會問題的志願。戰後入維也納大學習法律——那時，法律仍被認為是研究經濟學的途徑。海氏對心理學也甚感興趣，所以他也分出一部分時間研習心理學（二十一歲時寫的一篇關於心理學的論文是他三十多年後發表的《感覺秩序》〔*The Sensory Order*〕的雛型）。在經濟學方面，他是奧國學派創始人之一，威賽（Friedrich von Wieser）最後直接受業的學生之一。一九二一年海氏在該校獲得法學博士學位（J. U. D.），一九二三年獲得政治學博士學位（Dr. rer. pol.）。

一九二四年海氏赴紐約從事研究工作，開始對貨幣理論與商業循環發生很大的興趣。由於對這方面的研究的成就，使他在一九二七年受任奧國新成立的商業循環研究所所長，兩年後並兼任維也納大學經濟學與統計學講師。一九二九年他的第一部系統的著作：《貨幣理論與商業循環》（*Monetary Theory and the Trade Cycle*, English translation, 1933）出版，倫敦大學（倫敦政治經濟學院）聘請他赴英講學。他的講演與出版的講稿《價格與生產》（*Price and Production*, 1931）引起英國經濟學界很大的注意，一九三一年倫敦大學聘請海氏擔任該校經濟學與統計學講座教授（Tooke Professor of Economics and Statistics），時年三十二歲。此後十年間，他主要的工作是建立一套關於資本與產業波動的完整理論；著作有：《貨幣的國家主義與國際穩定》（*Monetary Nationalism and International Stability*, 1937）、《利潤、利息與投資》（*Profits, Interest, and Investment*, 1939）與《純資本論》（*The Pure Theory of Capital*, 1941）。

在倫敦大學執教以後，海氏發現英國知識分子中流行的社會主義思潮竟和從前他在維也納時所見到的現象如出一轍。他深切意識到這不是一件偶然的事；西方文明實在面臨了普遍的威脅。一九三五年海氏主編《集體主義的經濟計劃》（*Collectivist Economic Planning*）開始攻擊社會主義計算（Socialist Calculation）的基本謬誤。一九三九年出版《自由與經濟系統》（*Freedom and the Economic System*）小冊子，指出國家社會主義與共產主義的基本共同之點，以及它們的計劃經濟與個人自由的不相容性。可是大多數英國知識分子並不了解海氏所談的內容；問題已根深柢固，非純理論的說明所能解決。社會主義之如此流行與十九世紀以來社會思想中的實證主義（Positivism）以及科學方法之被普遍誤解關係很大。海氏一九四一年在 *Economica* 發表《科學反革命》（*The Counter-Revolution of Science*）指出聖西門（Henri Saint-Simon）及孔德（Auguste Comte）所提倡的實證主義對西方知識分子的影響；這種實證主義是由於對自然科學征服自然的驚人成就的誤解所導致。一九四二、一九四三、一九四四，連續三年在 *Economica* 發表 *Scientism and the Study of Society*，從方法學的觀點，說明自然科學與社會科學在性質上的根本不同。一九四四年出版攻擊社會主義，並為自由而辯護，被譯成十一國文字的名著：《到奴役之路》（*The Road to Serfdom*）。此書在英美兩國立刻成為暢銷書，實出海氏意料之外（最初在美國接洽的三家出版商都曾拒絕承印），它受到的讚揚與批評，亦非其他同類書可比。《到奴役之路》出版的前一年，海氏獲得倫敦大學科學博士（Dr. Sci.）（經濟學）學位，同年當選為英國學院院士（Fellow of the British Academy）。

《到役奴之路》出版後，海氏計劃徹底研究威脅西方文明的理知與道德混亂的基本根源，並重新建立自由哲學的整體系統。於是，在一九五〇年接受了芝加哥大學之聘，擔任該校「社會思想委員會」社會與道德科學教授（Professor of Social and Moral Science, Committee on Social Thought, University of Chicago）。在建立自由哲學的整體系統之前他做了許多準備工作：一九五一年發表了有關傳記與思想史的《約翰・穆勒與哈瑞特・泰勒》（*John Stuart Mill and Harriet Taylor*）；一九五二年發表關於理論心理學的《感覺秩序》（*The Sensory Order*）；一九五五年發表關於法理學的《法治的政治理想》（*The Political Ideal of the Rule of Law*）。一九六〇年海氏關於自由哲學的整體系統的大著：《自由的憲章》（*The Constitution of Liberty*）完成，同時在英美出版。

《自由的憲章》出版以後，海氏在芝大社會思想委員會的工作告一段落，又因接近退休年齡，遂於一九六二年接受德國佛來堡大學（University of Freiburg）終身職之聘，赴德講學。

海氏為 Mont Pélerin Society 創立人，現任該會名譽會長。該會會員包括：西德總理愛哈德、宓塞斯教授、鼐特教授（Professor Frank H. Knight）、帕普爾教授（K. Popper）、思悌格勒教授（Professor G. Stigler）等等。

海耶克教授在一九六二年離美赴德之前，曾答覆筆者詢問的一些關於他本人底問題，茲譯筆者當時所記的筆記如下：

問：在青年時代，您受什麼人底著作的影響最大？

答：對我影響最大的是奧國學派經濟學家孟格爾（Carl Menger）。在哲學上，我受馬赫（Ernst Mach）的影響很深。稍後，宓塞斯給我的影響也很大。

問：您在維也納時，是否與「維也納學團」（Vienna Circle）有來往？

答：雖然我有朋友屬於維也納學團——考夫曼（Felix Kaufmann）是我的友人，但我與維也納學團並無直接關係。我因不能同意紐賴特（Otto Neurath）對政治與其他事物的觀點，所以不願與他們接近。

問：您是否願談談與宓塞斯教授和帕普爾教授的友誼有關的事情？

答：我完成學業以後，才開始與宓塞斯在一起。在維也納時，我並不認識帕柏爾；到倫敦以後，我讀他的著作時，才開始認識他。後來倫敦大學科學方法與邏輯教授的位置出缺，是我向我的同事們推薦他繼任的。關於哲學方面的問題，我覺得和他的見解相同之處甚多。

問：《科學反革命》一書中所揭示的許多觀念是否受了韋伯（Max Weber）底社會科學方法論的影響？

答：我很早就開始閱讀韋伯的著作，但並未直接受他的影響。對他的見解，我覺得很有興趣，也很滿意。

問：您是否可談談對佛洛伊德（Sigmund Freud）的看法？

答：你是知道我一向不但站在道德的立場而且站在理知的立場批評佛洛伊德的。他把他的理論弄得完全是一個循環系統，而且弄得非常之好，一個人如果不是來自另一傳統，便幾乎無法批評他。

問：一九一八年韋伯到維也納大學講學時，您是否聽過他的課？

答：我並未上過韋伯的課；他來維也納大學講學時，我正在軍中服役。可是，第二年我從軍中退伍返回學校以後，仍然聽到許多人談論他；他的講演的確甚為轟動。

問：您是否可以告訴我一點您著述的經驗？

答：我之所以能一直注意與思考普遍原理的問題，大概與我過去三十年來一向居住在外國，因此，對我所居住的社會能經常保持一種距離之感，而不致捲入社會上各種日常的迫切問題有關。

問：對美國的社會同一性（social comformity）您有何看法？.

答：美國的社會同一性主要由於一九三〇年代，實用主義運動導使人們祇關心日常生活的後果所致。

問：您對世界的將來看法如何？

答：我不敢推測未來。但是，我覺得為自由而奮鬥是值得的。我雖然並不樂觀，但也不悲觀。你仍然能在世界各處找到未來的希望。

（原載《文星雜誌》第九五期，一九六五年九月一日）

學術工作者的兩個類型

一

一九六三年秋天，海耶克（F.A. Hayek）師在芝加哥大學作過一系列的公開演講。最後一講的題目是：「理論的思想之不同類型」。在這次演講中，他談到許多重要的問題，包括對學術工作者頭腦類型的分類。那是我第一次聽到他對於這個問題的意見，覺得很有啟發性，而且相當幽默。一九六五年海氏首次訪台時，我在簡介他底生平與思想的一文中，曾將他那時講的大意摘要述敘（詳見上篇〈海耶克教授〉）。

海氏在這次講演中曾提到有兩種不同類型的學者，第一類是「頭腦清楚型」（clear-minded type），第二類是「頭腦迷糊型」（woolly-minded type）。一次凱恩斯（J.M. Keynes）半開玩笑地稱他為「歐洲最傑出的、頭腦迷糊的經濟學家」。他覺得這不是一句無禮的話，而是一句頌讚之辭。[1]海氏關於這兩類學術工作者的看法，多年來一直未見他用文字發表。所以，當我看到他在一九七八年出版的 *New Studies in Philosophy, Politics, Economics, and the History of Ideas* 一書中，收入了一篇論述學術頭腦的兩個類型的文章，內心甚覺高興。他在文中說，他之所以一直沒把他的觀察與理解寫出來，主要是因為如果要他論述這兩個類型之不同，他將會無可避免地談到他自己。海氏一向自律自節，覺得在學術分析中不便談論自己。後來他覺得對於這兩個類型如加以扼要地說明，也許對將來教育政策有一良好的影響；所以就不再避嫌，決心把他的觀察與意見寫出來。（下文主要是根據上述海氏書中"Two Types of Mind"一文寫成，大部分

---

1 凱恩斯與海耶克這兩位傑出的經濟學家之間的關係，是二十世紀中著名的儒林佳話。他們之間在經濟學上雖然是著名的論敵，彼此很少有同意之處；然而他們在其他方面卻有許多共同的興趣與意見。第二次世界大戰期間，當海氏執教的倫敦政治經濟學院必須疏散到劍橋時，凱恩斯在他的學院中替海耶克安排了住處；因此，他們彼此見面聚談的機會便更多了。當海氏所著《到奴役之路》在一九四四年出版的時候，凱恩斯在一次火車旅行中看完以後，曾立刻致函給海氏。

海耶克師曾將該信之原件出示筆者，其中有這樣的一段話：「我在旅途中有機會把你的著作好好讀過了。照我看來，這部著作是一部偉大的著作。在這部著作裡，你把所極需說的話說得這樣好，我們都應該感激你。當然，我不能全部接受你關於經濟方面的學說，但是，在道德方面和哲學方面，我簡直完全同意你在這部著作裡所說的一切。對於你所說的，我不僅是同意而已，並且深深受其感動。」（此信在《凱恩斯傳》中被引述過，當時傳誦一時。）

海氏的經濟理論，因與流行的凱恩斯的理論針鋒相對，多年來一直是曲高和寡，未獲應得之注意。但，在歐美許多國家實現凱恩斯理論所導致的通貨膨脹，已嚴重地損壞了市場功能；凱恩斯學派的理論已經無法應付由此而造成的經濟危機。海氏反對通貨膨脹的經濟理論現在又重新被研讀；他的許多早期著作，近年來出版社也用普及本重新發行。在人類的歷史中，往往走在時代前面的巨人並不被他同時代的人所了解，義大利的偉葛（G. Vico, 1668-1744）與我國的章學誠，這兩位典型的「困惑型」或「糊塗型」的思想家是有名的例子；然而海氏卻以德劭高年在一九七四年因他早期經濟學著作而榮獲諾貝爾獎金，最近幾年更親見他早期的經濟思想在學術界重被「發現」，內心當覺甚為欣慰。

是翻譯。）

海氏在此文中用「一科的通人」（master of his subject）代替「頭腦清楚型」之所指，用「困惑型」（puzzlers）或「糊塗型」——（muddlers）代替「頭腦迷糊型」之所指。正像其他過分簡化的分類一樣，如果我們把這兩個類型當作完全絕緣的兩個實質個體，那是相當無聊而可笑的。這種具有相當真實性的分類，如韋伯（Max Weber）對「理想類型」（ideal type）所做的闡釋那樣，主要是為了幫助我們了解實際事務而提供的啟示。

我們實際看到的學術工作者，往往是這兩個類型的混合體；極端純粹的例子是很難遇見的。不過，雖然每個學術工作者的頭腦都混合著這兩個類型之所指的成分；事實上，他總有所偏向。「通人」成分多的頭腦，往往「困惑型」的成分比較少；「困惑型」的成分比較多的頭腦，則往往「通人」的成分比較少。另外應該預先說明的是：海氏的分類與柏林爵士（Sir Isaiah Berlin）在論述托爾斯泰歷史觀時，對思想與藝術之性格所做的「狐狸型」與「刺蝟型」的分類，可能有些類似之處。海氏在文中注釋裡說，在他建構這項分類時，他並沒有想到他的分類與柏林爵士的分類可能有相似之處；但，事實上的確可能如此。不過，海氏說，他如果是「困惑型」的學人，與知道很多事情的「狐狸型」學人相比照，他不願主張他是「一個只知道一件大事的刺蝟」。[2]尤有進者，中國一向有「大智若愚」、「大辯不言」這類話，這些道家的看法，含有反知主義的（anti-intellectualistic）成分相當強，與海氏根據追求知識的前提對「困惑型」或「糊塗型」的頭腦所做的理解，是很不同的，兩者不可混為一談。另外，因為沒有受到良好的基本教育或天生智商太低，以致頭腦不清的人事實上也不是沒有。這些人與海氏此處很微妙地形容有原創能力的學者為「頭腦糊塗型」的人當然也是不同的。

二

一般人對於自然科學與社會科學界的偉大學人慣有一個固定的形象，以為他是他那「一科的通人」，精通他所研究的學科之內的一切理論與所有重要事實。只要事先通知他一聲，他便能夠答覆有關他的專業的一切重要的問題。這個形象，雖然有些誇大其詞，因為事實上沒有任何人有這麼大的本領；但，海氏說他的確遇見過接近這個形象的「通人」。在學術界，許多人羨慕這個典型，他們覺得這也是自己努力的鵠的，如果他們達不到這樣的成就，內心便深覺不安。這種類型的「通人」常是一般人崇拜的對象，因為他的天才的運作可以被明顯地看到。許

2 柏林爵士的分類是借用古希臘詩人 Archilochus 的殘句——「狐狸知道很多的事，但是刺蝟則只知道一件大事」——而進行的。*Isaiah Berlin, The Hedgehog and the Fox: An Essay on Tolstoy's View of History*（New York, Simon and Schuster, 1953）.

多辯才無礙的解說者、成功的教師、光芒四射的詞令家，與筆觸酣暢的作家屬於這一類型。他們對自己學科之內別人底學說的梗概與自己的見解記得很清楚，所以他們對之可以做明晰的解說與敘述。無疑地，這些被公認為「一科通人」當中有許多是具有原創能力的人；但，海氏覺得他們的出色的記憶力卻不見得能夠特別幫助他們的創造活動——易言之，他們的原創能力可能與他們另外的本領有關。

海氏在與朋友和學生的私人談話中，常稱這些「一科通人」是「記憶型」（the memory type）的學者。不過，他認為這種說法是有欠公允的；因為他們的能力是源自一種特殊的記憶力，我們知道，另外還有別種記憶力。所以海氏認為，乾脆稱謂這一類型的學者為「通人」比較更為合適。他們通常能夠對看到的與聽到的東西，甚至原來的語句，保持歷久常新的記憶。海氏說他自己則沒有這種本領，雖然他年輕的時候，為了準備考試，在學期結束之前的幾週之內能夠把一學期應該學到的東西用硬拼的方式記住一個短短的時期。但，考試一過，也就很快地忘光了。

海氏說，如果他不能夠把繁複論式的論證過程或有用的訊息，放入他自己的思想架構之內，他一向便記不住那些東西。他說，躋身在許多博聞強記的學者當中，他之所以沒有變得非常自卑，主要是因為他知道，如果他在學術工作之中曾經獲得了一些有價值的、新的觀念與思想的話，那主要是因為他未曾具有這種博聞強記的本領之故。[3]當他讀完一本書，或聽完一次講演之後，向來沒有覆述它的內容的本領。[4]事實上，他在讀書或聽講之時，如果要特別努力記住它的內容，便會使他無法得到他可能得到的好處。他雖然無法覆述他看到的與聽到的別人的思想，但他自己的思想卻因閱讀與聽講而獲得改進。外在的資料（經由閱讀與聽講獲致者）所供給他的，不是可由他放在一起一條一條的確定的知識，而是能導使他對於他心中已有的結構，進行修正與調整；在這個他自身所具有的內在的結構中找尋自己的道路之時，他必須注意許多警告的信號——這些警告的信號便是外在的資料所提供的。

懷海德曾說：「頭腦糊塗是獨立思想之前的一個重要條件。」海氏認為，根據他的經驗，事實的確是如此的。因為他記不住對於別人而言可能是很明顯的答案，所以他常被迫去想出一個對於那些頭腦較有次序的人而言並不存在的問題的解答。海氏說，他對自己所屬的這種類型的頭腦擬稱之謂「困惑型」；但他說，如果別人稱之謂「糊塗型」，他將不會介意。因為在對一些問題尚未達到相當程度的、清澈的了解與解答之前，屬於這個類型的學者的確予人以頭腦

3 海氏在衣服的口袋中經常帶著不少卡片，隨時記下來看到或聽到的有關資料與自己困思之所得。

4 海氏在注釋中說，對他這個在大學中教過四十餘年經濟思想史的人而言，這句自白看來好像是相當奇怪的。事實是，他在課堂上告訴學生的，主要是從早期經濟學家的著作中他所學到的東西——即幫助他建構他自己經濟思想的那些東西，而不是那些經濟學家所主要想到的東西——這些東西可能與他所學到的，有相當的不同。

「糊塗」的印象。而根據他們研究的成果寫出來的著作，即使包含了極為透澈的了解，也因文字艱深難懂，所以仍然會給予許多人以頭腦「糊塗」的印象。他們具有原創性的了解，是無法用慣用的套語和流行的概念來表達的；他們必須重新界定他們的語言，以表達他們自己的思想。相反地，博雅型的「通人」常能利用約定俗成的套語快速而安適地找到「解答」問題的論式。「困惑型」的學者因為必須找尋自己的方式去表達一個已經被接受的觀念，他們常會發現許多約定俗成的套語包藏了不少的漏洞，或不能成立的默契的基設（unjustified tacit presuppositions）。由於他們記不住被許多人接受的問題的答案，他們經常被迫必須明確地解答別人認為不是問題的問題。相反地，對許多人而言，一些問題之所以不是問題，往往是因為它們所根據的並不合理的假設，經由看去是合理的（但事實上是頗為含混的）言辭有效地遮蔽的緣故。

對於一個「困惑者」而言，當他「看」到了兩個事件具有一特別關係的時候，並不是就同時也知道如何精確地形容這個關係。通常他需要經過長久而艱苦的努力，才能找到形容他之所見的語句；但，即使在這個時候，他仍敏銳地感到辭不達意。

與這種情況正好相反，那些博雅「通人」在筆觸酣暢之際，是不會感到這種痛苦的。一般地說，這些「通人」容易接受當時流行的學說與當世具有權威性的意見。對於那些能夠變成博雅的人而言，這種現象可能不易避免；因為他既然能夠博通，當然容易覺得他所博通的學問之中總應有些正確而有價值的東西。但對於那些具有原創能力的「頭腦糊塗型」的學者而言，他會以批評的態度去考察流行的學說，一旦發現它們不容於自己的思想結構，他會相當堅強地排斥流行的學說，不受外界干擾地自行其是；因為，對於那些不能介入他自己思考架構之內，或對他自己思想的發展沒有參考價值的學說，他是不想花費許多心血去學習的。

假若上述對學術發展具有不同貢獻的兩個類型，是確有所指的話；海氏說：那麼，進大學需經考試的制度，將會使許多可能對學術做出原創貢獻的「頭腦糊塗型」的人，遭到被摒棄於校門之外的危險。[5]當然還有許多其他理由，使我們懷疑現有入學制度的有效性。在學校成績不佳，但後來卻對學術產生了原創貢獻的學者的數目並不少——愛因斯坦只是最有名的一個實例而已。而在學校成績極佳的學生，後來變成傑出的學者的比例卻是相當小的。另外，根據考試成績作為大學的入學標準，已經使得學生顯著地降低了他們治學的興趣。

因此，海氏建議大學的入學標準應加以改革：如以學生求學志趣之強度作為標準的話，說不定能收到更多將來對學術能夠做出原創貢獻的人。這個問題當然相當繁複，一時不易說清

5 歐美的大學，有的入學需要考試，有的並不需要入學考試。但，那些沒有入學考試的大學，入學的標準也仍然是根據申請入學學生的高中考試成績而定。此處海氏的建議主要是對歐美的大學而言。但，對台灣的大學入學考試制度，我想也是有參考價值的。

楚；但在原則上，求學志趣之強度，可從測驗學生是否願意犧牲生活的享樂而知。如果一個學生願意把大學當作類似修道院的一個地方看待，為了追求知識，他願意犧牲現代國民視為當然的生活與娛樂的條件，那麼我們可以相當客觀地知道他底求知慾是很高的。在知道他已具有相當程度的條件之下，只要他為了求學而願意度幾年嚴肅的修道院式的生活，我們是應該給予他不經考試而入學的機會的。在入學以後，是否准許他繼續攻讀，應視他在這種近似修道院的環境中能否專心向學，與能否在所學的科系中獲得實質的進步而定。這種制度可能使得大學中的有限位置不會全部被那些會考試的學生所占據。

（原載《聯合報》副刊，一九八〇年八月三十一日與九月一日）

五

鍾理和、《原鄉人》與中國人文精神

《原鄉人》與鍾理和

今天（一九八〇年六月五日）從學校返家，接到了剛從台灣寄來的六月一日《聯合報》國外航空版，赫然看見包括鍾理和先生哲嗣鐵民所寫的有關拍攝《原鄉人》的三篇文章，心中甚覺興奮，趕快拿報到書房，坐下來仔細閱讀。我一邊看，一邊流淚；過去每次讀理和先生的作品，總是感動得止不住流淚，現在看到這三篇有關以理和先生的事蹟拍攝電影的報導，不免「觸景生情」，仍是止不住淚。

《原鄉人》拍攝的消息從國內寄來的各種報紙傳來以後，使我真是一則以喜，一則以懼。我喜的是主要有兩點：第一，理和先生一生埋沒草萊，生前備受社會之歧視與冷淡，後半生更是貧病交迫，在他的寫作生涯裡，正如鍾肇政先生所說，「大部分的歲月都是與退稿搏鬥」；但，他在淡泊中明志，堅定地為自己的理想奮鬥，百折不撓。這種孟子所謂「貧賤不能移」的「大丈夫」精神，令人感動。今天我們紀念理和先生，文藝界與影藝界以電影為媒介，為他立傳，意義甚為重大。如果這部片子能拍得成功，今後萬千觀眾，將可接觸到理和先生與台妹女士在生活中所呈現的典型的中國人文精神。中國人文精神之重建，雖然不可能因一部電影而獲得很大的進展，但至少一些心志清醒的觀眾，可藉此感受到中國人文精神之具體的一面。要重建人文精神，口號與訓勉是沒有用的，因為那只是口號與訓勉；我們必須對中國人文精神之各面產生具體的感受才成。根據博蘭霓（Michael Polanyi）的知識論，我們知道，經由不斷創造而延續的文化命脈，主要是取源於人們心中無法表面化的「支援意識」（subsidiary awareness），而不是表面上可以明說的「集中意識」（focal awareness）。這種「支援意識」，只能在接觸親切而具體的實例時，於潛移默化中得來。我希望《原鄉人》的拍攝，能高度重現由理和先生與台妹女士所代表的具體的中國人文精神。第二，中國電影藝術多年來一直是先天不良，後天失調。現在居然有人想把理和先生的一生拍成電影，就憑這一個想法，已足令人激賞。拍攝這樣一部影片，當然是對中國影藝從業人員的一大挑戰。但，有挑戰才能有勝利。說不定中國影劇藝術可由此「起飛」？我希望這不是一個天真的奢望。

至於我懼的，則可分以下幾點來說：第一，台灣已進入資本主義工商業文明的初期。在這個時代，大家多神魂顛倒地忙著賺錢，所需要的是廉價的刺激，加以我們的傳統文化結構已經解體（「結構」解體並不蘊涵所有傳統的價值與精神都已死滅），[1]社會秩序已經疲竭，因此，與商業極為接近的影劇藝術自然甚受其影響（有些電影從業人員則是不折不扣的賺錢機器），

1 下文我將特別提到理和先生與台妹女士所表現的一種中國人文精神。當傳統文化結構對中國「菁英分子」來說已經解體的時候，這種精神在理和先生與台妹女士的心靈中卻有其生命力。我不是五四式的文化有機論者；五四式的文化有機論假定，文化成分與結構具有有機性的關連，所以結構解體後，一切文化成分便自動失去生機與意義。

《原鄉人》的拍攝是否能完全從這些外在的時代壓力中解脫出來呢?這實在使人擔憂。如果《原鄉人》的拍攝過程中需要與許多現實條件妥協,我覺得還不如不拍的好;因為那是對理和先生與台妹女士的理想與奮鬥的潛瀆。

第二,理和先生與台妹女士的故事有許多很浪漫、很戲劇的時刻。理和先生以富家子弟與在他家農場工作的同姓女子墜入情網,這是很浪漫的;他們為了達成彼此真摯的愛的結合,甘犯當時社會之大不韙,不顧一切相偕私奔至東北,後又歷盡艱辛輾轉至北平,這是很具戲劇性的。電影既是戲劇的一種,難免要強調這些面。但,導演與編劇對這些「戲劇性」的鏡頭,是否能不過分渲染,處理得恰到好處,這是令人擔心的事。為了抓住觀眾的注意力並造成通盤的戲劇效果,特別強調這些鏡頭的誘惑是很大的。然而,如果過分渲染這些鏡頭,難免要喧賓奪主,使得《原鄉人》的主題不易明確。

第三,一個社會中的電影藝術,大而言之,與這個社會的文化水準;小而言之,與影劇圈內的風氣,是息息相關的。我雖離國多年,但在美也因思鄉情懷的驅使,偶而去看過一些國內運來的電影;除非是政府駐外機構或影片商人故意把最壞的影片拿出來獻醜,根據我看過的影片水準來預測,使人實在不敢對《原鄉人》之拍攝抱持很大的樂觀。因為我在海外看過的國片,大部分可用「不忍卒睹」四字來形容,極少一部分可謂成績平平,但俗套與其他毛病仍甚多。很難使人想像,在台灣風風雨雨的影劇圈內,有任何演員能具有足夠的內在精神資源與藝術造詣，去十分貼切地體會理和先生與台妹女士之間，優美的愛與他們的思想與人格——尤其是理和先生晚年（實際上他去世時只有四十五歲），在受盡社會與疾病的折磨之後，像唯一見過他的文友廖清秀所說的，心情曠達、得道老僧的境界。西方有一個影評家曾說，演員只是導演的工具，影片的好壞完全決定於導演。我對這個看法並不同意；但，即使他說得完全對，《原鄉人》的導演，我覺得至少必須具有像《單車失竊記》的導演德西嘉那樣精微與深遠的人道主義藝術精神與造詣，才能成功。《原鄉人》的導演是否有這樣的精神與造詣呢？

但，當我看過上述的三篇報導之後，雖然仍不敢奢望《原鄉人》將是一部中國電影史上突破性的傑作，然而我的憂慮與疑懼卻減低了不少。首先，我們知道李行先生是以極嚴肅的心情來執導這部影片的拍攝的。他說：「理和先生的外貌，我們祇能從照片與親友的描述裡揣摩一二，要拍得完全貌似，這恐怕是沒人做得到的事；所以我們所要求的是神似，能做到這一點，便差可滿意了。經過這半年以來的拍攝工作，我彷彿覺得，對於理和先生，我比他生前的親友們知道得更多了。那甚至也無法從他的遺作裡讀出來，就是從『做』的當中領悟到的。理和先生的精神、理想以及夢，我都覺得一一抓住了。」這是「持事以敬」而又很有自信的話。尤其他說「從『做』的當中領悟到」理和先生的「精神、理想以及夢」，這是藝術家的內行話。李行先生又說：「我確實領略到，沒有理和就沒有平妹（在理和先生的著作中，台妹女士多以「平妹」的身分出現），沒有平妹也就沒有理和；他們簡直就是一體的。而這部片子，我幾乎認為稱做平妹傳還來得更恰當些。」這段話雖然不能使我們知道他對台妹女士之了解的具體內容，但至少使我們感到他對她的重視，以及他執導取向的正確。台妹女士實是理和先生一生文學創造之靈感的泉源。事實上，他們彼此的人格，皆因他們之間神聖的愛而擴大。台妹女士對理和先生的愛是中國農村女性受了中國文化之薰陶所呈現的中國女性性格的一面：堅定、深遠、以屈己而擴大自己。

當民國三十六年十月，理和先生因肺疾北上住院治療之前，他與台妹女士在美濃尖山的家裡有一段感人的對話，理和先生曾以小說體裁把它記錄在〈同姓之婚〉裡：

「阿錚，」她輕輕地說：「台北還沒有來信嗎？那天來的那一封，不是呀？」

「來了，」我說：「就是那封！朋友說，一切都辦妥了，叫我接信就——」

「就去嗎？那你為什麼還不走？你不放心，是不是！」

「妳能住下去？」

「能！」

「妳哭過呢？」

「哭過！那是因為有你在著，心裡有委屈，哭哭，有人心疼。你儘管放心走；我能哭，也能不哭！你不在家，我守著兩個孩子過日子——宏兒也會跟我笑了。」[2]

台妹女士在這裡所說的，最能代表她的性格。這性格的內涵是溫柔、堅強與深遠的中國農村女性所呈現的人文精神；那是中國農村文化優美、豐富、而又平實的一面。（這裡所說的「豐富」，是指豐富的「道德的想像力」〔moral imagination〕而言。）根據上述的三篇報導，我想李行對這些最能代表理和先生與台妹女士的精神的地方，應該處理得不錯。

一般人在遵循已成軌跡的日常生活中，並不常接觸到對生命意義能給予啟示的「奇理斯

---

2 張良澤編，《鍾理和全集（三）：雨》（台北：遠行出版社，一九七六），頁三一—三二。這段對話的下文及理和先生與台妹母子別離的一幕是：

「妳不怕日子會更難過？」

「我知道！我能忍耐！祇要你病好，我吃點苦，值得！」

「我這一去，最快也得一年才能回來呢？」

「都不要緊；我等著你！我說過了：我能忍耐！反正他們不能把我宰了。他們理我，陪他們說幾句；不理我，我逗宏兒笑！祇要你病好回家，我們母子還是一樣快快樂樂的，要不……！那你早點走吧，只管放心，我會過得很好的！」

第三天，我離別了他們母子，來到北部。當天清晨，他們佇立在庭前龍眼樹下；妻懷中抱著剛滿週歲的宏兒，憲兒則緊緊偎依在她腳邊。三對依依難捨的眼睛，送著我走下斜坡，將到坡盡處時，我回過頭去，只見妻在向我微笑，那比哭還要使人難受的藏著淚水的笑。我一氣走完坡坎，轉入田壠，再回頭過去。但這回我僅能看見在空中搖曳著的一段龍眼樹梢，在殷勤的向我揮別。

…………

現在，三年了，就一直沒有回去過。天天，她們母子那冷冷清清相依為命的影子，不斷地在我眼前浮起！

瑪」（charisma）。[3]但，每個人內在的生命都有要求接觸「奇理斯瑪」的動機與傾向，使得自己至少在接觸它的時候，感到生命有重大的意義。從鍾肇政先生的報導中，我覺得，從事《原鄉人》拍攝的工作人員，上上下下，都因深受故事本身之神聖成分的感動，而在拍攝過程中超越了自己日常生活的軌跡，進入了更高的境界：「他（李行）還告訴我，拍攝的過程中，尤其到了末尾部分，劇本有相當大幅度的修改。這正好也證明了李行是越拍越燃燒起來了，也越入戲了。想來是理和對文學的精神與執著，以及平妹無償的奉獻，隨看拍片工作的進行而越發地感動了他之故。」在這樣地受了理和先生與台妹女士的精神感召之下拍攝的影片，應該能夠達到相當高的藝術成就才是。

鍾理和、鍾台妹與中國人文精神

我在前面一再強調，理和先生的文學創作和他與台妹女士之間的愛，具體地呈現了中國人文精神之一面；那麼，這一面人文精神究竟是什麼呢？人文精神，正因為它是一種精神，終極地說，是只可體會，不易言傳的。我在這裡僅從外緣試作初步的說明，並試求追溯其思想的淵源。（當然也有社會與經濟的因素。中國人文精神是這些因素與思想和文化的淵源匯流而成的。但本文只能略談它的思想的淵源。）

理和先生早歲接受了「五四」的啟蒙，從生命深處知道他與台妹女士的愛是神聖的；所以不容任何外力之阻撓。他不顧一切，執著其理想，以「雖千萬人吾往矣」的精神反抗當時他們家鄉「同姓不婚」的習俗，與台妹女士攜手奔離故里，建立他們彼此相屬的共同生活。然而，此種反抗以及因反抗而遭受到的種種苦難，並未使他變得偏激、嚴酷或冷嘲。這一點是以儒家思想為主流的中國人文精神的特色。他晚年雖貧病交迫，生命之苦與無告可謂嚐盡；但，他與台妹女士在生活中所表現的風格是：莊嚴、高遠、從容不迫。他一方面「絕不自甘毀滅，必在奮鬥中求出路」，[4]另一方面對人生之痛苦能作悲憫式的沉思。他之所以能夠如此，是因為他

3 「奇理斯瑪」（chrisma）本義是「神聖的天賦」（the gift of grace）。這個字來自早期基督教的語彙：最初指謂有神助的人物；因此，他登高一呼，萬眾景從。後來韋伯（Max Weber）在界定「權威」（authority）底不同型態時，用來指謂一種在社會不同行業中具有創造力的人物的特殊資質。他們之所以具有創造力，是因為他們的資質被認為得自上帝特別的恩寵，或被認為與宇宙中最有力、最有權威、或最重要的泉源相接觸之故。席爾斯（Edward Shils）更進一步引申「奇理斯瑪」這個觀念，使它不僅指謂具有創造力之人物的特殊資質，並且指謂社會中被視為與最神聖——產生「秩序」的——泉源相接觸的行為、角色、制度、符號與實際物體。因此，具有「奇理斯瑪」的行為、角色、制度、符號與實際物體，能使人類之經驗的各個方面秩序化。人們在日常生活中，有與終極的、不能再往下化約的神聖之源相接觸的需要。在這種接觸中，人們感到自己有限的生命獲得了相當程度的擴大，而日常的平凡生活也得到了相當程度的超越。

4 《鍾理和全集（七）：書簡》，頁九八。

對生命有著誠敬的執著，這種對生命能夠把持得住的境界，是建立在他覺得生命本身自有其意義的信念之上；而這種信念之肯定是源自「人」與「宇宙」並未疏離——所以人的生命本身，便是豐富而深厚的意義之源。這種信念絕不是用「意志」強加肯定可得者；相反地，西方沙特一派的存在主義之所以認為生命之意義只能從「意志」強加肯定，正因為他們認為「生命是荒謬的」（Life is absurd）的緣故。

我過去曾看到一位文士用「溫柔敦厚」這類陳詞來形容理和先生的精神。但，這類詞語在中國文化中早已用得太濫，所以不足以形容理和先生；何況它無從表達理和先生精神中反抗世俗的一面。

西方自十七世紀以來，在思想上占勢力的主流，是由笛卡兒（Descartes）的哲學發展而來的「知識主觀論」（epistemological subjectivism）與「自然主義化約論」（naturalistic reductionism）。笛卡兒說：「我思故我在。」（I think, therefore I am〔cogito ergo sum〕）對他而言，任何知識是由「我思」之故；人的「理性」是創造的泉源，宇宙並不是創造的泉源。[5]「我思」之外的宇宙是自然世界；這個自然世界是化約為各項物質的自然世界。因此，「人」與「宇宙」分隔為二，無從貫通。由此演化下來的西方思想，到了二十世紀發展至存在主義所謂「人生是荒謬的」、所謂「道德只是意志的產物」、所謂「道德本身並不存在」等等說辭，無寧是有其內在的理路的。在現在的西方，許多人與人生疏離，內心空虛，原因當然甚多；

但，從哲學的觀點來看，終極地說，是由於「人」與「宇宙」分離為二的緣故。當然，西方也有獨立於這個唯理化約主義之主流以外的思想系統，這一派以斯賓諾沙（Spinoza）、歌德（Goethe），以及二十世紀的懷海德（A. N. Whitehead）及博蘭霓為代表的思想，雖然比較深刻與透澈；但，曲高和寡，在西方思潮中並未——至少尚未——占有主流地位。

與西方自十七世紀以來的主流思潮正好相反，以儒家為主流的中國文化，在思想上的最終認同是「天人合一」的觀念。自先秦以來，儒家各個學派雖然對「道心」和「人心」之意義與關連產生了許多不同的學說，雖然許多儒者認為「人心惟危」，而「道心」卻又「惟微」；但，一切儒家學派的終極預設是：「道心」與「人心」之同一，因此「人」不會從「宇宙」中疏離出來，「道心」與西方猶太教和基督教先知傳統中的「上帝意旨」不同，也不是由「啟示」中得來。它是從「盡性」與「踐仁」的實際生命過程中由體會與契悟而得。在「天道」、「性」、「命」相貫通的前提之下，《中庸》所說「天命之謂性，率性之謂道」，與《孟子》所說「盡其心者，知其性也；知其性，則知天矣」，都是儒家宇宙觀的明確說明。

5 笛卡兒所說的「理性」，正是海耶克（F. A. Hayek）與博蘭霓根據理性的分析所攻擊的對象，即海耶克教授多年來所痛斥的「唯理建構主義」（rationalistic constructivism）。易言之，根據海耶克與博蘭霓的理性的分析（rational analysis），笛卡兒對「理性」意義之肯定與推廣是很不理性的。這些西方思想中精微而繁複的問題，此處無法詳述。

但，「天道」是超越的、無限的，此點儒家並非不知，故《中庸》云：「肫肫其仁，淵淵其淵，浩浩其天」，《孟子》所謂「盡心知性知天」，並非指對超越的「天道」完全掌握或控制，而是說人性內涵永恆與超越的「天道」，「天道」因此可由「盡性」中由「心」契悟與體會。換句話說，「天道」是超越的、無限的，但如它與人不發生關連，它只止於不可知的超越與無限；儒者卻認為這個「超越」與「無限」內涵於人性之中，因此，由盡性可體現天道，故孔子說：「人能弘道，非道弘人。」

一個深受中國文化潛移默化，而未被現實種種因素與其他外邊傳來的文化所污染的人，自然感到生命本身有無限的精神資源與充沛的道德意義：他在實際生活中所表現的風格，自有其莊嚴。[6]然而，我們現在所能遇到具有這種中國人文精神的人並不多；甚至許多講述與提倡中國文化與中國哲學的學者，老老少少，遠看道貌岸然，近看卻不乏偽善的化身；甚至一生謹慎或孤芳自賞的人，到了暮年，則把持不住，晚節不終。這些人，口說仁義，但出賣起靈魂來卻毫無汗顏之感。在中國文化傳統的結構已經崩潰之後，與處於今日中國傳統價值花果飄零之時，講述與提倡中國文化，對許多人而言，往往是故意去做的。這種在「集中意識」中故意做來「賣」的東西與「支援意識」疏離的現象，當然是可以了解的。這種現象正反映了中國文化之深沉的危機，而這些言行不一的「儒者」的行為不過只是我們文化危機中一部分例證而已。

與這些開口儒家、閉口儒家的學人相比，理和先生並不是哲學家，在主觀意識中也無提倡儒教之意。他是一個以誠敬之心生活的中國人，同時也是一個自覺有話要說的文學工作者。雖早年與晚年偏處鄉間之一隅（也許正因為偏處一隅），他的「支援意識」在離文化中心偏遠之鄉間的中國文化環境裡，於潛移默化中擇精取華，具體地掌握了中國人文精神的一面。因此，他意識到人並未疏離於宇宙；人生的意義最終是在生命中有其形上的、永恆的基礎，所以無法化約為主觀的意識或意志，或客觀的無意義的物質或機能。我們慶幸，在中國文化結構崩潰之餘，尚有足夠個別有生命力的中國文化元素，在理和先生與台妹女士的生活環境中遺存，使他們的「支援意識」深受其影響，因而在他們實際生活中能夠為中國人文精神作見證。如果李行導演的「原鄉人」能夠抓住這種人文精神，使其高度重現在銀幕上，那麼將會使觀眾接觸到中國人文精神之一面具體的「典範」（paradigm）。[7]只有在文化中多接觸到這類「典範」，文化

6 我在這裡所謂外邊傳來的文化之污染，是指許多事實而言；並不是說，外邊的文化只要傳入中國，我們一定要受其污染。我們是否會被污染，大半與我們用什麼方式與外面的文化接觸有關。筆者在別處曾再三強調，我們今後要超脫「五四」式的接觸方式。就以與西方文化接觸為例，今後如欲不被其迷惑或鎮懾，首先我們對其文化傳統的來龍去脈要有深切的歷史認識，並對其經典著作要有敏銳而精微的了解。這樣，才不會對其斷章取義，被幾個口號牽著鼻子走。

7 這個名詞是借自孔恩（Thomas S. Kuhn）所著《科學革命的結構》（*The Structure of Scientific Revolutions*）。他用「典範」這個觀念來說明「正規科學」（normal science）與「非常科學」（extraordinary science）的關係以

精神才不會只是「集中意識」中的口號與教條，中國人文精神才有纜繫的著落，才有碇泊之處；如此，中國人文精神才有重獲生機的希望。

（原載《聯合報》副刊，一九八〇年八月二日、三日）

及科學革命的性質。「典範」主要是指被科學家所接受的，科學研究中實際操作的範例（examples）。這種範例是由定律、學說、應用、實驗工具和方法所形成。孔恩受了博蘭霓的哲學的啟發而建立的這個觀念，主要是指科學家研究問題時的主要資源，終極地說，是無法明說的默契，而這種默契是科學家，在他所屬的科學傳統中，於接觸從事研究的具體範例與在實際操作的經驗裡，由潛移默化而得。關於孔恩自述博蘭霓的哲學對他的影響，請閱 Thomas S. Kuhn, "The Function of Dogma in Scientific Research," in A. C. Crombie ed., *Scientific Change*（London: Heinemann, 1963）, pp. 347-69; pp. 386-95, esp. p. 392.

黃春明的小說在思想上的意義

小引

人生的許多事常常是由於機緣所促成。我對春明與他的小說的認識最初也是由於偶然的機緣所促成的。一九七四年年底，我與家人重返闊別了十年的台灣，過了農曆年節以後，開始在臺大講授「思想史方法論」，遇到了一批極為奮發有為的青年朋友，從他們的身上我重新看到了台灣的希望，也重新燃起了對台灣的關懷；也可以說，在他們的導引之下我重新發現了台灣。在我重新發現台灣的過程中，春明的小說可說發生了很大的功效。這批青年朋友不時拿一些近年來出版的文學作品給我看，記得最先看到的，是春明寫得最精采的一篇：〈看海的日子〉。當時對這篇作品之傑出的藝術成就與深遠的道德涵義感到非常震驚，一改過去對台灣文壇的印象。台灣曾被人譏為「文化沙漠」，十幾年前我對台灣文壇的印象正與這句使人聽了不甚入耳的評斷相去不遠。實在沒想到十年後會有這樣了不起的文學奇葩在台灣的泥土上出現。我看完那篇小說以後，急迫地趕著看春明寫的其他作品，同時也開始看鍾理和、楊逵、陳映真等人的作品。我對台灣文壇的成就，在閱讀面開廣以後，觀感變得複雜起來，不能繼續保持當初那種濃烈的驚異之情；不過，最初如果沒有這種新發現所帶來的驚異之情，我也許不會繼續去接觸台灣文化中這一個令人興奮的層面。

第一次見到春明是他在一九七六年訪美的時候。那年秋天他來麥迪遜，[1]在威斯康辛大學講演，談的是文學創造與語言的問題。我發現他是一個充滿了熱烈情感，很自信，對生活之觀察非常具體而細膩的人。他當時主要是以文學工作者的觀點，談論台灣方言因受社會與經濟變遷的影響，所遭受到的威脅與困擾。我覺得他這種從具體事實出發來談論他所關心的事，極為對勁。會後，他光臨舍下小聚，大家也談得甚為相投。一九七七年與今年暑假我返台小住時，也曾與春明相聚。作為一個台灣傑出的小說家，我看得出他心裡的負擔不輕，但春明的感受與想像力極強，今後如能更相信自己，他的成就將是無可限量的。最近欣聞春明已榮獲第三屆「吳三連文藝獎」；我除了為他所獲得的實至名歸的榮譽感到高興以外，同時要為吳三連文藝獎基金會這樣識人的決定而喝采。我謹在此預祝他將來的創作得到更豐碩的成果。

一

春明是一個天生的小說家。在這種小說家的意識中，並不需要學院裡的，表面看去很複雜

1 我居住的這個城市是為了紀念美國憲法之父麥迪遜（James Madison, 1751-1836，曾任美國第四任總統）而命名的。有人把它譯做「陌地生」，這種譯法即使沒有故意污辱美國歷史與文化的意思，也使人覺得常識不夠，不倫不類。我對美國文化的許多方面，並無好感；但，覺得對於對自由主義之理論與實踐具有重大貢獻的美國政治思想家麥迪遜是應該給予尊重的。

但有時是非常做作的理論，作他的創作基礎。這種小說家成名以後，跟著而來的許多對他的小說的解釋，以及把他的小說按上象徵這個、代表那個的名目，有時反而對他增添了不少困擾。（不少文學批評的理論，雖然表面上看去很複雜，實際上卻往往是因為要建立它們的「系統」而摒除了許多應該仔細考慮的相關因素，以致犯了形式主義的繆誤。）因此，在這種情形下，他會很坦然地說，當初寫作的時候實在並沒有想到這些名堂。他之所以要寫，是因為他好像被一種龐大的魔力抓住一樣，身不由主，非寫不可。在他實際寫作的白熱階段，振筆疾書，哪裡有時間去推敲、去斟酌。這種自然流露、熱烈迸發出來的作品，往往力量特別大，像江河滾滾而來，感人至深。這主要是由於此種作品能直截了當地洞察（認知）一面（或數面）人性的「真實」——一面（或數面）常被舊式的、新式的、制度化的、與草野的陳腔濫調所遮蔽的「真實」。換句話說，也就是這一面（或數面）對「真實」的認知驅使他無所顧慮，非寫出來不可。

春明在〈青蕃公的故事〉、〈看海的日子〉、〈兒子的大玩偶〉與〈小琪的那一頂帽子〉中所展示的世界是一個極不公平的世界；然而在這個世界中被剝削、被踐踏的人卻不知從哪裡得到那樣充沛的力量，自靈魂深處播散著愛、憐憫、堅忍、寬容與犧牲的精神。這種精神給予這些從世俗觀點被認為是「小人物」的人們的生活以莊嚴之感，並肯定了人的生命是由勇毅、自尊、希望、憐憫與愛而得其偉大。在充滿了貪婪、卑鄙與不公的世界裡，這種精神居然「無動於衷」，頑固地存在著。這使春明十分驚異與嘆服。他所驚異與嘆服的，不是作為社群的人們，而是在社群中的個人，這個幾乎令人不可思議地不受外界干擾的人的靈魂的完整性。他因為深受其感動，所以不能不把它寫出來。許多論客，一再強調春明是一個同情「小人物」的作者；但用「同情」這兩個字來形容春明的心情實在是很皮相的。他聽了一定會啼笑皆非。那些春明筆下令人感動的小說，絕不是「同情」所能寫成的。那是源自熱烈的愛、冷靜而細膩的觀察與充沛的想像力三種不易揉合在一起的因素相互激盪而成之設身處地、形同身受的同一之感（empathy）。這種成就對春明而言並不是一蹴即得的；是他從〈男人與小刀〉那種沉湎於從自憐走向自我毀滅的小小的虛無意識中走出，在展視芬芳的泥土與擁抱廣闊的世界時，與他身邊最熟悉的、植根於東台灣鄉間具體生活環境中的人物神會的精神旅程。正如他自己所說，那是一個從幼稚走向成熟的過程。

二十世紀的許多文學作品所反映的，往往是浮躁、疏離、虛無、玩世不恭等精神失落的現象。如果作家們所看到的世界就是這個樣子，把世界寫成這樣當然也無可厚非。春明卻從他所熟悉的鄉間人物的生活，看到了真實世界中人性的尊嚴；因此，他能夠走出那夢魘的世界。這一方面是由於這些人的生活給了他啟示的緣故；但，他如果沒有本領來接受這個啟示，當然仍是毫無結果。約瑟夫·康拉德（Joseph Conrad）曾說，文藝的中心關懷是從人生中發現什麼是基本的、持久的與本質的。文藝工作者的方法與科學家和哲學家不同；他不是採用系統研究與論辯的方式去探討他所關心的問題。他是根據內在的力量——一項內心的「天賦」（gift），這種天賦使人能夠具有快樂與驚奇的本領，能夠產生別人的痛苦即是自己的痛苦的感受，同時也能夠產生與世上一切的生命相契合的情感。如果一個作家依據這種天賦所給與的資源從事創作的話，他自然知道什麼是文藝所優先關切的東西。在囂雜的世界中，這種文藝所優先關切的東西常被矇蔽，有時一些作家也以為反映囂雜與失落是他們底優先的關切。但，正如索爾·貝婁（Saul Bellow）所指出的，如果我們能避開叫囂的環境，走向安靜的領域，文藝所優先關切的東西仍是清楚可聞。[2]這個清楚可聞的「真實」是蒲魯斯特（Marcel Proust）所謂的超越現實目的之「真正的印象」（true impressions）。文藝工作者的天職就是把這些「真正的印象」用藝術的語言與形式表達出來。

自從第一次世界大戰以來，西方文化一直處於嚴重的危機之中，許多作家深感與文化和生命疏離。因此，文學思想史家奧爾巴哈（Erich Auerbach）曾說：「許多作家不是寫出了光怪陸離、隱約地令人恐懼的作品，就是用弔詭與極端的意見使大家震驚。無論是由於對大眾的藐視、對自己靈感的崇拜，或是由於一個不能同時既單純而又真實的可悲的弱點，他們之中的許多人對於他們所寫的東西根本不做幫助使之得以了解的努力。」在這種情況之下，許多文藝作品遠離康拉德所說的「中心關懷」，無寧是可以理解的。

但，文藝工作者究竟如何從人生中發現什麼是基本的、持久的與本質的呢？文藝的中心關懷在於追尋人生之意義與指引人生之意義（這種活動是經由展視與描述人生中具體的事情而進行的。此處所謂「展視」與「描述」與宗教和哲學的活動不同。宗教訴諸人的企求、恐懼，與對宇宙的神秘之感，而哲學則在於說理。文藝的「展視」活動與哲學的「說理」活動當然也可能包括對宇宙的神秘的感受；在這一方面，三者可以匯通，在其他方面，三者不同。[3]）既說是追尋人生意義，當然已經預設（assume）人生是有意義的；否則，如果假定人生並無意義，那麼「追尋人生意義」的任何活動便是不通而可笑的。另外，追尋人生意義的活動，同時也蘊涵著已經意識到對於賴以衡量人生意義之標準的掌握；亦即：對於何種人生取向才有意義與何種人生取向並無意義已經具有無法明說的了解與感受。否則，如果毫無根據，那麼在追尋人生意義的過程中，一個人即使找到了答案，他也無法知道那個答案就是答案；因為他必須根據已知的標準去衡量，才能知道那個答案是正確的。用博蘭霓（Michael Polanyi）的哲學術語來說，我們對人生一切事物不關懷則已，一旦產生關懷，在不能表面明說的「支援意識」（subsidiary

2 Saul Bellow, "Nobel Lecture, December 12, 1976," in *Les Prix Nobel 1976* (Stockholm, Nobel Foundation, 1977), p. 224. 本文寫作時，曾參考多年來在芝加哥大學社會思想委員會任教的索爾．貝婁先生於接受一九七六年諾貝爾文學獎時發表的這篇演說。正如福克納（William Faulkner）在一九五〇年接受一九四九年諾貝爾文學獎時發表的演說一樣，這是一篇精采而令人興奮的「見證」之辭。

3 此處所說的哲學當然不是指實證主義的哲學。那種哲學認為任何人對人生的看法只是主觀的偏見，哲學所能做的只是澄清命辭而已。

awareness）中就已經與宇宙中的「真實」（reality）產生接觸，我們就在這種漸漸深入的接觸中，接受宇宙的「真實」的啟發與指引，進行各種追尋人生意義與發掘真理的創造活動——亦即更深一層地認知宇宙的「真實」的活動。

但是，現代文明中各式各樣的實證主義與化約主義對這種認知宇宙的「真實」的創造活動產生了極大的干擾與威脅。實證主義以為凡是不能經由感官接觸的、不能證明的、與不能明說的東西都不是真實的，所以都不可相信；因此，道德與精神便被界定為情緒。社會學中的功能主義（sociological functionalism）與絕對歷史主義（absolute historicism）則以為所謂道德與精神只是社會環境或傳統演變的產物，它們具有維持社會秩序與促使歷史發展的功能，但它們除了扮演一種角色以外，本身並無意義。（這派學者即使承認道德與精神本身之存在，不可完全化約為它們產生的背景，同時它們的意義也不止於在社會與歷史中扮演一種角色；可是他們因受自己的化約主義的牽制，對道德與精神之本身意義終究說不出一個所以然來。）另外，心理分析學說則把道德與精神化約為欲望的藉口。

這些現代的教條，事實上，是現代虛無主義的思想基礎。承受著這些現代文化衝激的台灣，在學術界與文化界發生了三種現象：第一，文化保守派用陳腐的教條來應付這些新的教條。這一派往往與政治利益結合，除了造成一批火牛以外，因為只是在那裡從事一廂情願的要求，並未做開放心靈的分析，所以在思想上說服力不大。第二，一些在學院中主張行為科學的人，對於行為科學是由實證主義衍生而來的思想淵源不甚了了；因此，他們所肯定的道德價值與他們的學說之間產生了不能協調的現象。行為科學家們，在現階段的台灣政治與社會發展中，有相當程度的正面貢獻，但他們的學說因受其基設（presuppositions）的影響，只能視價值為中性；他們所談的「價值」，事實上只是一種功能，所以只能從相對於社會需要的角度來談，沒有更高的意義。從長遠的觀點來看，行科學是無法建立價值系統的。第三，那些主動接受現代虛無主義的人，則以為作為一個現代人，應該自甘於虛無與玩世，甚至以為這是「前衛」式的進步。（當然，也有許多人對上述現象採取批評的態度；這也是為什麼我以為在台灣的中國文化不是沒有前途的主因。然而，無可諱言地，上述現象在台灣是占有很大勢力的思潮。有些人即使不以它們為然，但因自身並無有力的論式去反駁它們，所以對思想的釐清並無積極的貢獻。）

在這些現代文化危機的籠罩之下，春明早期一系列展視與描述東台灣鄉間人物的小說，可說毫未受其影響，或早已超越其影響。他秉承天賦，以更高形式的認知能力，接受了他所嘆服的鄉間人物所給他的啟示，經由他筆下的人物各個具體生活中所呈現的愛、憐憫、希望、堅忍、寬容與犧牲，展示了人的精神的存在。這些作品之所以能夠寫成，主要是因為作者的心靈是由於一種激情的強烈之感（passionate intensity）所推動的緣故。而我們讀者在回應這些文學創作所帶給我們的訊息時，心靈深處也會產生一種激情的強烈之感（其內容當然與作者創作時所感受的不可能完全一樣，作者的意圖〔intention〕也不是此處討論的題目），在這個時刻，世界一切荒謬均被否定，我們受作品中精神的見證所感動，知其並非虛幻，而是實有！例如，當我們閱讀〈看海的日子〉與〈兒子的大玩偶〉深受感動之時，我們不能說梅子、坤樹與阿珠的生命中呈現的精神只是社會環境與歷史背景的產物。易言之，我們認知了他們的精神的完整；雖然他們的環境與背景對他們的人格的形成有某種程度的影響，但我們不能把他們的精神化約為社會的環境與歷史的背景。（小說不是歷史，小說的創作當然不必在每一個細節上都要根據過去已經發生過的事情。小說家的想像儘可與他見到的具體的人生匯通。但，偉大的小說必須呈現特定的具體之感，使得讀者感受其獨特的存在，而不是抽象的或口號式的表現。正因為它是具體的，讀者才能對它產生獨特的感受，這種感受能刺激想像力，具有真實感的概念遂可能由豐富的想像轉化而成。）

二

當春明把他的視線轉移到城市以後，他的心靈深處受到城市罪惡的強烈震撼，難以保持鎮靜；他憤怒、譴責，但又同時感到無奈。在這種情況之下寫成的作品，品質便難免不一了。〈蘋果的滋味〉詛咒貧窮，仍見深刻，筆觸間仍有他與作品中的人物產生同一之感而得的細膩之處。〈莎喲娜啦．再見〉，是一篇具有社會意義的作品，另外對作者與臉上有印記的阿珍之間的心理描述，也有動人之處。但，〈小寡婦〉與〈我愛瑪莉〉則顯得零亂與鬆懈。春明以一腔熱血去寫擁抱生命、肯定生命的題材，屢見精采之處，但由他去寫諷刺小說，這件事本身可能就不太合適。每個人的本領都有長短，能把某一類事做好的人，並不見得會把另外一類事做得同樣地好。在這兩篇作品中，作者的智巧失於過露，諷刺變成嘲弄，因之而來的滑稽之感減低了作品所應達到的嚴肅性與強度。換句話說，崇洋媚外與其他城市中的污點當然是應該加以諷刺或譴責的，但春明在〈小寡婦〉與〈我愛瑪莉〉中的作法卻不易產生深刻的效果。另外，在描述罪惡事實的時候探討罪惡的原因，也產生了相當混淆的結果。因為在探討罪惡的原因時，不能不用相當程度的化約方式；所以罪惡的事實便無形地被沖淡了。

其實，城市中的罪惡，何止於春明筆下的那樣？其幽闇面恐怕要比他寫的或能寫的更黑暗多少倍吧？如果環境許可，把城市中最幽深的罪惡記錄下來，自然是一大成就。然而文學工作者的責任不止於記錄。在他觀看城市的時候，應該把城市文明的罪惡與城市文明中的許多個人分開。當然，許多城市中的人只是罪惡的化身——他們已經徹底非人化了；如果一個作家所看到的城市中的人都是這一類生物，他若仍要寫城市生活的話，當然也只能記錄事實與探討原因。但，如果作家在城市的生活中看到許多個人在生命裡呈現著為理想的奮鬥、愛的關懷、精神的煎熬與靈魂的掙扎（如許多為自由與民主奮鬥的故事），那麼他應該以適合展視與描述這些人的精神旅程的方式來探尋這些人的人生意義及其涵義。假若春明覺得我的批評與建議不是沒有道理，而他仍有興趣把城市中的形形色色當作小說題材的話，也許他會放棄諷刺的體裁，採用別的方式來展視與描述許多不同的個人在城市中的生活。（文學在展視與描述社群中的個人而不是作為社群的人們時，才能發揮它本身特有的力量。）即使仍用諷刺的手法，至少要免去嘲弄，如此城市中的罪惡將能更直接地呈現在讀者之前，使其警惕。

（原載《聯合報》副刊，一九八〇年十二月五日、六日）

如何做個政治家？

——為祝賀新生代台北市議員當選而作

前言

在這次台灣地方選舉中，林正杰以外省籍青年、黨外人士的身分，獲得高票而當選台北市議員。從台灣民主發展史的觀點來看，是一件甚有意義的事。這件事說明了許多選民，已能突破地域觀念，就事論事。客籍的邱連輝能夠當選屏東縣長，也是一例。

林正杰競選時的言論，穩健、實在，而又不失理想主義的色彩，給人帶來了清新的希望，與過去一些黨外人士訴諸情緒的言論相較，也是一大進步。政府辦理選舉，大致能循民主政治運作之常規進行，最後在和煦的氣氛中完成，也使人感到高興。

這次當選的議員們，除了林正杰以外，還有不少黨內黨外的青年，他們大多憑一股熱情進入政治，為實現競選時的諾言而奮鬥。但，政治是什麼呢？由於種種原因（包括中國泛道德文化的影響），許多人在觀念上無法把「政治」與「道德」分開，因此產生了一個趨向兩極的境況：許多從事政治活動的正人君子以為政治是道德的一部分，政治行為必須以嚴格的道德標準來衡量（常常有寧為玉碎，不為瓦全的衝動，認為政治上的「妥協」與「協議」是不道德的行為：不知真正的政治家有時需要以「妥協」與「協議」的方式來增進實力以達成理想），這樣往往在行為層面上不是捉襟見肘，便是訴諸情緒（以為如此就是道德）。從政治的觀點來看，他們的活動顯得很幼稚，而實際成果也就注定是很有限的了。

與這種把政治當作道德行為的中式正人君子的態度正好相反，中國的許多政客則把「道德」當作玩弄政治的工具；他們穩重練達卻口蜜腹劍，處處以「道德語言」與「道德形象」作為搞政治的資本，口號比誰喊得都響亮，姿態比誰擺得都像樣；然而，他們的意識已經被權力慾與虛榮心所占據，人性的尊嚴已自內心崩潰，生命除了自私自利以外，早已毫無意義。在堅持「人人為我，我不為人人」的信條之下從事政治活動，除了能夠欺騙長官、部屬與同胞，並滿足自己私慾以外，當然也不可能有任何政績可言。易言之，在中國政壇上，正人君子多因頭腦不清，誤把政治當作道德；因為不知政治為何物，他們的「政治行為」每有變成被政客們玩弄的籌碼。

相反地，由於在觀念上政治沒有獨立的範疇，從政的人並不是必然需要在政治範疇之內為其行為負責任；因此，中式的政客特別容易利用「道德語言」與「道德形象」來上下欺騙，以完成自己的私慾。（此處所謂的政治是指下文所要界定的屬於獨立範疇的政治家的政治，而不是指政客的「政治」；政客的「政治」只是一種滿足私慾的行為，不是屬於政治底獨立範疇之內的事。）

如要突破上述的困境，在觀念上當務之急是對政治的獨立範疇加以明確的界定，並對政治與道德的不同與兩者之間相互的關係加以精密的分析。據筆者所知，關於這方面的文獻，以韋伯（Max Weber）所寫〈作為安身立命的職業的政治〉（“Politics as a Vocation”）允為經典之作。在今天一些有理想的青年，肩負著選民神聖的付託進入政壇的時候，韋伯在此文中的基本觀念實有加以引進中文世界的必要。（中文世界中並不是絕對沒有與韋伯底觀念類似的看法；但這些看法大多是以成語或格言的方式表達的，不夠精確，也不太有系統。）「哀莫大於心死」，對於心靈早已被私慾所浸蝕的政客而言，這種釐清觀念的工作終將毫無意義。但對於從道德關懷出發而進入政壇的青年，這種釐清觀念的工作也許能夠增加他們的政治能力。

韋伯的文字艱澀濃縮，甚為難讀。二十年前筆者初至芝加哥大學讀書的時候，曾發憤細讀其主要著作，可惜因不懂德文，而英文譯本多不理想，收在 H. H. Gerth and C. Wright Mills 合譯，在一九四六年出版的《韋伯社會學論文集》中的此文，譯得尤糟，當時雖細讀數遍，總覺得韋伯之精密論旨中的一些環節，未能完全掌握。

一九七八年劍橋大學出版社出版了由 W.G. Runciman 編輯，Eric Matthews 迻譯的《韋伯論文集》。編者曾在〈序言〉中說「本書選錄的文字，在翻譯的時候，譯者並未參考現有的譯本。我也未曾與之作一系統的比較。不過，從已經比較過的章節知道 Eric Matthews 所完成的譯文，不但比過去的譯文更為通暢，而且更為翔實。」同時，他更用諷刺的口吻說：「用任何標準來衡量，韋伯都是一個艱深的作家。假若他的英文譯者把譯文作得比原文更晦澀，那麼我們就不應責備英語世界的讀者們會抱怨韋伯難讀了。」我看到這一番話的時候，心中極感興奮，趕快翻開譯文讀下去，發現此言果然不虛，本書所收錄的章節均比以前的譯文通達曉暢甚多。書中也選譯了〈作為安身立命的職業的政治〉最主要的部分，我過去未曾掌握的一些論旨環結，也因讀了這份新的英譯而豁然貫通。沒有這份新的英譯，拙文是無從寫起的。不過，下文並非直譯，是疏解與引申韋伯文中的觀念而撰成的。

政治家的三個基本條件

為什麼有人願意做一個政治家？一個政治家的工作給予從政的人何種內在的滿足？從政的人的基本內在滿足是得自權力的使用。一個從政的人，即使職位不高，他會因為能夠影響別人、影響歷史的進展而得到一種滿足的感受。那麼，這種有實際權力的人，究竟應該具有什麼資質才配握有權力，才能負起權力所帶給他的責任？換句話說，什麼基本資質才能使他成為一個政治家，而非政客？政治家必須具備三個基本條件：一、熱情，二、責任感，三、冷靜的判斷力。

這裡所說的「熱情」是指「切實的熱情」（realistic passion）而言，而非「不能產生結果的興奮」（Sterile excitement）。不少知識分子（中國的與外國的）參加政治活動是受了「不能產生結果的興奮」所推動。這種「不能產生結果的興奮」，簡單地說，是由「浪漫的政治幻覺」

與「道德的優越感」兩種因素激盪而成的。「浪漫的政治幻覺」會把自己相信的口號變成了心中認為即將展現的實體，所以喊口號便變成實現理想的具體行為。在此種幻覺的籠罩之下，這些知識分子決定對於理想獻身的這件事，使得他們覺得在濁世中唯我獨清，道德的優越感遂油然而生。「浪漫的政治幻覺」與「道德的優越感」的結合自然產生一種不寬容的、對客觀事實無法認知的封閉思想系統；因此，一廂情願地從來不以為自己所要做的事會做不成。如此便無法對客觀的現實以及與自己不同的行為產生切實的了解，並作因應的措施；在這種情況下，此類政治活動自然不能產生實際的成果（當然，如果沒有熱情與理想，政治只是圖謀私利的活動，那是政客的勾當，不是政治家的行為，此處不必贅述）。

我們必須清楚地了解：從事政治活動，只憑浪漫的熱情不但不足成事，有時還會敗事。所以，我們必須把「熱情」冠以「切實」兩字。如何才能使熱情切實呢？那就需要責任感——熟慮自己行為可以預見的後果（foreseeable consequences）並對其負責——來作政治活動的基石。這種責任感的實際承擔是建立在對於外在事務與人際關係的冷靜的判斷上；沒有這種冷靜的判斷力來支持，所謂「責任感」終究也只是一個口號而已。

此處所指謂的「冷靜的判斷力」是如何產生的呢？那是要與自己關切的事務產生一種距離感才能得到的。

那麼，如何才能產生這種「距離感」呢？這主要有兩個來源：一、切實的歷史感，二、內在寧靜的心態。切實的歷史感主要是指對於現在所處的政治、經濟、社會與文化的歷史脈絡具有清楚的認識。一個政治家必須在歷史的可能範圍之內盡力推動改革至其極限；但不可超出極限，以免保守勢力的阻力與反撲。

中國知識分子因肩負著「清議」的包袱以及其他原因，往往把一時在政治上的妥協與協議當作放棄理想的不道德的行為，所以，參加政治的活動最後變成了不顧客觀歷史之可能性的吶喊，因為只能吶喊口號，實際的政治活動範圍反被政客們乘虛而入。假若對歷史的可能性具有清楚的認識，自然容易對所關懷的事務產生客觀的距離感，距離感促進了冷靜的判斷力，在政治活動中便易獲得實效。

另外，內在寧靜的心態也是培養冷靜判斷力所必需的。這種內在寧靜的心態，是一種孟子所說的「富貴不能淫」的大丈夫精神，是一種超越了從政的人最常見的心理現象——虛榮心與權力慾——的心態。在民主的社會中，政客們為了滿足自己的虛榮心，經常要得到大多數人的注意，他們不惜變成演員或小丑，只注意自己的言行能產生什麼「印象」；他們對於政治事務甚為熱中，但卻缺乏真實感，另外，雖然從政的人要求掌握權力的欲望是很自然的事，但政治家與政客之所以不同，在於前者把權力當作達成理想的工具，而後者是把追求與掌握權力當作人生的目的。沒有權力，事情是不能辦通的，所以政治家自然也需要權力。但政治家並不追求絕對的權力，而是以艾克頓公爵所說「權力趨向腐化，絕對的權力，絕對地腐化」那句名言當作自己的座右銘的。從政的人，日日與權力相接觸，他對大眾最大的危害是：墮入權力慾的深淵而不能自拔。然而，政客們表面看來相當得意的、追逐權力的行為的背後，卻是一個虛脫的心靈；內在精神的軟弱與無能使他只能用下流、疲乏與淒涼的態度來面對「什麼是人生的意義？」這個問題。他認為人類行為除了要滿足權力慾以外便沒有其他任何目的。這種精神的虛脫使他對人類的行為（包括政治行為）的悲劇成分毫無所知。一個從政的人必須能夠超越虛榮心與權力慾的羈絆，才能以「大公」之心為大眾謀福祉，才能產生謀求權力、享有權力，但不為權力所動的寧靜的心態，有了這種心態才能對周遭接觸的事務產生距離之感，以便培養冷靜的判斷力。

政治活動的獨立範疇

當我們了解了政治家的三個基本條件以後，我們應該更進一步界定政治活動的獨立性。易言之，政治活動有其獨立的範疇。在這個範疇之內的活動，從道德的觀點來看，是中性，既不是不道德的，也不是道德的。心中有了這個基本觀念，從政的人才容易獲致實際的成果。這裡所謂政治活動的獨立性，當然不是絕對的，而是相對的。如果主張政治活動應該絕對獨立於道德的判斷，那是為可怕的極權暴政舖路的理論。

韋伯是用兩種有關政治行為的倫理觀點，來界定政治範疇之獨立性的。第一個觀點，他稱謂「意圖倫理」（an ethic of intentions）（H. H. Gerth and C. Wright Mills 譯為「關懷最終目的的倫理」〔an ethic of ultimate ends〕）；第二個觀點，他稱謂「責任倫理」（an ethic of responsibility）。

雖然，「意圖倫理」並不是完全不顧及責任，而「責任倫理」也並不完全不顧及意圖；但，這兩種觀點的確具有極為不同的涵義。在政治上，主張激進的人所持的觀點往往是「意圖倫理」式的；主張漸進的人所持的觀點則往往是「責任倫理」式的。對於一個要求激進的人而言，如果你跟他說，他的主張與行為不但不能成功，反而很可能導致保守勢力的反撲與壓迫，甚至會減退或斲喪原有的成果；即使成功了，這種激進的政治活動可能帶來許多無法運用本身資源所能獲致解決的新的問題，他不但不會同意你的看法，而且還可能懷疑你的誠意。對他而言，他最大的責任是保持他意圖的純真，而不是考慮行為的後果；如果他的激進的政治行動導致保守勢力的反撲或自己計劃的失敗，他通常是要懣怨別人愚蠢，社會不公，或說這是天意，卻很少會承認這是他的行為帶來的後果。對這種人而言，只要意圖是對的，他的行為就是對的，結果如何，他不負責。對於根據「責任倫理」的觀點行事的人而言，他覺得世界上沒有十全十美的人，也沒有十全十美的事；把自己行為的意圖定得十全十美，並不能使世界變得十全十美。政治上只能漸進，只有漸進才能得到實在的效果；他應該熟慮他底政治行為可以預見的後果，並對其負責。他認為他在政治上的決定與行為的後果，只要能夠預想得到，他便要自己承擔起來，並不要轉移到別人的肩頭上。

從邏輯的觀點來看，因為「意圖倫理」只注意意圖的純真而不顧及意圖的後果，所以唯一的結論應是：政治行為的每一步驟都必須出自純真的意圖；因此，任何政治行為均不許在道德上有曖昧之處。易言之，以「意圖倫理」的觀點從事政治的人，假定宇宙為一唯理的有機體，只要「誠意」，便會產生良好的秩序。然而，在經驗世界中，卻有一種與這種「意圖倫理」關係至為密切，但態度正好相反的看法與行為；它認為只要目的純正偉大，為了達到這個純正偉大的目的，可以不擇手段；甚至以為目的越偉大，越可不擇手段。它認為為了使世界變得永遠美好無缺，為了使一切不道德與不公正的手段都再沒有使用的可能，他有理由最後使用一次極不道德、極不公正的手段以達成這個偉大的目標。

事實上，經驗的世界並不是像唯理主義所想像那樣單簡、那樣「合理」。除非你是一個幼稚的孩童，任何人都知道美好的意圖，在經驗世界中並不一定能夠產生當初所希望得到的美好結果。而那些為了達成偉大的目的便不擇手段的激進行為，注定要在政治過程中使不公正的手段變成了生活的方式；這樣的政治行為的後果與當初的意圖正好相反，偉大的目的遂變成了空虛的口號與統治的工具。

根據以上的論述，我們知道，以「責任倫理」為出發點的政治行為是比較切實而合乎人道的行為。一個人如要根據「責任倫理」的觀點從事政治活動，他必須熟慮政治行為可以預見的後果。以政治行為可以預見的後果為基準的活動範疇，相對於考慮行為之每一步驟是否合乎道德的完整性而言，是一獨立的範疇。易言之，鑒於政治活動的範疇是獨立的，為了達成可以預見的後果並對其負責，有時需要在政治上與其他勢力做必要的妥協與協議。這種妥協與協議，並不必強辭奪理、自相矛盾地說是合乎道德原則的，但也不是不道德的；這種妥協與協議，事實上，是屬於獨立的政治範崎，從道德的觀點而言，是中性的。

在經驗世界中的政治範疇之內，具有「切實的熱情」與「冷靜的判斷力」的政治家，為了達成他的理想所採取的手段（在熟慮可以預見的後果以後），不必對其均做是否合乎道德完整性的考慮。那麼，站在對後果負責的立場，在採取政治手段的時候，道德的考慮可以放鬆到什麼程度呢？這個問題無法在學理上給予清楚而簡單的答案：在政治範疇之內，目的與手段之間經常處於「緊張」（tension）的境況之中；太注意手段的道德完整性有時反而不易達到希望達到的目的，不太注意手段的道德完整性有時反易達到希望達到的目的，但有時不注意手段的道德完整性也仍然不能達到希望達到的目的。甚至有斷喪了自己的立場，以致無法再為自己的理想奮鬥的可能。在政治範疇之內很多事務多在流動的情況之下，不易推測。政治行為最高的運用，是一種藝術，因此，終極地說，其實地運用的原理是無法明說的。

然而，對於台灣的政壇，有一個原則是可以明確指出的。民主政治最主要的基石是法治。

法治是「法律主治」（the rule of law）的意思。（「法治」不是「法制」；這兩個名詞雖是一字之差，但差之毫釐，謬以千里：「法制」指的是：以法律統治。以法律作為統治工具是中國的法家思想，這種辦法只能造成一個有效率的極權國家〔不講究「法制」的極權國家是一個沒有效率的極權國家〕，凡信服自由與民主的人均應鳴鼓而攻之。）如果將來有一天，中國社會中的小人以為，在公正而普遍的法律範圍之內謀求自己私慾的滿足，對他們而言是最有利的行為的時候，自由與民主便真的變成了中國社會中具體的事實，而不再只是口號的吶喊了。

建立法治的制度與文化是一個艱苦而繁複的過程，新生代的政治人士如果能夠從運用靈活的政治手段中，使建立法治的制度與文化的過程真正地邁前一步，我們可以說這是政治家的成就，值得喝采。（英國的法治傳統便是由於許多客觀的因素與歷代政治家靈活地運用政治手段而建立的。）不過，我在這裡所說的政治手段靈活的運用，必須與一般所謂「為了目的不擇手段」做一嚴格的區分。這種運用必須時時刻刻根據「責任倫理」的觀點進行；亦即以「切實的熱情」與「冷靜的判斷力」為基礎，熟慮政治行為可以預見的後果並對其負責。[4] 一旦發現「靈活」的政治手段並非真正靈活，以致預見的後果並未達成；甚至繼續「靈活」下去，將喪失自己的立場，喪失了從政的初衷的時候，一個肩負著深切責任感的政治家必須堅持自己的立場，他必須說：「這是我的立場，絕不能改變！」這種表現與傳統中國書生認為政治只是道德範疇的延伸，墨守清規，一事無成，有所不同。在這裡，「責任倫理」與「意圖倫理」在精神上相輔相成，得到最後的匯通。這是受了內在精神力量支持的、成熟而完整的靈魂的反映，令人欽敬。在思想與精神中達到這個層次的人，是真正的英雄與領袖，有這種成就的人是有資格以政治為安身立命的職業的了。

本文所要強調的是，基於「責任倫理」的觀點，政治行為的範疇有合理的獨立性。這樣，新生代的政治家們也許可以從泛道德主義與激動的情緒中得到觀念的解放，在從事政治活動的時候不被罪惡感所干擾，可以更自由地根據「切實的熱情」與「冷靜的判斷力」，發揮「責任倫理」的政治精神，在堅定的內在理想支持之下，更靈活而漸進地謀求台灣政治的實質進步。[5]

（原載《時報雜誌》一一八期，一九八二年三月）

---

4 如果一個從政的人，口中總是說要為理想奮鬥，但運用起手段來的時候，我們看不出他的手段與他的理想有何具體的關係：假若他不是一個騙人的政客的話，這種行為使人懷疑他對自己所說的理想是否有真正的感受，抑或只是自我陶醉在理想色彩的語言所帶給他的浪漫的刺激裡而已。

5 根據本文所採用的多元論的思辨理路推演下去，自然可知我既然主張政治活動具有獨立的範疇，當然也主張學術活動也有獨立的範疇。在學術活動中，以知識良心追求真理的原則是絕對不可妥協的。如果這個原則遭到了妥協，那麼學術範疇的獨立性便遭到了斲喪；這樣，表面看去仍是學術的活動，實際上已經不是學術的活動了。

面對未來的關懷*

這些年，我曾看過一些新儒家學者們的著作，但並沒有系統地加以研究，剛才余英時先生和劉述先先生所談的都很重要，也都很有見地，我在這裡不必重複他們說過的了，只想談談一些別的看法。

作為現代中國人非常難，稍有靈性的人，往往深感精神的煎熬，對於幾位新儒家學者所表現的這種精神的煎熬面、痛苦面，我覺得很值得欽佩。另外，他們的許多專著，都是研究中國哲學史必讀的重要著作，這種學術上的成就，也令人欽佩。但我所要談的重點是：他們身為知識分子，所關懷的究竟是什麼？就我個人來說，這是個重要的問題，一個知識分子應該關懷中國的未來，基於這種關懷，我們應該設法使我們的政治、經濟、社會與文化的結構能夠得到改進；如此，我們的同胞可以生活的合理一點，豐富一點，有尊嚴一點。

就幾位新儒家來說，他們所關心的，除了自由民主的實現之外，還包括「五四」反傳統思想所產生的各種極為嚴重的惡劣影響，他們想把這些禍害消除，期望能使中國走向一個更健康的文化和思想的未來。此外，在個人生命層面，他們的精神與中國傳統的精神資源是連在一起的，他們從中國傳統文化中獲得很大的啟發，這種啟發使得他們能不惑地面對生命層面的許多問題。但就一個知識分子應該關心中國的未來這一點來談，我們如何能夠步向一個合理的政治、經濟與文化的秩序呢？我個人覺得這需要應用批評的精神來探討。批評並不一定蘊涵否定，許多中國傳統的東西，並不是禁不起批評考驗的，而在嚴格的批評下獲得肯定的東西，才是真正不會與時俱滅的。

牟宗三、唐君毅、徐復觀三位先生來說，我個人的心情和徐先生比較接近，與牟先生次之，因為他們兩位較有批評精神，至於唐先生，我跟他的心情不但不接近，反而非常衝突。關於這一層，劉述先先生可能了解我的意思。

唐君毅缺乏批評精神

先說唐君毅先生，他的思想方式取自佛學的華嚴宗與德國的黑格爾。華嚴宗認為現象世界裡每一事物皆是「真心」之全體，所謂「一即一切，一切即一」。法藏「又為學不了者設巧便，取鑑十面，八方安排，上下各一，相去一丈餘，面面相對，中安一佛像，燃一炬以照之，互影交光，學者因曉剎海涉入無盡之義。」如此，每一面鏡子不僅反映了「真心」的影像與別的鏡子中「真心」的影像，而且也反映了別的鏡子中「真心」影像的影像。這樣重重無盡，皆反映了常恆不變的「真心」，而「真心」是「一」，也是「一切」。唐先生把這種華嚴宗的看法與黑格爾的歷史觀滙合（黑格爾認為一切歷史事件都是「合理」的）用來看中國的過去，因此，過

* 本文係中國論壇社主辦「當代新儒家與中國的現代化」座談會發言紀錄。

去的每件事都在「鏡子」裡發光，彼此照來照去，都有正面意義，都是合理的。但，從我們關心中國之未來的觀點來看，這種看法是否提供了建設性的啟發呢？我覺得答案是否定的。

在沒談及這一點以前，我想先就唐先生採用華嚴宗與黑格爾的觀點之本身，談談我的看法。唐先生的思想，即使從這一層來看，已經呈現了相當的混亂。基本上，唐先生採取了儒家入世的態度，但華嚴的那一套看法卻是要出世的，這種基本不同的格格不入的涵義，怎麼不多想一想呢？怎麼不仔細想一想呢？從這一點來看，唐先生的工作只能說是提供了現代中國思想混亂的現象的一個例樣而已。他的思想並不能帶動我們走向更有生機的未來，雖然他希望能夠如此。另外，黑格爾的歷史觀是要強調德意志精神，而這種德意志精神是要落實到德國國家主義的。這種哲學不但狹隘，而且與後起的法西斯主義有複雜而密切的關係。唐先生要發揚儒家思想，然而儒家「仁」的哲學最後要落實到「人」身上，不可能落實到「國家」身上，雖然「仁」的哲學與愛國家、愛民族是不衝突的。儒家最高的理想是每個人在生命中根據內在的資源完成道德的自我，所謂「成德」，用通俗的話來說，就是希望人人都能成為聖人。從這一點來看，「仁」的哲學認為每個人都是目的，不是手段，其最高的理想不可能落實到國家上去。唐先生未經嚴格的批判就把黑格爾的那一套據為己用，實際上黑格爾與儒家思想的精華，基本上是不相容的。

假若以上的看法是正確的話，更進一層分析唐先生的著作，就產生以下幾個問題；

第一、我們從唐先生的書中，很難找出他對中國傳統文化的嚴格批判，因為他在心情上不願意那麼作。假若每件事都在「鏡子」裡發光，都有正面的、合理的意義，中國的傳統當然無法加以批判了；這樣便易流於剛才余英時先生所說的，在中國傳統裡「找安慰」。這樣做，最無說服力，作為論式而言，最不易成立。因為只要別人指出傳統中的確有一項壞的東西，（實際上何止一項？）他的論式就發生了漏洞。

第二、從「過去所有的東西都是合理的」觀點出發，很難使唐先生提出有效的辦法使「傳統」與「未來」銜接起來。（這裡所指的「傳統」與「未來」不是一元的，而是多元的，即我們認為傳統裡好的方面與我們對於未來的理想。）唐先生說的那一套，實際上，反而產生一種逃避的現象，沒有面對如何把傳統和現代連在一起的問題，而這正是中國知識分子不能推卻的問題。

第三、我讀唐先生的著作，獲得的印象是他特別喜歡作中西文化的比較，但他的比較多半是一廂情願的，並不是嚴格、尖銳性的批評式的比較。譬如說：「西方古希臘是理性的，中國是感性的。」但，這種比較實在太簡單、太粗鬆、太浮泛了。古希臘當然有其理性的一面；但，任何讀過荷馬史詩與希臘悲劇的人都會知道這種說法是很天真的。即使柏拉圖的哲學也不能以「理性」二字來概括。何謂理性？理性在西方文化中的效用和結果如何？對於這些可藉以了解西方的問題，唐先生似乎從無興趣加以追問。這種一廂情願式的中西文化的比較，並不只有唐先生是如此。

不過唐先生寫過許多有關古典儒家哲學與宋明理學的專著，有公認的學術成就，這不是可以抹殺的。

牟宗三的貢獻與缺陷

牟先生對宋明理學的研究，是學術上了不起的貢獻。他的《心體與性體》，可說是二十世紀研究宋明理學最重要的著作之一，正如劉述先先生所說，他在其中完成了自成一家之言的解釋，可說具有原創性的貢獻。在這方面，我覺得牟先生的貢獻比唐先生大得多，可是，就這本書而言，我認為他若少寫一些，對內容無損，卻會更有力量。然而，他卻覺得要多講，即使重複也是好的，這一點也可看出時代對新儒家們的壓力與他們反應的方式。

牟先生是位很好的哲學家，進入他的系統後，會發現那是很高雅的系統，但是必須先了解他的名詞的定義，因為他有時候自己造名詞。（在哲學上，他是一位有資格造名詞的哲學家。）可是，他的關心面相當廣，對於其他文化與政治層面的問題，他的看法，有時就顯得粗鬆。因為他喜歡自創名詞，但在這些層面他自造的名詞卻發生了不少問題：

譬如，就我所知，他並未很嚴格地面對他頗為關心的一個問題：「自由民主和傳統文化如何接筍？」

「自由」這問題很麻煩，在中國傳統中，我們有思想的資源與西洋的自由觀念匯通，甚至可補西洋的不足，但是我們沒有整個自由哲學的系統；而「民主」，在中國傳統中是沒有的，雖然我們有民本思想。但，牟先生卻說中國有「治道的民主」沒有「政道的民主」。然而，牟先生這種說法，是什麼意思呢？中國的治道是否有可謂「民主」的東西？而牟先生所說的「民主」又是哪一種定義下的「民主」呢？這個「民主」是民主嗎？

總之，我個人覺得他在闡釋儒家哲學方面的貢獻很大，但他在思考如何使傳統中國思想的精華與現代接筍，如何使它們與我們未來的政治與社會的理想銜接的時候，他的工作做的比較粗鬆，甚至還有閉門造車的情形。

徐復觀面對問題的批判反省

我個人認為，就「關心未來」這方面來講，徐復觀先生給我們的資源比較多。為什麼呢？徐先生對傳統的態度是批判的反省。他對中國傳統政治壓制思想的反省是很深刻的。雖然，他對自由與民主的不同與兩者之間的緊張關係，了解的也不夠，雖然，他對科學的性質的了解也甚浮泛（他生平最討厭胡適，卻把胡適對科學的迷信當作對科學可靠的解釋），但由於他能以批判精神面對中國傳統的許多現象，所以就找尋如何使傳統的精華與未來的理想接筍之處而言，他留給我們的資源比較多。而他這種批判的精神表現在實際層面，也是生龍活虎的。沒有嚴格的批判精神，無法取傳統之精華而去其糟粕。這樣即使把傳統與現代連在一起，也只是匯集了兩方面的短處而已。一廂情願的「找安慰」固然是自己的自由，卻無法承擔中國文化所面對的各種問題。徐先生留給我們的一個精神是面對問題，雖然他個人未必找得到所有的答案，但他的精神是值得讚揚的。

最後，我想講一下剛才余英時先生提到我所說的「創造的轉化」，我最早是根據 Robert Bellah 對 creative reformism 的分析（他則是直接受了韋伯的影響），在紀念先師殷海光先生的文章中提出這個觀念的。

我所說的「創造轉化」是和唐先生的態度極不相同，雖然並不是專為反對他而提出的；但這個觀念的確包含不能容忍「找安慰」的心態。

要解決未來的問題，必須由我們開始，因為問題非常大，所以必然需要很多時間才能解決，但是從現在起，我們要產生新的東西，而這些新的東西，只有自傳統中轉化得來才能解決我們的問題（包括新問題與過去遺留到現在的老問題）。硬從西方搬來一些貨物，不但不能解決我們的問題，反而製造了新的危機。「創造的轉化」是一個過程；在這個過程中，新的東西是經由對傳統裡的健康、有生機的質素加以改造，而與我們選擇的西方觀念與價值相融會而產生的。在這種有所根據的創造過程中，傳統得以轉化。這種轉化因為不是要在全盤否定傳統中進行，而是與傳統中健康、有生機的質素銜接而進行（這裡所謂的銜接，是傳統的質素「轉」了以後才「接」），所以一方面能使傳統因獲得新的意義而復蘇，另一方面因的確有了新的答案而能使我們的問題得以解決。「創造的轉化」是一個極為艱難的過程，但只有這樣做才能不再陷入「五四」全盤性反傳統與一些新儒家們在傳統裡找安慰的窠臼。

西方帝國主義興起以後，深受西方文明衝激的，除了中國以外，還有非洲、阿拉伯世界、印度、東南亞、日本等地區。以比較思想史的觀點來看，感受其震撼最鉅者則是中國，這可從我們的偏頗反應得其明證，最後偏頗到居然有人提出全盤性反傳統與「全盤西化」的主張，而且這種荒謬的說法還居然得到許多人的信服，歷久不衰。這種說法是深受西方文明衝激的各國反應模式中的特例，只發生在中國。在這種風氣影響之下，最低俗的是「買辦文化」的出現，一百多年前（一八四〇以前）我們中國人是看不起西洋文明的，但「五四」以後居然慘到連「買辦文化」都出現了。這些買辦也可能懂得一些中國東西，玩玩字畫，談談茶經，尤其在西洋人面前，特別能講一些中國的風雅。但他們有一項特性，就是在西洋人面前膝蓋特別軟，覺得跟西洋人在一起很風光，給西洋人下跪心裡覺得特別舒服。一般稍與中國傳統文明優美質素接觸過的人，看到了這種現象都會感到憂憤。然而，我們在憂憤之餘，要切實體認我們底文化危機的確是既深且鉅的。任何未經深思熟慮的反應都勢將無濟於事。「創造的轉化」雖然艱難異常，但我認為是一條有生機的出路。

「理性」在現代化中的角色

韋伯（Max Weber）對他所謂的「工具理性」與「價值理性」的分析或許能對上述的討論提供一點補充。從韋伯的觀點來看，現代化的過程中用最有效的方法獲得科技的結果，是違反「價值理性」的。換句話說，對於現代化，他有相當複雜的批評式的看法，指出「工具理性」的高度發展，使人更不能具有合理的人生。他認為現代化固然有好處，但也帶來很大的危機，「工具理性」雖使我們更有效率，但它本身並不蘊涵「價值理性」，科技的成就並不能達成最合理的價值；而他又說，宇宙間有一個合理的價值。

在西方，許多現代思想家（包括比較淺薄，流行的存在主義思想家在內）已對現代化的問題做了很重要的反省，而這類反省，跟新儒家可能有匯通之處。將來兩者怎樣匯通？在與西方最尖銳的思想匯通之中，新儒家是否還能保有存在的地位？

我個人認為，儒家思想中精華的部分（「天人合一」、「道心與人心的同一」、以及人生與宇宙的「和諧」），與近代最重要的西方思想家對於現代化所產生之問題的批評式反省是可以匯通的，但是在基本的論證上，我覺得西方的反省比新儒家較有深度，也比較有力，例如博蘭霓的結論和儒家幾乎一樣，就是人生與宇宙的「和諧」。他的理論採用了生命科學與數理方面最尖銳的知識，而我們新儒家的著作並未吸取生命科學、數學、物理、科學的哲學的知識，所以他們的論式說服性不夠大。在這種情形之下，將來怎麼匯通？在匯通之後，我們最精采的「天人合一」學說，會不會變成一種口號，而真正的內容則是西洋的？或者將從中國的傳統資源中產生一個偉大的思想系統，成為匯通之後的主流？

（原載《中國論壇》第十五卷第一期，一九八二年十月十日）

論民主與法治的關係

我今天主要是要談談何謂民主？接著我想談談民主與法治的關係。首先，我想談談為何我要講這個題目。我認為思想與工作同樣重要，有人認為思想不重要，努力工作就行了，這是因為對思想的重要性不了解的緣故。中國人要求民主已將近有一個世紀了，從中國歷史上看，要求民主的實現是一個時代的主流，不管是哪一派，對於民主從未加以批評，總是都說民主好。當然，有人是利用民主，實際上是反民主，另外有人是真心地認為民主好。今晚我主要想談一談什麼是民主？既然要談民主，就要談「民主」這個字，中國人本無此字，「民主」一詞是從西洋文字中翻譯過來的。中國文化中有無此觀念？依我個人看，中國文化中根本沒有民主這個觀念，這就牽涉到其他很多問題。很多中國人喜歡說外國東西我們都有，這在中國近代思想史上是一大潮流，這種想法的產生亦非偶然。從前我在台灣大學讀書時，有人公開發表演說，認為原子學說沒有什麼了不起，我們《易經》裡已經早有了。照他的說法推演下去，你好好讀《易經》，就可變成很好的科學家。當然，這只是一個很可笑的特例，然而的確有很多人想用此種思想方法來解決很多問題。

關於中國過去有沒有民主的問題，有很多人說中國不是完全沒有民主，我們沒有議會制度，但這並不表示中國沒有民主的觀念，有人會說民主就是對老百姓好，例如《孟子》一書中有「民為貴，社稷次之，君為輕」、「天視自我民視，天聽自我民聽」的說法，他們會說這些話就代表民主觀念。另外，當代一位很重要的哲學家說中國無政道的民主，但有治道的民主，中國有外國民主的一部分，而非全有。我個人很不同意上述這些說法，這些說法除了代表他自己思想很混淆，心理不平衡以外，並沒有正視問題，也未能解釋清楚問題。為何我認為中國傳統文化中沒有民主的觀念與民主的價值？要回答這個問題，首先我們要談一談究竟什麼是民主？

簡言之，民主即是「主權在民」（popular sovereignty）的觀念。這個觀念若用洛克的政治學說來說，（洛克是西洋十七世紀闡釋民主觀念的最重要思想家之一）我們在沒有組織政府以前，是在自然狀態（state of nature）當中，在自然狀態中愛做什麼就做什麼，你的身體好，你可以把我打倒，我的身體好，我可以把你打倒，沒有法律也沒有規定。我們從自然狀態走向一個civil society，就是由社會裡產生一個政府。如何產生政府呢？就是放棄我們愛做什麼就做什麼的自然狀態，大家簽了一個契約來組織政府，選舉政治領袖，制定法律。我們甘心受法律的限制，是因為我們大家願意這樣做。換言之，「願意」這個觀念本身蘊涵我有權利願意。即我是願意變成政府底下的一個老百姓，我願意從自給狀態走向有政府的狀態。為什麼我有資格同意呢？因為基本上我有主權（sovereignty），主權在我，我願意這樣做才會產生這樣的事情。換言之，政府之成立是由我來決定的。我決定成立政府以後，我才決定聽從政府的話。最初是我教它辦事，後來是我決定服從它的法律。民主的基本觀念是「主權在民」，用通俗的話來講，即是「人民當家做主」。這個觀念翻遍中國所有典籍是找不到的。

在西方民主觀念尚未傳入中國以前，中國有「民為貴」的思想，簡言之，若「民主」包括民有、民治、民享，「民為貴」只與民享觀念不衝突，與民有、民治觀念是衝突的。為什麼呢？孟子的「民為貴，社稷次之，君為輕」的觀念是民本思想——即做皇帝的人應為老百姓謀福利，社稷也很重要，他自己的利益最不重要。但是最後一點卻不是說他自己不是人民的統治者，因為中國的天子是秉承天命的，從天命的觀點來得到政治的合法性。在中國政治思想中，從未有過天命是可以傳給老百姓的觀念。天命只能傳給天子，而非傳給老百姓。天子可從老百姓中選出來，但並非每個老百姓都是天子。假如在位的皇帝很腐敗的話，從儒家政治思想來看，腐敗的皇帝不是皇帝，既然不是皇帝，老百姓就有權利起來打倒他，再另找一位真正秉承天命的人來繼承王位。這是我們中國政治思想中一個很偉大的觀念——即我們人民有權利反抗腐敗的政權。但這並不表示中國原有民主的觀念，因為把這個腐敗的皇帝打倒以後，還是由一人秉承天命，取得王位，做人民的統治者，而事實上，多是馬上打天下，把其他勢力打倒之後，就宣稱自己是得到天命的真命天子了。所以事實上這不是民主，理論上也沒有民主的觀念。換言之，民主的價值與觀念完全是外國來的，壓根兒中國文化就沒有這種東西。但近幾十年來，我們卻都要求要有這種東西，要實現這種東西；從常識來講，從要求到真正的實現，是非常困難的一件事情，因為歷史文化方面的基本觀念很難、很難移植。

而談到移植問題，中西文化接觸之初，我們本來是看不起西方文化、抗拒西方文化的，後來變成要講「中學為體，西學為用」，再變為崇拜西洋文化，到五四時代居然有所謂「全盤西化」的要求，這其間的變化很大。事實上，學習西洋有好幾個層次，最簡單的層次就是技術層次，比如電腦。第二層次就是組織層次，這已經比較難了，比方如何開會、訓練軍隊、開工廠等。以開會而言，在東方如台灣或大陸常發生不少問題。再高一層就是思想與價值方面的層次，即如何思想或接受某一價值，這比組織層次還要難，以嚴格標準來衡量，我們得到的西方思想與價值非常之少；例如，沒有什麼人不贊成接受西洋民主的價值與民主的觀念，左派、右派、中派、自由主義、極左派、極右派，大家都說贊成民主，沒有人不贊成民主，沒有人反對民主，但是民主的觀念與價值如何在我們中國人心中生根，還是一個很基本的問題。

下面我要談談民主有什麼好處？為什麼要實行民主？為何要接受民主的價值與民主的觀念？民主的基本運作程序，可分為兩點：一是每人有權利發表自己的意見，二是大家贊成多數，要接受多數人的意見，所謂「贊成多數，尊重少數」。民主的好處，簡言之，有三點：

一、假設社會上有一種事情，這種事情比較容易引起爭論，不是約定俗成地大家都能同意。如何解決這個問題呢？用民主的方式來解決是比較最和平、最不容易傷害人的，而且也最不浪費。若大家有了爭論，如果不採取民主方式，很可能打成一團，當然就有很多人受害，最後可能由一個強有力的人起來，用威脅與壓迫的方式統治大家，社會資源也會造成很大的浪費。民主的運作則是，如果有不同的意見，大家都有權利表示自己的意見，最後用表決的方式，來看誰的意見得到多數票，這樣取得共同的方案。這樣的辦法是最和平的辦法，而且也最不浪費社會資源。

二、民主是保障自由的屏障（safeguard）。我認為民主是一種手段而非目的，這一點我要特別強調，留待後面詳論。自由才是社會生活的主要目的。如何才能有自由呢？在何種生活之中，我們才能有自由呢？一般而言，民主的社會與政治比較容易保障個人的自由。其他的社會對於自由威脅更大，雖然民主的社會也可能產生「多數強迫少數」（tyranny of majority）的現象。但是，民主是我們人類經驗中所能找到最不壞的（the least harmful）制度。其他的制度更壞，因此我們只好接受民主制度。

三、此點與第一點比較接近。民主是一比較能使大多數人得到正常公眾教育（public education）的制度。實行民主，大家要參與，否則不是民主，每個人都有權利做候選人，都有權利投票，都有權利發表意見。換言之，民主的社會是一個參與的社會，社會中的事情，我們要關心，我們要做決定，既然是參與的社會，就比較容易與社會的重要事情相關連。為了要了解社會中的事情，必須有些基本條件：基本的法律常識、運作常識。所以民主社會是一個使社會基本成員得到正常教育的社會。若不是一個民主社會，則教育不易普及。

那麼，真正的民主如何運作與實現呢？這就牽涉到「共識」（consensus）的問題。在這方面，西洋政治思想界最重要的發言人是盧梭，他提出了所謂 general will 的觀念。民主允許每個人發表意見，民主是假定每個人是自己的主人，愛做什麼就做什麼，照這樣講，民主最容易造成社會四分五裂，如果每個人都有自己的意見，而每個人的意見又都不一樣的話，最後很可能產生不出多數來。在民主的過程中，產生多數贊成的意見並不是必然的。很可能大家都是少數，誰也不贊成誰。所以民主基本運作有一種很微妙的關係：民主在形式上承認每個人有權利發表意見，但事實上，在允許大家可以發表不同意見之前，已經先假定大家對於最根本的問題是具有共同意見的；換言之，有了最根本的共同意見之後，才能允許發表不同的意見，否則不可能實行民主。這個大家都具有的共同意見就是「共識」。基本上有了「共識」，然後才可能產生少數服從多數，多數尊重少數。

那麼如何產生一個有共識的社會？此一問題在中國一直未能得到完善的解決，因為在中國產生共同意見的傳統與民主社會產生共同意見的傳統是完全相反的。在中國產生共同意見的方式主要是道德的與政治的，而不是經由法治的方式。法家所談的那一套主要是把法律當作政治統治的工具，與英美民主社會所依靠的「法律主治」的法治完全相反，以法治的觀念去看法家所謂的法律，那些法律是不合法的。換句話說，在中國產生共識的方式，主要有兩種：（一）道德的規範與訓勉（各式各樣的精神訓話與真的和假的道德範例所能產生的影響）。（二）壓制性權威，由上對下所施予的威脅與壓迫（如果訓話與範例不管用的話，則加以處罰）。這種方式與民主自然格格不入，也不易產生民主的「共識」。但西洋的 general will 產生的過程則不同，那是怎麼產生的？這個問題很複雜，我現在只能提一點。自由民主最早是從希臘城邦制度發展而來。中國與西洋一開始發展的方向就有很大不同。古希臘（西元前五〇〇年以前）基本政治型態是城邦政治，基本上是很小的地方、很少的人，產生一個社區（community），不是社會（society），大家多已認識，生活在一起，因為地方很小，不須用繁複的行政系統就可治理，產生秩序。因為是城邦制度，所以每個人都參與。如希臘雅典人民整天都參與，很少私人生活，時間都花在開會、辯論等公共事務上。開會不是制定各種行政條文，主要是達成政治決定（political decisions），而非行政決定（administrative decisions）。既然是政治性的活動而非行政性的活動，如果要避免把社會搞得四分五裂，大家就必須共同遵守法律。這樣在共同避守法律的過程中產生了共識。這種辦法最早並不始於雅典，任何原始社會都有習慣法（customary law），雅典的注重法律的觀念源於此。而中國古代很早就有大的帝國出現，產生了很大的行政問題，必須有強大的政治權威制定行政方面的制度與規定，用官僚與軍隊強迫的辦法使百姓服從上面的權威。希臘則是制定法律，由法律的運作產生行為的規範，由此產生「共識」。希臘後來產生新危機時，有智慧的人起來，是用制定法律的方式，以求得到「共識」，解決危機的。換言之，民主的「共識」如何產生？從何而來？實現民主必須先有法治。但我們沒有法治傳統，卻又要實行民主，所以成績一直不理想。民主之產生與運作，必須先有法治；而我們是為了實行民主才要求實現法治。事實是，必須先有法治才能實行民主。但我們壓根兒就沒有法治的傳統（只有人治與刑罰的傳統），這是我們的根本問題所在。

另外，共識的觀念與西洋的「政教分離」（Separation of Church and State）的理論與實踐有很密切的關係。民主之運作基本上是從西洋「政教分離」演變而來的。「政教分離」的理論與中國的「內聖外王」的理論剛好相反。「內聖外王」的理論認為一個社會中的政治領袖，不但是有政治責任，而且還有道德責任，不但是政治領袖，而且是道德領袖。純就形式而言，這是很有道理的，但從西洋「政教分離」的觀點來看中國，「內聖外王」的觀念是根本不通的；當然從「內聖外王」的觀點來看西洋，西洋也是根本不通的。問題是我們現在卻要接受西洋民主的觀念，並要實踐民主。我們認為「人人皆可為堯舜」，但西洋「政教分離」的觀念卻蘊涵一個與我們正相反的觀點：凡人都不可能十全十美，無論他多麼努力；包括堯舜、孔子在內，只要他們是人，就不可能成為十全十美的聖人，就不可能做人類精神的導師。人間事務要分成兩個範疇：精神的（the spiritual）與世俗的（the secular）；或者說神聖的（the sacred）與污濁的（the profane）。教會直接秉承神意指導精神範疇的事。不過，人還未上天堂，人的外在生活需要秩序，這種世俗範疇裡的事則由世俗權威即政治領袖來領導。換言之，基本上社會裡有兩種權威：政治權威是在社會裡面，而非在社會上面。在啟蒙運動之前，世俗的政治權威是站在精神的教會權威之下，即 State 是站在 Church 之下。社會裡的政治權威是一個比較有限的東西，其權力範圍是有限的，只能管一部分事情，不能管所有事情，如文化教育政策非它的責任。到十八世紀後，政治與教會的分界線發生很多危機，而且很多人不再相信教會，許多啟蒙運動的領袖要打倒教會。但基督教世俗化以後，原來的教會權威化入社會，演變成社會與政府的對立。政府的行為要社會來監督。西方民主之發展，是社會本身的道德文化傳統作為民主的基礎，「共識」的基礎。政治行為外面的基礎不能由政治行為本身所產生。相反地，中國歷來政治的權威與功能卻非常龐大，它要管理而且指導社會，不像西方政治在「政教分離」的傳統之下，成為社會中的一部分。因此，中國的共識往往是要由政治力量促成，社會反而不太能發揮力量，這是我們目前的問題所在。

現在大家都已經接受民主的價值，認為我們要實行民主，可是在真正實現民主之後，除了我們所講的幾點正面的好效果以外，在政治、社會、文化各方面也可能產生問題。這並不就是說我反對實行民主，而是要以批評的態度，正視一些不是一廂情願、喊喊口號就能了解的情況。

在社會方面：民主的本意是自己作主，也就是在法律範圍內大家平等，每個人都有權利自己做決定。但在以民主做主調，不把民主當作獲致自由的手段，而把民主當作目的的時候，在實際思想上，「自己有權利做決定」卻很容易滑落成「自己有能力做決定」。但民主的社會中，每個人是不是真的有能力對每件事做決定，卻是一個很大的問號。在一個特別強調民主，沒有想到民主只是求取自由的手段的地方，往往最容易有一窩蜂、趕時髦的現象，最容易接受同儕壓力（peer pressure），也最不容易養成獨立性。因為自己以為自己有能力做決定，父母、教會以及其他傳統權威，都不再可信；但是，自己又必須有所根據才能做決定，結果就常常是根據社會上流行的風尚。把民主當作目的的時候，常會產生 social conformity。這一點法國十九世紀政治思想家托克維爾（A. de Tocqueville）很早就說得很清楚。

在文化上，民主一方面鼓勵平等，另一方面也因為講平等而和 elitism 有相當衝突。這點希望將來我們實行民主時能夠避免。（很有意思的是，elite 在英文中意涵不平等，在美國是被認為有壞的含義的字眼，但有人把它翻成「菁英分子」，在中文中卻顯得有好的正面意義。這是因為在文化上，中國人本來就不認為任何表現都可平等視之，過去的士大夫，現在的知識分子，被認為應有較大的責任的緣故。）elitism 有兩種，一種是社會的（social elitism），這的確不好，例如有錢的人不應欺負比較窮的人；但事實上，有錢的人容易欺負窮人。另一種是文化層面的（cultural elitism），也就是韋伯（Max Weber）所說的「知識貴族」（intellectual aristocracy）。站在正統自由主義的立場，他們有正面的貢獻，但若從民主的觀點來看就不是這樣了。民主重量（quantity）而不重質（quality），凡事求最大公分母，表現在文化上就是糊里糊塗，沒有什麼好壞的價值觀念，大家都差不多。

另外，要稍微講仔細一點。近代民主觀念產生以後，政治思想上才可能演變出來極權主義（totalitarianism）。盧梭（Rousseau）的 general will 的觀念，一方面是對民主的支持，另一方面卻也與極權主義有複雜的關係。在 general will 的理論還沒有建立以及實際政治上民主政治還沒有正式很有效的成為政治運作方式之前，壞的政治是暴君政治（despotism）或羅馬式的獨裁（dictatorship），但卻不會變成極權主義。

極權主義（totalitarianism）與集權主義（authoritarianism）是很不一樣的兩種政體。極權主義指政治力量的控制擴及於文化、藝術以及社會上一切行為。在集權主義中的當政者的胃口比較小或者沒有那麼大的本領，所管轄的事務也就比較少。除了希特勒式政權轉成極權政治，普通的右派多半發展成集權政治。實行極權主義的人則自己覺得道德上比別人高，覺得自己的那一套都比別人講的好，要別人凡事都聽他的；所以左派通常變成極權主義。極權主義是二十世紀人類歷史中最悲慘的一件事實，這個觀念當然反民主，但是卻和民主的觀念有複雜的關係。傳統社會中不講大眾參與，暴君雖然殘暴、惡毒，卻局限在一個相當的範圍之內，他不會想到控制所有的事物。當民主的觀念興起以後，每個人都進入政治過程，大眾參與的可能才出現，所以把民主加以扭曲可以產生極權主義。因此，民主有自由的民主（liberal democracy）和極權的民主（totalitarian democracy）兩種，後者和 general will 的觀念有很大關係。西洋史家 J. L. Talmon 所作 *The Origins of Totalitarian Democracy* 是這方面的經典之作。今天的演講就暫時講到這裡。

一九八三年二月十九日，威斯康辛大學（麥迪遜）
中華民國同學會舉辦演講會紀錄

附錄

史華慈（Benjamin I. Schwartz）、林毓生對話錄

——一些關於中國近代和現代思想、文化與政治的感想

「聯副」編者擬重刊我與史華慈先生在一九七六年六月號《明報月刊》發表的〈對話錄〉。我想藉此機會說幾句話。這篇對話是以英文用書面和長途電話在一九七五年十二月進行的。由於譯成中文的過程甚為艱苦，又加上別的事耽誤了不少時間，直到第二年五月才譯好，把稿子寄出。當時毛澤東還沒有死，大陸的同胞正在「四人幫」封建的法西斯暴政統治之下；不過，史華慈先生以史家卓越的眼光，已看出中國大陸「存在著重大改變的可能」。現在大陸上透過大字報、群眾集會、遊行示威，已興起了爭取民主、法治與人權的運動，而台灣為民主、自由、法治的努力似乎也有了一點實質的成績。

從這些事實的發展來看，中國自由主義的前途是不是仍如我在〈對話錄〉中所表示的那樣悲觀呢？我當時的話是指一九七六年以前中國的歷史，當時說的，「自由主義——如把它當作一個政治與思想運動來看——雖然簡直可以說已經在中國死滅」這半句話，現在看來，仍然能夠成立。在左右政治勢力的分化與壓迫之下，自由主義在政治上的失敗，當然不堪聞問；即使在思想上，因為產生了極大的混淆（例如：主張自由民主的人士，居然提倡法家思想，便是一例），所以自由主義過去在中國不能算作一個具有一致性與連貫性的運動。

但，展望未來，自由主義的前途又如何呢？我們要肯定「五四」要求自由與民主的傳統在中國意識當中是有生命力的，大陸上要求民主與人權的吼聲是直接來自五四傳統的。但反抗極權、要求民主，並不見得就能真正獲得民主與法治，中國近六十年的歷史可為明鑑。自由與民主的發展，除了需要一個有力的思想運動以外，尚需社會、經濟條件的配合。台灣已進入工業文明的初期，它雖然帶來了不少新的罪惡（有識之士，必須正視、解決這些罪惡，不可化約成工業文明「必要的惡」，事實上，在工業文明發展當中，這些罪惡是可以防止或減少的）；但，教育已經甚為普及，中產階級已經興起，言論與思想自由已逐漸有了社會的基礎；社會因已漸漸多元化，政治控制社會的力量已相對的減低；「新生代」知識分子已經覺醒——處處顯示著自由主義的前途已不像過去那樣暗淡。在這種情況下，真正關心中國自由與民主前途的人，應該覺得不必氣餒。在這裡我們必須強調的，政府如欲取信於人，必須恢復暫停的中央民意代表增額選舉，使自由民主漸漸制度化。執政黨應有理性的自信，要知道只有去一「私」字，真心實行民主，才能使大家心連心；如此，以台灣現有的經濟基礎，任何外力是不能侵犯的。即使把眼光再放窄一點——從執政黨的自身利益上看，實行選舉也是黨內自新的一條康莊大道。如果執政黨能夠吸取一流人才，並提名他們出來競選，自然就不必恐懼選舉了。執政黨如真心推行自由與民主，使之成為制度化的事實，這種寶貴的經驗，不但使台灣的中國同胞感到幸福與驕傲，而且對大陸的同胞也可提示一個實質的榜樣。這樣，執政黨對中國歷史可以交代，對中國人民可以交代，這也是台灣社會自存的理由與道路。

一九七九年四月

一

林毓生：民族主義是今日世界中每個國家都普遍感受到的，很占勢力的激情之一。但是中國的民族主義似乎是屬於一個特殊的類型。雖然中國並不缺少基於民族主義的衝動而去顯耀中國過去的人；近代與現代中國的一個主流卻是：為了民族的生存與發展而對中國傳統的反抗與抨擊。你覺得這種反傳統的民族主義，對於中國現在與將來的社會與文化有何含意與關聯？

史華慈：我以為，至少在近代中國知識分子的思想的自覺層次上，「反傳統的民族主義」的確是一個主流。當然，「反傳統的民族主義」在世界其他地方並不是沒有。回教與印度教雖然並未像中國儒家思想、道家思想與佛教那樣，遭受正面的猛襲；但，許多阿拉伯國家與印度的民族主義知識分子與政客，對於他們的傳統的獻身是相當膚淺而不純正的。而且，在這些地方也曾發生過有力的、直言無諱的反傳統運動。不過，中國的反傳統思想對傳統之直言無諱的攻擊是最為出眾的。這種反傳統思想已在中共官方的意識型態中，占有相當固定的地位。

關於這項「中國特異性」的原因，林先生，我知道你已撰有很有見地的著作。我們從前也常在一起討論這個問題。不過，你現在希望我談的，不是這項「中國特異性」的原因，而是它對中國社會與文化的含意與關聯。

I

LIN: One of the dominant passions in the contemporary world is nationalism. This is generally felt by all countries. But Chinese nationalism seems to be of a special kind. While there is no lack of nationalistic impulse to glorify the Chinese past on the part of some Chinese, a major trend in modern China has been an iconoclastic revolt against the Chinese tradition for the sake of the survival and development of the Chinese nation. What are, in your opinion, the implications of this iconoclastic nationalism for the Chinese society and culture?

SCHWARTZ: I think that it is true that on the conscious level "iconoclastic nationalism" has been a major trend in modern China at least among the articulate elite. To be sure, it is by no means absent in other areas of the world. While Islam and Hinduism have not been subject to the same frontal assault as Confucianism, Taoism and Buddhism in China, the commitment to those traditions on the part of many nationalist intellectuals and politicians in the Arab world and India is quite superficial and inauthentic and there are strong explicitly "iconoclastic" movements in both areas. Nevertheless, the explicitness of the Chinese iconoclasm has been most remarkable, and it has to a degree become fixed in the official ideology of the People's Republic.

I know that you, Mr. Lin, have written very perceptively on

我首先要說的是，在比顯明的反傳統思想低一層的意識中，一些來自中國過去的傾向，在中國大陸仍然非常活躍。我知道，此項觀察常為兩類意見相反的人所同樣不喜。第一類人是那些毛澤東主義者，他們相信中國的新秩序是代表與過去的根本斷絕；第二類人是一種中國文化傳統的保衛者，他們自認中國過去的文化為一和諧的、整合的，與毛澤東主義毫無相同之處的傳統。我個人的看法是：經過數千年發展而成的中國文化遺產，實際上包含了許多衝突的趨勢與（因不同傾向而產生的）內在緊張。因此，我以為，一些來自過去的傾向——即使未被公開承認——完全可能仍然非常活躍；而另外一些傾向，不是已被嚴酷地壓抑下去（但，卻有東山再起的可能），便是可能真正失去了（無論是好是壞）內在的活力。

即使在自覺的層次上，與中國過去交通的管道也沒有被割斷。反傳統思想甚至尚未完全壓抑得了「誇耀中國過去」的衝動。尤有進者，毛澤東主義式的借古諷今的癖好，使得現在與過去的關係微妙而活潑地開放著。（毓生按：這種開放，使得大陸上的中國人民仍然保持著與中國過去許多方面的接觸；因此，也預伏著將來產生許多對過去不同的看法與解釋的可能。）職是之故，中國與其過去之關係這一問題，我覺得尚未判然地得到「解決」。無論台灣官方的新傳統主義政策，抑或中共官方的反傳統主義政策，都不能對未來中國與其過去之關係預為決定。即使將來對這個問題能產生全盤性的解決，我覺得我們現在仍然是在尋求解決的路途當中。因此我依然並不準備對未來作一言以蔽式的推斷。

the reasons for this "Chinese difference" and we have often discussed the matter together. You have asked me, however, to comment not on the reasons for this Chinese difference but on its implications.

I would say first of all, that on a level below that of explicit doctrine, *some* predispositions from the Chinese past are still very much alive in mainland China. I know that this observation is often equally repugnant to Maoists who believe that the new order represents a fundamental break with the past and to the defenders of what is believed to be a harmonious integrated cultural tradition which has nothing in common with Maoism. In my own view, the Chinese cultural heritage, which has developed over millenia, has come to embrace many conflicting tendencies and inner tentions. It thus seems to me entirely possible that some predispositions from the past remain very much alive even though unacknowledged while others have been either severely suppressed（and might reassert themselves）or may have genuinely lost their inner vitality（for good or ill）.

Even on the conscious level, the channels of communication with the past have not been severed. The iconoclasm has not even completely suppressed the urge to "glorify the Chinese past." What is more, the Maoist tendency to discuss present issues obliquely in terms of categories drawn from the past（借古諷今）has in curious but lively ways kept open the relationship to the past. Thus it seems to me that the question of China's

二

林毓生：在五四時代的初期，自由思想與自由思想所肯定的價值在中國相當盛行。但，中國自由主義為什麼失敗了呢？它之所以失敗，是不是因為沒有適於它發展的政治、社會與經濟的環境？不過，在五四的當時，許多人把個人價值當作手段的態度遠超過了把它當作目的的看法；中國自由主義的失敗，是否也與它缺乏自由主義的純正性有關？我覺得，即使中國自由主義清楚地掌握了個人價值之真正意義，視個人為一不可化約的價值，實際上的結果也不會有多大不同。然而，中國自由主義，將因此獲得一項真實的悲劇意義。胡適對杜威實驗主義的鼓吹，是否與誤使個人主義所肯定的價值較易當作手段的這項思想上的混淆有關？雖然杜威在他的思想開端預設了一些基本的個人主義價值，作為價值的價值，在杜威哲學內並無地位。杜威總是怕被價值所僵固；他永遠根據對他所了解的科學方法的信仰，企望著對世界加以不斷的改變。胡適對個人主義的價值，有時也曾加討論；但，他對杜威所持科學方法的觀念之擁護與鼓吹，卻更為有力。胡適是否因此混淆了自由個人主義；易言之，他是否因此使自由個人主義喪失了它的特性？

史華慈：關於什麼是自由主義實質的核心這個問題，在西方本身，也仍是一個激烈辯論的

relationship to its own past has not been definitely "settled". Neither the officially "traditionalistic" policy of Taiwan nor the officially "iconoclastic" policy of Peking will necessarily predetermine China's future relationship to its own past. If there will at some point be some "totalistic" resolution of this question, I think that we are still *in medias res*. Hence I remain unprepared to draw any sweeping implications for the future.

II

LIN: In the early phase of the May Fourth era, liberal ideas and values were quite prevalent. Why did Chinese liberalism fail? Did it fail because it lacked favorable sociopolitical and economic environments conducive to its development? Was the failure also due to its lack of authenticity—the "value" of the individual was understood by many at that time more as a means than as an end? I feel it would have made little difference in practical terms even if Chinese liberalism had already grasped a genuine sense of the worth of the individual as an irreducible value. However, it would have achieved a true sense of tragedy. Did the advocacy of Dewey's experimentalism by Hu Shih have anything to do with this intellectual confusion of mistaking individualist values more as a means? Although Dewey assumed at the outset some fundamental individualist values, value as such has no place within his philosophy. He was always afraid of

題目。在一個適當的範圍之內，我願意自稱是一個自由主義者。（不過，對我而言，自由主義絕未解答所有的問題。）在這個適當的範圍之內，我覺得，我對什麼是自由主義正確核心的意見與你的很接近。這種意見包含對「個人為一不可化約的價值」的了解。更實際地說，它對於如何建立一個保障個人價值的社會與政治制度，甚為關心。這種自由主義包含了一個基本的預設：任何國家的主要目的之一，應是保護與維持每個個人的身體與精神的完整。在消極一面，它從原則上否認，任何領袖或少數精銳分子，會在道德上或理智上永不錯誤，並反對基於這種迷信（或專橫）而產生的對於個人精神與身體的權利的藐視。作為一個社會與政治理論，自由主義並不規定每個個人的生活目標應該如何。它既不蘊涵古典經濟學所謂「經濟人」的意思，也不贊成那一類不願與別人合作的人的行為。它並不蘊涵個人的「自私」。它卻蘊涵那些有權力的人應該尊敬個人的價值。

因此，我同意你的看法，當你暗示自由主義不應意味只有個人在其自由能為一些別的目的服務時，個人才有價值——無論這些目的本身（如國家力量的建立，或工業的成長）是多麼有價值。事實上，要達成國家力量的建立或工業的成長等目的，需要權威與集體紀律遠超過需要對個人自由之給予。

我與你對杜威與胡適的意見也是一致的。杜威認為自由主義的價值，只是隨著他所了解的「科學方法」的應用而產生，這種想法包含著嚴重的思想混淆。在胡適身上，這項思想上的混

being "fixed" by values and forever looking forward to changing the world on the basis of his belief in scientific method. Hu Shih occasionally talked about individualist values, but he was more forceful as a champion of the Deweyan idea of scientific method. Had he in this way confused or neutralized liberal individualism?

SCHWARTZ: The question of what is the essential core of liberalism remains a matter of furious debate in the West itself. To the extent that I would call myself a liberal (and to me liberalism by no means answers all questions) I believe that my sense of the valid core of liberalism is very close to yours. It involves a sense of the "individual as an irreducible value". Even more concretely, it involves a concern with creating socio-political institutions which will protect this value. It involves the assumption that one of the main aims of any state should be to preserve the physical and spiritual integrity of individuals. On the negative side it involves a denial *in principle* that any leader or any elite embodies such moral and intellectual infallibility that it is justified in totally overriding the physical and spiritual rights of individuals. As a social-political doctrine, liberalism does not prescribe what the life goals of individuals should be. It does not imply the "economic man" of classical economics nor the type of individual who will not cooperate with others. It does not imply "selfishness" on the part of the individual but it does imply a respect for the value of the individual on the part of those with power.

淆，甚至可能轉移他對一項應該認真應付的問題的注意；這個問題是：如何使自由主義所肯定的諸價值，在他所處的那個時代的中國實現？（毓生按：胡適覺得，他的首要之務是盡量鼓吹杜威的「科學方法」；他以為杜威的「科學方法」如能在中國普遍應用，中國便易實現自由主義所肯定的許多價值。然而，自由主義所肯定的諸價值如要在中國實現，所需的政治、經濟、社會、文化與思想的條件極為複雜。胡適因受杜威之思想混淆的影響，以及採用了從傳統的中國思想方式演變而來的「藉文化與思想以解決問題的方法」，所以把這個極為複雜的問題完全簡單化了。）

不過，也正如你所指出的，即使自由主義諸價值純正地呈現在中國，我們不難想像，在中國近代的歷史環境中，它們大概很難得到很大的發展。任何國家的最低鵠的必須是建立最低程度的社會安寧（包括生計的安全）。如果一個國家缺乏這些最低條件，在這個國家中，自由主義諸價值所受到的損害，可能要比其相反的價值所受到的損害為大。這些（無論是傳統的，或是反傳統的）相反的價值強調權威、團結與集體紀律。即使中國傳統文化具有一些可能與自由主義諸價值相銜接的傾向，中國近代歷史的環境對於與自由主義相反的價值卻是有利的。（我說這句話，並不意指中共的勝利是必然的。）

I thus agree with you that liberalism ought not to imply that the individual is valuable only to the extent that his freedom serves some other end such as national power or industrial growth, however valuable these ends may be in themselves. As a matter of fact, these goals may require collective discipline, authority more than they require any freedom for the individual. I also agree with you that Dewey's notion that the value of liberalism is simply a concomitant of "scientific method" (as he conceived of scientific method) invo1ved a serious confusion and in the case of Hu Shih may have even diverted his attention from wrestling seriously with the question of how any liberal values could be implemented in the China of his time.

Yet, as you also point out, it is quite conceivable that even if liberal values had been presented in an "authentic" way, they would not have made much headway given the historic situation in modern China. The minimal aim of any state must be the creation of a minimum of social peace and security (including security of livelihood) and the lack of these minimal requirements may have been more detrimental to liberal values than to other opposing values (whether traditional or iconoclastic) which emphasized solidarity, collective discipline and authority. Even if there were predispositions in traditional culture which might have been linked to the values of liberalism, the situation favored opposing values. (I do not mean to imply by this the inevitable victory of the Communists.)

三

林毓生：每當我回顧五四時代，想到中國自由主義是與激烈的反傳統思想密切地聯繫著，而當時卻沒有一種藉著對儒家思想創造的闡釋與改造來支持自由主義在中國的發展，我便深感悲哀，並覺得歷史在嘲弄中國。然而，人們常依據思想的形像（images）來了解思想；五四時代之所以缺乏對儒家思想創造的闡釋與改造，是否與儒家思想在當時缺乏創造動力與轉化潛能的形像有關？五四時代的中國知識分子，深受當時歷史環境的影響與限制，例如：傳統一元論思想模式的影響，中國傳統社會政治秩序與文化道德秩序有機式整合所遺留的影響，普遍王權之崩潰所產生的震盪，以及，最切近的，令人失望的政治與文化環境的影響（如袁世凱對傳統儒家符號與象徵之「認同」與摧殘，使得自由知識分子對這些符號與象徵產生深刻的憎惡之情）。在這些文化、思想、政治、社會等因素交相作用的環境中，五四時代之所以缺乏對儒家思想創造的闡釋與改造，我覺得是可從歷史的觀點來了解的。不過，在理論上，儒家思想的確缺乏提供創造的闡釋與改造的資源嗎？

史華慈：許多論著已經討論過中國文化遺產與許多西方意識型態（如自由主義、社會主義、無政府主義、民族主義等）的關係。因為中國文化遺產包含了非常不同而繁複的內容，我

III

LIN: It has been a source of irony as well as sadness when I recall that Chinese liberalism in the May Fourth era was closely linked to radical iconoclasm rather than to an attempt at a creative interpretation and reconstruction of Confucianism. However, ideas are often understood in terms of their images. Was the lack of creative interpretation and reconstruction owing to the lack of an image of creative energy or transformative potential in Confucianism at that time? Given the influence of a traditional monistic mode of thinking, the legacy of traditional China's organismic integration of the socio-political order and the cultural-moral order, the impact of the collapse of universal kingship, and the immediate political and cultural situation in which Yüan Shih-k'ai's "identification" with and abuses of traditional Confucian symbols led to the deep resentment of these symbols by liberal Chinese intellectuals, I believe that the lack of such an attempt at creative interpretation of Confucianism is historically understandable. However, is Confucianism theoretically devoid of resources for such an interpretation?

SCHWARTZ: A great deal has been written about the relationship of China's cultural heritage to western ideologies such as liberalism, socialism, anarchism, nationalism, etc. Since the cultura heritage is enormously varied and complex, it is entirely conceivable to me that diverse orientations in Chinese

完全可以想像得到，中國思想中的許多不同取向與近代西方思想中的許多不同取向，可以有或多或少的相類之處。就自由主義而論，我覺得，在中國儒家思想中（或許也在道家思想中），有一些成分特別強調作為一個道德角色的個人中心性。孟子一脈的儒家思想，非常強調個人（尤其是屬於創造的少數人）的道德自主性（moral autonomy）與個人自有的修身能力。這一派學說甚至主張，在君子面對持有權力的人物時，他必須堅持道德的獨立。因此，我們可以論及在中國的，政治社會成員的道德（civic virtue）[1]的傳統。雖然，中國過去並沒有急切地要求創建政治社會制度以便保障君子的道德自主；事實上，中國具有實踐這一類型的政治社會成員的道德的悠久歷史。

1 civic virtue 原為羅馬城邦政治發展出來的，深具責任感，言論獨立，彼此尊重的「公民道德」。史華慈教授此處借用這個名詞來形容中國傳統政治社會中，許多士君子所服膺的，像范仲淹所說「寧鳴而死，不默而生」那句名言所代表的政治社會成員底道德。這種道德蘊涵著對政治社會的責任感；因此，也蘊涵著獨立與自主意識。因為中國傳統社會並無「公民」的觀念，所以這裡譯為「政治社會成員底道德」。（毓生按：這個名詞的中譯與註釋中的內容是我與史華慈先生在長途電話中商定的。）

thought have more or less affinity to quite diverse orientations in modern western thought. If one speaks of liberalism, it is true, it seems to me, that there are elements in Confucianism (and perhaps in Taoism) which very much stress the centrality of the individual as a moral actor. The Mencian line of Confucianism very much stresses the moral autonomy of the individual (particularly the individuals who belong to the creative minority) and the capacity of the individual for moral self-cultivation. It even lays upon the chün-tzu the obligation to assert his moral independence vis-a-vis those who hold power. One can thus speak of a tradition of civic virtue in China. There was no urge to create socio-poltical institutions designed to protect the moral autonomy of the chün-tzu but there is in fact a long history of the practice of this type of civic virtue.

IV

LIN: Although liberalism as a political and intellectual movement is all but dead in China, one cannot deny that liberal conscience, as exemplified by the commitment to freedom of thought and intellectual autonomy, has been rekindled from time to time in mainland China (in an unavoidably subdued and amorphous form) as well as in Taiwan (by the heroic struggle of the late Professor Yin Hai-kuang). What historical significance did these struggles imply?

四

林毓生：自由主義——如把它當作一個政治與思想運動來看——雖然簡直可以說已經在中國死滅；但，從中國一些知識分子對思想自由與思想自主的獻身的例證來看，我們不能否認，自由的良心時時重新照耀在中國大陸與台灣。這種自由的良心在中國大陸，無可避免地，是以一種被抑制的、無定型的形式出現；在台灣，則可由已故殷海光教授英勇的奮鬥作為表徵。你覺得，這些奮鬥蘊涵什麼歷史意義？

史華慈：如把自由主義當作一項政治與社會理論來看，它在近代中國雖然是虛弱的；回顧中國近代的歷史，我們清楚地知道，五四時代的青年知識分子（包括許多後來與共產主義運動攜手的人），的確從自由主義中獲得一種對思想自由的觀念的肯定，並為實踐思想自由而努力奮鬥。由於對思想自由的肯定與獻身，他們在中共政權成立以來的不同時期，極英勇地提出了他們自己的見解；這種情形在台灣亦復如此。從官方的譴責中，我們知道在「文化大革命」的初期，居然有人勇敢地堅持：真理之前，人人平等。這種爭取思想自由的精神，可能是西方自由主義的影響與上述中國固有的「政治社會成員的道德」傳統的影響，兩相結合的反映。

SCHWARTZ: In spite of the weakness of liberalism as a socio-political doctrine in modern China, in retrospect it is now clear that many of the young intellectuals of the May 4th period (including many who became linked to the Communist movement) did after all absorb from liberalism a kind of commitment to the notion of intellectual freedom. It was this which was to lead them to put forth their own views with great courage at many points in the history of the People's Republic and on Taiwan as well. We know that at the beginning of the Cultural Revo1ution the charge was made that some even dared to assert that all men are equal before the truth. This may reflect a combination of both the influence of liberalism and of the older tradition of "civic virtue" to which I referred above.

V

LIN: We have already touched upon Confucianism. In your study of Confucianism as a religio-philosophical system, especially in its classical form, what particular features of it impress you as most interesting?

SCHWARTZ: As a Westerner deeply concerned with modern Western problems, there are two themes in the history of Confucian thought which I find most interesting. One is the belief that individuals (at least some individuals—those who belong to the "creative minority") have an inner capacity to

五

林毓生：我們已經在前面的討論中論及儒家思想。在你對於作為一個宗教與哲學系統的儒家思想（尤其是古典儒家思想）的研究中，你覺得其中哪些特點最有興味？

史華慈：從一個深切關心近代西方問題的西方人的觀點來看，儒家思想的歷史中有兩個主題，對我而言，最有興味。第一個主題是：儒家對於每個人（至少是一些人——那些屬於「創造的少數人」）均具有道德上與精神上自我改進之內在能力的信念。在近代西方（甚至「自由」的西方），對於這種內在能力已普遍失卻信心；相反地，一種認為個人是完全無能的看法已被廣泛地採納。此種看法植根於目前許多心理學與社會科學的學說之中；這些學說認為，個人是被外在的許多社會勢力與內在的許多心理勢力，或這兩類勢力之結合，所完全控制。另一個，顯然與上述儒家思想主題有關的，我最感興味的主題是：儒家以為權威在社會中可能發揮很好的功能，也可能發揮令人極為憎惡的功能，關鍵在於行使權威的個人的道德與理智的資質。許多近代的西方意識型態是建立在下述兩項假定之上：第一、它們假定人類一切的權威，在本質上都是惡毒的；第二、它們假定人施之於人的權威，將來總可設法使之完全消除。然而，對我而言，將來無論我們如何朝著平等主義（egalitarianism）或唯自由是尚主義（libertarianism）的方向

improve themselves morally and spiritually. In the *modern* West (even in the "liberal" West) there is a widespread absence of faith in such a capacity and a widely held belief rooted in our psychological and "social-scientific" doctrines that the individual is completely impotent—controlled externally by social forces and internally by psychological forces or by a combination of both. Another Confucian theme which I find most interesting (obviously related to the above) is the notion that authority roles in society may be played well or may be played abominably. The moral and intellectual quality of the individual who occupies such roles is crucial. Many modern Western ideologies are based on the assumption that all human authority is essentially evil and that somehow authority of man over man can and will be completely eliminated. It seems to me that however far we may move in the direction of egalitarianism or libertarianism, authority roles will not be eliminated in any society and the question of how men handle authority will remain relevant.

VI

LIN: Elsewhere you have observed that while an open attitude toward Western ideas was eagerly proclaimed in the May Fourth period, actually such an attitude of open receptivity atrophied shortly afterwards. I believe this is as true of the

邁進，權威的功能不可能從任何社會中消除。人類如何運用權威，將仍是一個相干的問題。

六

林毓生：在別的地方你曾說過，五四時代雖曾熱切地宣稱對西方思想採取開放的態度；但事實上，這種開放的心態不久以後就衰頹了。我相信此項觀察，無論對中國學院中的知識分子抑或非學院中的知識分子而言，都是正確的。舉例而言，雖然社會學在中國已經講授了好幾十年，儘管韋伯（Max Weber）的《新教倫理與資本主義精神》（*The Protestant Ethic and the Spirit of Capitalism*）近年來已有中文譯本，但中國卻沒有一本研究韋伯思想的嚴謹著作。中國人文學者很少注意到一些極重要的西方思想的寶藏，如蒙田（Montaigne）底思想與巴斯卡（Pascal）的哲學。但，在另一方面，德國語文考證學派的歷史研究卻對中國歷史學界發生很大的影響。另外，許多精力與金錢花費到考古學與語言學的研究上。我並非暗指，作為學院中學科的考古學與語言學等只有很少的價值。然而，我們如何解釋這種中國學術研究上的不平衡現象，與對西方學術和思想的開放心態的萎縮——即使在學院中也是如此？

史華慈：中國在這方面並不是絕對獨特的。許多非西方文化在對西方「反應」時，只是對一些既定的，十八與十九世紀的社會與政治思想熱烈的反應。不同文化相互衝激之時，從來不

academic circles as of the non-academic intellectuals. For instances, despite sociology has been taught for a number of decades, no serious study of Max Weber is done by any scholar in China, even though Weber's *Protestant Ethic and the Spirit of Capitalism* has recently been available in Chinese translation. Few Chinese scholars in the humanities have paid any attention to some of the great treasures of Western thought, such as the ideas of Montaigne and the philosophy of Pascal. On the other hand, the German philological school of historical studies has had a great influence on the Chinese historical profession. And great energy and economic resources have been devoted to the study of archaeology and linguistics. I am not implying that archaeology, linguistics, etc. have little value as academic disciplines. But how do you account for this academic imbalance and the atrophy of open attitude toward Western ideas even in the academic circles?

SCHWARTZ: Again, it would appear that China is not absolutely unique in this respect. Many non-Western cultures in "responding" to the West, have responded most eagerly to certain definite social and political ideas of the eighteenth and nineteenth centuries. In all interaction of cultures it is never simply a case of one culture "responding" to another. Those in one culture approach the other with preoccupations arising out of the specific historic situation of their own culture and respond to that which seems most relevant to their preoccupations. The present

是一個文化對另一個文化單簡地「反應」。在一個文化中的一些人士與另一文化接觸時，他們是帶著從自己文化的特殊歷史環境中所產生的先入為主的關切，來與另一文化接觸的；在這種接觸中，他們是對那些看來與他們先入為主的關切最為相干的成分反應的。今天，西方某些圈子內對佛教禪宗與印度靜思的法術的「反應」，反映了不少當前西方的一些偏執的關切。五四知識分子關心的問題，大體而言，好像一直到現在仍是中國能言善辯之士所關心的。這些關心的問題甚至在中國大陸與台灣的官方意識型態中得到了固定的地位。因此，西方思想的許多方面——不止韋伯，像佛洛依德的心理分析學、基督教新正統學派、語言分析哲學，以及西方啟蒙運動以前的大部分思想——簡單舉出這幾項作為例證，在中國只引起了很有限的興趣。除了直接的歷史環境壓力以外，同時也應指出的是：一些文化的某些面，對於持有另一文化習慣的人而言，可能比這些文化別的方面難以接近。不過，我們應該記住的是：從一較長遠的觀點看，人類不同文化之彼此相互激盪與影響的過程，實際上只是剛剛開始。

林毓生：你說：「一些文化的某些面，對於持有另一文化習慣的人而言，可能比這些文化別的方面難以接近。」我很同意這種看法。舉例而言，韋伯之所以在中國較少引人注意，其中原因之一，可能是傳統中國整體觀與一元論的思想模式（a traditional Chinese holistic and monistic mode of thinking）仍然甚具支配力的緣故。這種思想模式，我在別處曾試為說明。因此，韋伯從社會中不同趨勢所造成的緊張與衝突，以及從社會辯證的繁複性去了解社會的精微

"response" in many circles in the West to Zen Buddhism and Indian meditation practices very much reflects currnet Western preoccupations. It would appear that the concerns of the May 4th intellectuals have, on the whole, continued to be the concerns of articulate Chinese right down to the present and have even become fixed in the official ideologies of both Taiwan and the mainland. Thus many aspects of Western thought—not only Weber but such movements as Freudianism, Christian neo-orthodoxy, and linguistic philosophy, to mention a few—and also most of Western pre-Enlightenment thought have aroused very limited interest in China. In addition to the pressure of the immediate historic situation, it should also be noted that some aspects of given cultures are perhaps relatively more inaccessible to those with other cultural habits than others. It should nevertheless be borne in mind that when viewed in the longer perspective, the process of interaction between the various cultures of mankind has only just begun.

LIN: I agree with you that "some aspects of given cultures are perhaps relatively more inaccessible to those with other cultural habits than others." For instance, that the thought of Max Weber has attracted relatively little attention in China may be, among other reasons, due to the dominance of a traditional Chinese holistic and monistic mode of thinking, which I have tried to illustrate elsewhere. Thus, the subtle and nonreductionist Weberian conceptions of society in terms of tensions, conflicts,

與非化約主義者的見解，對那些仍受中國傳統思想模式影響的人士而言，是比較不易接近的。從另一方面來看，許多英美功能學派的社會學，雖然甚為單簡，卻對社會提出了一種「整體性」（totalistic）的看法，較易被許多中國學者和知識分子所了解。

林毓生：許多激進分子對毛澤東的歌頌，使人覺得有不少詫異的地方；其中之一是：他們並未感覺到他們自己意見的保守性。那些崇拜毛澤東與毛澤東所達成的業績的話頭裡，暗示著那些崇拜者以為，在根據毛澤東主義建立起來的基本思想與行為模式之外，中國將來好像不會再有其他的歷史發展了。不過，根據你最近在中國大陸旅行的印象，你對中國大陸的政治、社會與文化將來可能的發展有何看法？中國讀者將特別樂於聽取你在這方面的意見。因為，你對當代大事敏銳的觀察是著名的；例如，在中共與蘇俄分裂之前，你已推測出來這一歷史的發展。

史華慈：在中國大陸的短期旅行，使我所持有的中國仍然存在著重大改變的可能（無論是好是壞）的觀點，更加鞏固了起來。一個人在中國大陸與在蘇俄時的感覺很不同，總覺得中共的政治與經濟結構，以及意識型態的教條，均尚未凝固起來。必須指出的是，這種尚未凝固的現象，與毛澤東，根據他自己的理由，所採取的態度很有關係。從一九四九年到現在。在經濟的策略上，甚至意識型態的路線上，中共畢竟經過了許多基本的變換。除了關於科學方面的以外，目前有關其他方面的文化政策似乎都凍結得相當厲害。但，我願意說，即使文化政策，也

and dialectic complexity may be relatively inaccessible to those who are still influenced by this traditional Chinese mode of thinking. On the other hand, some of the English and American functional schools of sociology offer "totalistic" views of society, and have been more readily understood by many Chinese scholars and intellectuals.

VII

LIN: One of the curious facts about radical's praise of Mao has been their insensitivity toward the conservative implications of their opinion; they uttered their admiration for Mao and what he has accomplished as if there were no more history for China beyond the basic pattern of thought and behavior established by Maoism. However, what impressions have you gathered—especially on the basis of your recent travel in China—concerning probable future developments in Chinese politics, society, and culture? The Chinese readers will be particularly interested to hear your opinions in this regard. For you are known for your perspicacious ideas about contemporary events as evidenced by your prediction of the Sino-Russian split before its actual occurrence.

SCHWARTZ: I came away from my short trip in China fortified in my view that the possibility of great changes (whether for good or ill) still exist. Somehow one does not have

有改變的可能。無疑的，共產革命帶來新秩序中的許多面，將要持久的延續下去，一些部分大概不可能轉變了。我不認為，將來毛澤東之死會導使中華人民共和國的崩潰。然而，我覺得，在相當程度之內，未來仍在未定之數。現代中國與中國過去文化遺產的關係，也仍然尚未獲得解決。

the sense of the crystallization of political, economic structures and ideological dogma which one has in the Soviet Union. It must be said, that Chairman Mao himself has for his own reasons had something to do with this lack of crystallization. After all, between 1949 and the present, there have been some fundamental shifts in economic strategy and even in ideological line. At the moment, cultural policy in areas other than science seems quite frozen. Yet even here, I would say that the possibility of change exists. No doubt, many aspects of the new order will endure and some are probably irreversible. I do not think that Mao's death will lead to a collapse of the People's Republic. Yet the future remains, it seems to me, quite indeterminate and the relationship to the cultural heritage of the past also remains unresolved.

翰墨因緣念殷師

——《殷海光·林毓生書信錄》代序

在《殷海光書信集》（香港：文藝書屋，一九七五）出版以後，我就輾轉接到殷師母夏君璐女士在先師海光先生逝世後不久，託人帶至香港友人處存放的歷年來我寫給殷先生的書信。當時看到了這些信，真是百感交集。最初一封是二十多年前，在大學三年級的暑假，我在獅頭山上，海會禪寺中讀書時寫給他的。竟然經殷先生生前妥為保存，又經殷師母費心與殷先生的其他來往函件一起送到香港。我對此信早已忘卻，現在原件居然又寄回我這裡。二十多年的時光已經過去了，殷先生逝世已經十年有餘，世事與國事也發生了許多重大的變化，而我自己也早已進入中年；但，在大學時代跟隨殷先生那幾年的讀書生活，現在回憶起來，卻仍歷歷如在目前。當時雖然於身邊所見之種種，深致憤慨；然而，精神卻是無比昂揚與奮發的。主要是因為：在思想上，受到了殷先生的啟蒙，看到如何進展的遠景；而在精神上受到了殷先生那種特有的道德力量與精神力的震撼，自然懷持著一種使命感，深深地覺得應該為苦難的中國盡一己之力。因此，青年人所易有的憂鬱與寂寥的情懷，雖然有時也曾來襲，卻從未被它占據自己的心靈。

一九六〇年我離台來美，轉瞬已二十年。羈旅異邦，心情是寂寞的。從一九六一年至一九六九年，殷先生給我的信可說是在羈旅生活中得到的最大的鼓勵與支持。殷先生的信都是掛號寄達的，在芝加哥大學讀書的那幾年，有時中午或下午從外面回到宿舍，看到來自台灣的掛號信通知單，便知道一定是殷先生的信到了，心中感到無比的高興。馬上放下別的事，騎腳踏車到郵局簽字把信取出。先在郵局中打開匆匆看一遍，然後騎車回校園中，找一個安靜的角落，坐下來再看一遍，晚上吃過飯，往往會看了第三遍以後才開始讀書或寫作。

我在一九六四年，因先嚴的身體不佳，而博士論文的研究工作一部分也可在台灣進行，剛巧海耶克師所推薦的獎學金可由我自由運用，並未限制要待在芝大，遂返台住了半年。因此，得以與殷先生重聚。在台期間，殷先生時常邀我到他府上吃飯，每次只有我們師生二人，師母與師妹並不上桌。師母在廚房忙，師妹則負責端菜。每次我跟殷先生說，請師母與師妹一起來，他總是笑著答道：「她們忙，讓我們先吃。」我提了幾次，但毫無動靜，以後也只好不說了。殷府的菜肴，鮮美而不奢，沒有酒。往往我們剛開始吃了不久，就大講起學問與世事來；每次我講到他讚許或會心的地方，他就用筷子挾一塊好吃的菜放在我的盤子中，以示獎勵。這使我憶起大學二年級最初跟隨殷先生讀書的時候，因為有許多問題要請教，問他是否有時間詳談，他約我在寒假期間每禮拜四下午兩點鐘到他家去。那時他與師母住在公家分配給《自由中國》雜誌社的宿舍內，與另外一家人合住一幢房子。他與師母的房間是一進門往右走，大約只有七、八個榻榻米大，白天是書房兼客廳，晚上把被褥從壁櫥中拿出，舖下來就睡在地板上。他的家雖然很小，但收拾得窗明几淨，令人覺得甚為舒適。那時，師母正懷著尚未出世的文麗，每次我來，她把紅茶或咖啡沖好以後，就出去散步；我們師生便開始對談。當時我每次問到或講到他讚許或開心的地方，他便把放在桌上從「美而廉」買來的小點心拿一塊給我吃，我只得一邊吃一邊講。那是民國四十四—四十五學年度寒假裡的事情；當時大家都非常清苦，很少吃到如此精美的點心。這樣的師生論學之樂，雖然事隔二十多年，現在回想起來，還是能清楚地記得。

和殷先生談話是人生難得的境遇。他那低沉而富磁性的聲音說起話來，雋語如珠，靈光閃閃，偶雜含意深邃的幽默突梯（但從未為說笑話而幽默）；在辭鋒犀利的分析中夾帶著道德的熱情與對中國與世界的關懷，他與學生相處，一向坦誠相見，和藹若朋友然。但，與殷先生接觸，無論過從如何親密，彼此之間總有一種「君子之交淡如水」的距離感。殷先生是屬於五四時代的傑出人物，他為中國的思想革命貢獻了一生，與師友學生交往也是站在這一個「公」的前提之下進行的。他欣賞或憎惡一個人，是與他覺得這個人對中國的前途是否已經或可能有所貢獻有關。殷先生生活情趣高，道德想像深遠，感情真摯而豐富，和他相處自然會感到濃郁的人情味與「奇理斯瑪的」（charismatic）震撼。不過，這一切皆因彼此志同道合之故，極少有個人「私」的成分。相反地，當他發現某人言行並不是根據他的了解所想像的那樣，他便不能不視情況之嚴重性而與之疏遠或斷絕往來了。殷先生一生決不是沒有可以批評的地方；但，他對生活與理想要求一致的努力所顯示的光風霽月的道德境界，是令人景仰的。

殷先生逝世至今已經十年多了。現在每次想到再也見不到他，再也不能和他一起討論學問、品評人物，再也不能接到他的論學感懷的長信，內心深處所感到的空虛與悲哀，仍與在一九六九年九月二十日夜裡於麻省劍橋聽到他逝世的噩耗一樣的強烈。像殷先生這樣的人，在這個世界上是很難再找到了！

自從一九七五年十二月接到我寫給殷先生的許多封信以後，心中不時浮起把我們的通信編輯出版的念頭。但，由於我的工作甚為忙碌，以及其他種種思慮，這樁事竟然拖延至今，一晃兒，已經是四年多了。去年台灣出版界熱心人士出版了印刷精美的《殷海光先生文集》上下兩冊，我為紀念他逝世十周年，也曾在八月中旬寫就〈在轉型的時代中一個知識分子的沉思與建議〉（已收入本書），就殷先生一生關懷的自由、民主、法治與中國文化的前途，提出了我目前的看法，希望能在思想內容與論式重要層次轉折上，推進一步，現在為了追念過去跟隨殷先生讀書與論學的生活，以及其他的一些意義，決定把我們之間歷年來的通信編輯發表。[1]

正如看過我的中、英文論著的讀者所知，我現在的思想內容與思想方式和殷先生的論著所顯示的，有相當的不同。[2]（當然，與殷先生為自由、民主、法治奮鬥的志業，在大方向上則

1 在我給殷先生與殷先生給我的書信中，夾注號（〔〕）以內的話，都是原信所無，後來加入的翻譯或注釋。

2 例如：殷先生多年提倡邏輯不遺餘力；我現在則主張我們不應過分提倡邏輯（當然，也不應故意加以排斥），而且要清除對「科學方法」的迷信。相反的，我們要特別注重根據對相關問題具體的了解而作的實質思維。因為邏輯與「科學方法」所能接觸到的只是形式問題，如果我們對問題本身沒有具體而實質的了解，一個人無論邏輯如何精通，往往會根據對問題片面的了解加以演繹，自然要犯形式主義的謬誤。犯了形式主義謬誤

仍相同。）另外，當我重讀我寫給殷先生的書信以後，發現現在已不能同意我在一些書信中的見解。例如：Clyde Kluckholm 底文化相對論，我在大學時代接觸之後，心中頗為興奮，可說當時是經由他的著作才漸漸進入人類學理論的領域；但，現在從博蘭霓（Michael Polanyi）的知識論的觀點去看，發現 Kluckholm 的理論相當膚淺。另外，在抵美以後最初寫給殷先生的幾封信中，對卓著成就的西方社會科學家們，動輒冠以「大師」的頭銜，這反映了當時頗受西方社會科學所提出的種種「系統分析」之鎮懾的心情，而這種心情也意味著對當時國內支離破碎、迂腐而頑固的學術界的反抗。但隨時間之流逝，心情也漸趨平靜，我同時也逐漸研讀了一些哲學、文學、神學與傾向人文的史學典籍，發現現代西方社會科學，因受其基本假定的限制，對人間事物的了解實在是有限的。我在這裡，無意否定西方社會科學應有的地位，但要提醒大家：在攻讀西方社會科學理論之時，我們要特別注意不要被其術語（jargons）所眩惑，同時我們要探討它的基本假定與表面上看去頗具系統性的理論的關係。當然，在我們研讀人文學科的著作之時，也要應用這個態度。

然而，現在在這裡既是發表過去的書信，當然要存真；唯一要求讀者的是，請注意每封信撰寫的年、月；信中內容表示的，是我當時寫信時的思想與感受，並不一定與我現在思想與感受完全相同。我的思想內容與思想方式的改變，是大學時代以後，近二十年來讀書與思考的結果；但，我的思想基本取向則始終未無。二十年來，海外中國知識分子的思想取向，可說是在極不穩定、極為浮泛、上下翻騰的情況之中。從右至左（甚至從極右轉到極左——這兩者之間，距離可能最短）、從左至右、從中間轉到偏左、從中間轉到偏右，各式各樣的轉變都有。與這些形形色色的思想轉變相較，我的思想取向，從大學時代受到殷先生的啟蒙，開始服膺理知的自由主義以來，至今一貫未變。這一點我想是可以告慰先師在天之靈的。

自由主義在西方正面臨著許多危機，此處無法細述；而它在中國是否能夠逐漸實現，落實地說，一向相當渺茫。自由主義認為人是價值的來源；個人為一不可化約的價值，所以不可化約為別人的工具。這種人的尊嚴，必須建立在人的自由之上——有了人的自由，才能有人的尊嚴；而為了保障人的自由與人的尊嚴，則必須建立民主與法治的制度。這些，只要我們根據理性與愛心確認它們是我們的理想，我們就不能說它們不是我們的理想，除非我們願意自相矛

的人，卻不自覺地以為他根據形式建構所得到的「了解」是實質的了解。形式主義只是頭腦中的邏輯建構，但形式主義者卻以為這種頭腦中的建構實有所指。舉例而言，羅素在國內盛行數十年，我在大學時代也曾對他心儀，看了將近十本他寫的書，當時在同學中竟被認為是羅素「權威」。其實，我們當時對羅素的崇拜，並不是由於對他所談的問題有了實質的了解，發現他對這些問題所提出的理論的確具有深刻見地的緣故。羅素在社會、政治、文化幾方面所提出的見解，多年來在國內之所以如此受到歡迎，我想可能與一些人對邏輯與「科學方法」產生了迷信有關，我們以為他是邏輯大家，懂得「科學方法」，應用「科學方法」所得到的見解，當然是正確的了。其實羅素對社會、政治與文化的見解，在許多方面是相當膚淺，甚至不通的。

盾。不少中外知識人士都會犯一種毛病：在理想屢受挫折，悲憤填膺，痛心疾首之時，便懷疑自己的理想之正確性；然後，不是找尋一大堆理論徹底毀滅自己的理想，便是變得玩世不恭，或投身至一套假理想以補內心之空虛，或變得心灰意懶百事消沉。事實上，這些現象往往是，自己的罪惡感——因承擔不了自己的理想——而導致的精神分裂。然而，真正的理想向來是很難實現的。「知其不可為而為之」不應斥為孤高；既然找到了終極關懷，自然可以安心立命，擇善固執。何況民主與法治的實現，實質地說，是一程度問題。只要真心覺得它們應該是我們奮鬥的目標，我們就應繼續地朝著這個方向努力，能做多少是多少。這不僅是為了保持自己思想的完整性，從實效的觀點來看，只有執著自己的理想，才有希望切實找到它的某種程度之實現的方法與步驟。

後記

我寄給殷先生的信大部分都沒有留存副本，今天能在這裡與殷先生寄給我的信，按通信之次序一起編排發表，是得自殷師母夏君璐女士與尚未謀面的盧鴻材先生之賜；本書之得以印行，多賴友人陳宏正先生與王曉波先生的幫助，他們在接洽出版與校對方面，花去了許多時間與心血；另外，友人沈君山先生也曾在側面鼎力相助，謹此一併敬致謝忱。

羅素自述

羅素著・林毓生譯

本文譯自「現代叢書」（Modern Library）中所收《羅素自選集》（*Selected papers of Bertrand Russell, selected and with a special introduction by Bertrand Russell*）之導言。文中羅素自述其思想之演變，及其對於現代世界若干主要問題的看法。

——譯者

我從十一歲開始學習歐氏幾何起，一直對數學就特別愛好；同時我相信科學是人類一切進步的泉源。年輕時，我的抱負很大，立志做一個對人類有所貢獻的人。而當時的社會風氣，與公眾精神似乎更保證我能夠如此。我希望從數學入手進入科學的堂奧，並過一種隱逸的生活。這種生活曾激起伽利略和笛卡兒青年時期許多夢幻。雖然，我並非缺乏純數學的才能，然而我卻缺少各種科學中必要的具體技術。數學中最抽象的部分，我最能了解，例如：「橢圓函數」（elliptic function），我並不感到困難。但是，我卻總不能精通光學。因此之故，科學的生涯便和我絕緣了。

同時，我漸漸對哲學發生興趣。我之所以對哲學發生興趣，並不是如通常一般的情形，希望獲得倫理的或神學的安慰；而是希冀發現我們人類是否具有所謂「知識」的這種東西。我十五歲的日記上記著這樣一句話：「除了『意識』以外，好像沒有任何事務可以不必懷疑。」（現在，我不再以為「意識」可以例外了。）我以為數學比其他任何普通知識具有為真的機會。但是，當我十八歲開始讀穆勒名學的時候，他的輕信使我非常吃驚：他為辯護他對算術與幾何的信賴而提出的論證，反而更加強了我的懷疑。於是，我決定在做任何別的事以前，首先要弄清楚，是否有任何可確定的基礎來使我們確認數學為真。

這件事的結果是可重視的。這件事占據了一九一〇年以前我的大部分時間。一九一〇年懷海德博士與我完成了《數學原理》（*Principia Mathematica*）的初稿。此書包括我所希冀的全部門徑。這全部門徑有助於二十多年前即開始使我感到困惑的問題之解決。自然，主要的問題，尚未得到解答；但是，我們竟偶然因此導致哲學中新的方法之發明和新的數學領域的開闢。

《數學原理》完成以後，我覺得不必再和以前一樣，集中精力於如此狹隘的一種工作上。我從小就對政治深感興趣；差不多在我還不能讀書的時候，家裡人就開始教我英國憲法史了。我在一八九六年所出版的第一本書是對於德國社會民主（German Social Democracy）的研究。從一九〇七年起，我就一直為婦女參政運動而積極努力。一九〇二年我寫了一本《自由人底崇拜》（*The Free Man's Worship*）和其他兩篇論文（一篇關於數學的，另一篇關於歷史的）。這些論著都表示一種類似的看法。但是，假若沒有第一次世界大戰，我大概要一直保持著學院的風格，並只從事抽象的研究。一九一四年以前歐洲列強的政策使我焦急的心情與日俱增。況且，我根本不能接受各敵對國家所公布的，對於即將來臨的大災難之膚淺的、好像演滑稽戲似的解釋。在大戰起初的幾個月，一般男女平民因戰爭的刺激而感到的興奮；正如他（她）們欣然相信的各種無稽的神話一樣，使我不勝驚異。事實很明顯：我是生活在傻子的樂園中。人性，實在有它黑暗的那一面——那些自命為文明人的亦莫不如此，這是我從前沒有想到的。我過去以為安全的文化，現在才知道其本身即能產生毀滅的力量，呈現著如羅馬衰亡的徵兆。任何過去我以為有價值的事物都變得很危險，好像只有無窮小的少數事物才值得介意。

當戰爭繼續進行的時候，我已無法再作抽象的探討了。正如服役的戰士一樣，我亦深感應盡我的一分責任。但是，我不認為任何一邊的勝利可以解決任何問題。一九一五年我寫了一本《社會改造之原理》（*Principles of Social Reconstruction*）。我在這本書中，希望人類因戰爭漸感疲憊時，轉而對於建立安樂的社會之問題發生興趣。要能實現這一願望，明顯地需要一般人改變種種衝動和自己未意識到的種種欲望；而現代心理學告訴我們，這種改變可以不必經由太多的困難即可實現。此時，我覺得只為專家們寫作，不能完成任何事務。所以，在整個戰爭過程當中，我努力——雖然沒有成功——為一般人寫作。大戰結束後，我發覺我不可能再回到過去學院式的生活——雖然機會等待著我。我現在感到興趣的問題，不再是一九一四年以前我所深感興趣的問題。而且，當我走入我的書室時，我覺得不能把世界關在我的思想之外。我並不以為這種變化是我的一種進步；我只把這當作一件事實記錄下來罷了。

大戰對我的影響，因戰後的旅行更強烈了。西歐與美國我很熟悉；但我還尚未到過非西方文明的國家。一九二〇年我到蘇俄旅行了五個星期，見了共產黨的許多首領。其中包括列寧。

我和他會談過一小時。我到過列寧格勒和莫斯科，並從窩瓦河上下諾弗哥羅（Nijni-Novgorod）順流而至阿斯脫刺罕（Astrakhan）；沿途去過所有的城鎮和許多鄉村觀光。布爾什維克的哲學使我根本不能滿意。之所以如此，並不是因為它的共產主義質素，而是由於它帶有西方實業大王哲學的因素。後來我懷著因蘇俄一般狀況而引起的但尚未解決的問題，到中國去了。在那裡，我勾留了差不多一年。在西方的生活方式裡，走向毀滅之途的因素是那麼有力。可是，在中國的生活方式裡卻並不如此。而且，中國的生活方式裡蘊含著一種美感。這種美感，在西方幾已蕩然不存了。在中國，沒有所謂工業文明，我們只能說她有非工業文明。這種非工業的文明，在過去的傳統中，對中國社會的生活曾有其功績。不過，照情形看來，這一非工業的文明沒有繼續對中國社會生活保持其功績的希望了。中國的問題是在如何把工業制度與合人情味的生活方式融合起來；尤其是如何把工業制度與藝術以及個人自由融合起來。沒有任何西方國家已經開始解決這個問題，但我們可以希望這個問題可能在吸收工業制度最徹底的國家首先得到解決。因為這個問題只能在對使用機器已不甚熱心的社會裡去解決。

現代世界裡每一事物都與文藝復興時代有不同之處。這些不同之處，無論是好是壞，最後追溯起來，係由科學底影響所致。科學發達的國家，無論在戰爭、商業和聲望上都是最強的國家。在現代世界，任何違反科學的措施，均無獲得最後成功的機會，中古時代遺留給我們的東西，現在正在迅速消失之中。宗教已因對科學的勉強讓步而大大地修改了；自然，它將做更進一步的修改。傳統的政治原理已逐漸消失，經濟方面大約也要如此。修道士從新柏拉圖主義者所得來並傳給現代人的靜思的理想，也因那些處處堅持「機動」的人之排擠而消失。在亞洲，科學及其所衍生的工業制度之革命性的效果，正開始比歐洲更熱烈地散布著；因為在歐洲，科學是由於文藝復興自然地發達起來的，然而亞洲本來卻從未有任何東西可為科學的進展做準備工作。因此，全世界必須承認：科學與工業制度是無可抗拒的。我們人類的希望亦必須在此架構（framework）之內去求實現。

同時，我反省我自己所抱持的人類優越的念頭。我之所以抱持這個念頭，無疑是早年的環境使然。我早年的環境包括許多與貴族社會有關的因素。例如：無懼、判斷的獨立、賤民的解放，與悠閒的文化等等。但是，在工業文明的社會裡，保持並發揚這些性質可能嗎？復次，我們是否能把上述的貴族美德與典型的貴族罪惡分離呢？（我在這裡所說的典型的貴族罪惡，例如：有限的同情、傲慢，與對非自己範圍內的人們的殘忍。）這些惡劣的品質不能在貴族德行普及的社會裡存在的。但是，貴族德行之普及，只能經由經濟的安全與閒適達成。這兩種性質是貴族社會中善的一面之兩個來源。經由機器的進步與勞工的增產，去創造一個每個男女均有經濟的安全與足夠閒適的社會，在技術上畢竟是可能的。但是，政治與心理方面卻有許多嚴重的阻礙。我們要創造這樣的社會有下列三個必要條件：一、勞工生產果實之更公允的分配；二、有效的避免大規模戰爭；三、人口數量的停止增加，或接近這種情形。除非我們具備這三個條件，否則，人類仍然要狂熱地利用工業制度，增加富人的財富，擴展帝國的領土，增加人口眾多的國家的人口。這些事沒有一件是對人類有些許益處的。自從第一次世界大戰爆發，尤其當我訪問蘇俄與中國以後，我關於政治、社會問題的一切言論之主旨，就是上述的三項。

究竟說來，阻止較佳利用我們的新力量去征服自然的因素均為心理方面的因素。因為，政治的阻礙，具有心理的來源。顯然得很，在人人具有閒適和經濟保障的一個世界裡，必較今日生活在地球上百分之九十九的人幸福得多。為什麼世界上百分之九十九的人類不聯合起來，抵制那些只占百分之一的享有特殊權利的人呢？之所以如此，一部分由於慣性的緣故，一部分因為他們極易被仇恨、恐懼和嫉妒所左右。這麼一來，於是不僅人類未聯合一致以創造共同的幸福，反而互相競爭以製造共同的不幸。被統治的人民當中的此種競爭，對於權力的把持者是極為有用的。所以，他們藉著「愛國主義」這個美名，在學校裡及出版界將這種競爭加以熱烈的鼓勵。結果，人性最惡的因素，被人用人為的方法加以「發揚」，並用種種方法阻止經由合作而達到幸福之路。

因此，一種急切的教育改革，是創造較佳世界之最基本的開端。沒有這個開端，一個幸福的世界，假若可以創造的話，只是更迅速地變得悲慘而已。因為每一個國家都要將自己的幸福建築在他國的痛苦上。在一般收容小康之家的子弟的學校裡，學生必須接受強迫的軍事教育。然而，在另一方面，這種學校卻想盡種種方法忽視性教育。這就是說：任何關於創造生命的知識均視為可憎的；而任何關於毀滅生命的知識卻稱讚其為高尚的。這是自殺的道德。我們愛好權力遠勝於豐富的人生。於是，這麼一來，如果一個人使別人不幸，而非為他自己造福，那麼我們就說他是一個精采的腳色。因此，目前的急務是使一般人對於什麼是構成他們自身幸福的因素具有正確的觀念。傳統的道德家在宣揚「自我犧牲」時犯下了錯誤。之所以如此，係由幾個因素所致：第一、極少數人願意信奉這些教條。第二、「自我犧牲」導使人們虛偽與自我欺騙：說服你自己需要「甲」，雖然在實際上你需要「乙」，並且你將以為當你捨棄「甲」時，是自我犧牲。第三、即使有少數人真正自我犧牲了，也變成自以為正義與可羨慕的人了；並且認為應該把那些不願犧牲的人強迫地置於不快之境。所以，道德不應一味建立在自我犧牲上；而應建立在正確的心理上。使乞丐繼續飢餓所得到的快樂，實在不如裝飽了自己的肚皮所得到的為多。這句話不見得是一句可讚賞的格言；但是，如果把這句平淡無奇的名言加以實踐的話，那麼世界就永不會再有戰爭與迫害的事了。因為戰爭與迫害總是減少戰勝者與壓迫者的幸福，並不僅僅是被征服者與被壓迫者受禍而已。一般說來，戰爭與迫害的結果「增進」人類的貧窮；並且，在任何情形之下，均產生復仇的恐怖。

雖然，用理性的方法來追求個人的幸福，假若是普遍的話，便足夠改造世界；但是，單憑這種理智的動機，好像並不能產生足夠的力量。博愛、慷慨與創造的快樂等，都能發生重大的作用。現在，擺在我們面前的，並非只有一條幸福之路：政治、經濟、心理與教育，應該分頭並進。這些因素中之任一，如無其他因素來幫助，不能產生偉大的與穩固的進步。因此，狹隘的專門思想，不能構成有助於我們這個時代的哲學。這種哲學必須包括全部人類與所有的科學——歐洲人、亞洲人與美洲人；物理學、生物學與心理學。此種工作幾乎非常人所能勝任。作者所希望的，只是喚醒一些人的注意，並指出解決問題的方向而已。

（原載《自由中國》第十五卷第三期，一九五六年八月一日）

中國與西方文明之比照*

羅素著·林毓生譯

中國今日正處於西方文明與其固有文明相互衝激的時代裡。到目前為止，吾人仍無法確定此種衝激是否能產生一種較雙方更優之新文明，抑或僅能摧毀中國固有文化而以美國文明全部代替。過去歷史中，不同文明之相互衝激，經常證明是人類進步的里程碑。希臘向埃及學習，羅馬向希臘學習，阿拉伯人向羅馬帝國學習，中古的歐洲向阿拉伯人學習，而文藝復興的歐洲又向拜占庭學習。在這些情形之下，往往青出於藍而勝於藍。假若我們把中國人當作學生的話，此種學生超越老師的情況可能重演。事實上，西方人所能自中國學習的，正如中國人所能自西方學習的一樣的多，但是我們西方人即極少學習的機會。假若我把中國人當作我們的學生，而不把我們西方人當作他們的學生，那只是因為我恐怕西方人是不堪教誨的。

我在本文所想討論的是中國與西方之衝激所引起的純文化方面的問題。

除了西班牙與美洲土著文化至十六世紀才開始接觸以外，我想不出其他任何例子像中國與歐洲那樣經過如此長期單獨發展以後，始趨於互相衝激。我們明瞭了這兩種文明之特殊分離性後，還以為中國人與歐洲人之互相了解並不困難，那可真令人驚奇了！為使讀者對這一點更為清楚，我以為對於這兩種不同文明之歷史淵源稍有論述的必要。西歐與美國，實際上，具有共同性質的精神生活，追溯其淵源可分三項：（一）希臘文化，（二）猶太宗教與倫理，（三）近代工業制度，其本身為近代科學之產品。我們可以柏拉圖、《舊約》與伽利略作為這三種因素的代表。這三種因素至今依然是單純地分離著。從希臘人那裡，我們引導出文學、藝術、哲學和純數學；以及我們社會外貌中文雅的部分。從猶太人那裡，我們得到一種狂熱的信念——它的朋友們管它叫做「信仰」，道德的熱情與罪的觀念、宗教的不寬容以及我們的民族主義的某些部分。從科學應用於工業制度當中，我們得到權力意識以及那種相信我們即是不懂科學的種族之上帝和他們生存或死亡的仲裁人。同時，我們也導引出實驗的方法，經由此種方法，幾乎所有真實的知識均已獲得。上述的三種因素，我想是我們西方人智力的最卓越表現。

除了希臘曾間接影響過中國的繪畫、雕刻與音樂以外，上述三種因素從未在中國的歷史發展中出現過。在中國歷史黎明之時，中國是一河上帝國（River Empire），正如西方文明淵源所自的埃及與巴比倫（希臘人與猶太人曾深受其影響）是河上帝國一樣。埃及與巴比倫的文明孕育於肥沃的尼羅河與幼發拉底河、底格里斯河兩岸之沖積平原；原始的中國文明起源於黃河流域。甚至到孔子時代，中國帝國仍未遠離黃河流域。雖然中國與埃及、巴比倫具有自然與經濟環境的類似性，但是，雙方在精神方面卻極少共同的特徵。紀元前六世紀之老子與孔子的性格，我們仍然可認為是近代中國人的特色。那些把任何事均訴諸經濟原因的人，將很難用同樣的態度解釋中國與埃及、巴比倫的不同。至於我，我並無更替的理論。目前，我不以為科學可以說明整個的民族性。氣候與經濟情況可以解釋一部分而非全體，或許關於民族性的解釋，大

---

* 本文譯自 *Selected Fapers of Bertrand Russell*（譯文略有刪節）。

部分需依靠對於創造時代之傑出人物的性格的了解，例如：摩西、穆罕默德與孔子。

中國最早的聖哲是道家的創始人：老子。他與孔子同時而較孔子稍長（按照傳說），他的哲學，照我看來是極有趣的。他認為每一個人，每一種動物，每一件事，均有對其本身極為自然的一種行為的方式或風格，因此我們即應順乎這種方式或風格，並應鼓勵其他人同樣如此。我想老子的玄想是認為「死」乃因與「道」分離之故，假使我們嚴格地順乎自然地生活著，我們的生命必像天體一樣地永恆。此後道家衰落而流於方術，尋求長生不老仙丹去了。但是，我想「逃避死亡的念頭」實為道家哲學中最初的一種因素。

老子之書，或者說以老子之名命名的書是非常簡約的。不過，他的思想由其弟子莊子發揚光大了。莊子的思想，我覺得較其老師更為有趣。他們鼓吹的哲學是一種自由的哲學。他們均以為「政府」是有害的，干涉「自然」是不對的。他們抱怨近代生活的緊張。他們把近代生活與古代安寧的生活比較，認為：享有古代安寧生活的人為「真人」。道家的主張畢竟有些神秘的味道，因為他們不顧各種生命的多種性（multiplicity），在某種意義上，卻主張渾然一體。因此他們認為一切生命皆按其主張，這個世界將沒有鬥爭。這兩位哲人均具有幽默、克制與寡言等中國人的性格。他們的幽默可由莊子對於「伯樂治馬」的看法為例。伯樂治馬的結果使「馬之死者過半」。把他們與西方神秘家比較，他們的克制與寡言是非常明顯的。上述這些中國的性格，仍然會在今日中國的文學、藝術，以及富於教養的人們的談話中發現。中國每一階層的人均善詼諧，他們從不放過每一個開玩笑的機會。在知識分子當中幽默是詭秘而輕描淡寫的，所以歐洲人很難覺察到中國人如何增加他們的情趣。寡言的習慣是非常顯著的。記得，我在北平曾遇見一位中年人，他告訴我他對政治理論深感學院性的興趣，我因剛到那裡，對他們含蓄的習慣毫不了解，因此只覺得這個人只是表面上說說而已，但是，後來我才發現他曾做過省長，多年以來，在政界一直是一個傑出的人物。中國的詩詞，顯然缺乏熾烈的情感，這也是因為他們注重含蓄的緣故。他們認為一位明哲的人應該永遠保持安靜的心情，雖然他們也有感情奔放的時候。（事實上，中華民族是一個極激烈的民族。）他們不願將熱烈的情感放在藝術上使其不朽，因為他們認為那樣是不適當的。我們西方的浪漫運動導使人民趨於憤激的地步；但據我所知，中國的文學從未有類似的情形。他們古老的音樂有一些是極美的，那種飄渺的聲音，人們只能隱約聽到。他們藝術的目的是完美，他們人生的目的在於順乎理性。他們沒有對於無情硬漢或者無節制地表達情感的崇拜。在西方喧囂氣氛中住慣了的人，起初很難了解中國人向著他們目標努力的效果，但是，漸漸地，他們生活中的美與莊嚴便可覺察到了。因此

1 原文見《莊子》〈外篇．馬蹄〉：「馬蹄可以踐霜雪，毛可以禦風寒，齕草飲水，翹足而陸，此馬之真性也。雖有義台路寢，無所用之。及至伯樂，曰：我善治馬。燒之，剔之，刻之，雒之，連之以羈馬，編之以皁棧。馬之死者十二三矣。餓之，渴之，馳之，驟之，整之，齊之。前有橛飾之患，而後有鞭筴之威，而馬之死者已過半矣。」全篇申論老子：「無為自化，清靜自正」之旨。

那些居住在中國最久的外國人最愛中國。

道家後來流於方術，被崇仰儒家的中國知識分子所完全摒棄。[2]我應該坦白承認，我不太能欣賞孔子的功績。他的著作主要的是一些平凡的禮儀，他教導人民如何在不同的環境中舉止得宜。當你把孔子與其他民族、其他時代中的傳統的宗教教主相比，你必須承認孔子的偉大功績，雖然這些功績主要是在消極方面。孔子的思想系統，經後世儒家學者的發展，成為純倫理學，毫無宗教教條的氣味；儒家從未創建強有力的祭司職位，儒家亦從未引導任何宗教性的迫害。儒家很成功地使整個中國保持了優美的風度與完善的禮節。中國的禮節並非黏滯於傳統上，如無先例可循，它完全能視環境之需要而因時制宜。這種禮節並非僅限於上流社會，貧苦的人民也頗講求。當我注意到早年的中國人以平靜的尊嚴承當白種人所加之殘暴的無禮，而他們中國人並不以暴易暴時，我深覺羞愧。歐洲人時常以為這是懦弱，其實這才是力量。中國人藉著這種力量，到目前為止，征服了所有征服他們的人。

在中國的傳統文明中，有而且只有一個重要的外來因素：佛教。公元後數個世紀內，佛教從印度傳入中國，並獲得有限的地位。我們從猶太人那裡學會不能容忍的西方人，以為一個人皈依了某一宗教即不能再信奉另一宗教。基督教與回教的教條皆為正教形式，這種教條使人不可同時信奉兩種宗教。但在中國，沒有這種不相容的精神。一個人同時可以是一個佛教徒與一個儒家的崇仰者，因為雙方彼此並無衝突。在日本，大多數人民同時是佛教徒與神道教徒。然而，佛教與儒家思想的氣質上究有不同，因此任何人，縱然他兩種都接受，但也總有所偏。「佛教」照我們所了解這兩個字的意義來看，實是一個宗教，具有神秘的教義和一種達到解脫和未來極樂世界的方法。它向世人傳播福祉並解決世人的失望，這種失望在佛教徒看來是因他們沒有宗教信仰所致。它確認悲觀主義必須經由一些信仰始能得到解脫。儒家從未如此想。儒家認為最基本的是人民應在這個世界上和平相處。人們缺乏如何生活的教誨，而非生活的鼓勵。儒家的倫理教訓並非以形上學或宗教的教條做基礎；儒家的思想是純粹入世的。儒家思想與佛教並存於中國的結果，使得那些愛好宗教與玄想的人偏向於佛教，而那些有現實頭腦與行政才能的人物自足於儒家思想。官方一直在教授儒家思想，並以儒家的經典作為文官考試的題材。結果，中國政府歷代皆把持在帶有懷疑精神的文人的手中。他們的行政缺乏活力與毀滅，而這些性質正是西方國家對他們統治者所要求的。事實上，中國官吏的作風頗合乎莊子的格言。結果，過去中國人民除了內戰帶來了不幸以外，一直生活得很愉快。他們允許臣服他們的藩屬自治，其他外國，除了對中國龐大的人口與資源以外，也無須恐懼。

把中國文明與歐洲的相比，我們會發現大部分的質素均能在古希臘找到——除了我們文化

2 此處羅素之觀察似未能入微，道家思想在漢代雖然與陰陽五行之說混合而流於方術，但，道家思想卻一直是中國知識分子的思想中的一股暗流。政治環境安定的時候，這種思想隱而不顯，政治環境騷亂的時候，道家思想常成為支配中國知識分子之行動的主要基礎。

中的其他兩個因素：猶太教與科學。中國實際上缺乏宗教，這種情形不僅是在上流社會如此，一般大眾也是一樣。中國只有有限的倫理經典，這些經典既不激烈，亦無迫害性，甚至並不包含「罪」（sin）的觀念。除了目前中國因受西方的影響，開始學習西方的科學與工業技術，中國過去從無科學與工業制度。這種古老的文明與西方衝激的結果勢將如何呢？我現在不談政治與經濟方面的情形，只談這種衝激對於中國人精神方面的效果。但是，將政治、經濟問題與文化問題完全分開來談是很困難的，因為，文化方面與西方的衝激，一定深受政治與經濟衝激的影響。然而，在這裡，我將盡力單獨討論文化方面的問題。

今日中國普遍地有一種向西方學習的高潮，這種學習的熱誠，並非僅欲獲得力量以抵抗外來的侵略；大多數人民以為他們對西方之學習實在是學習一些很好的東西。中國人向來把知識的價值放的很高，但，過去知識的尋求只是在陳舊的經典中鑽牛角尖。今日，大家公認西方的知識比較有用。每年有許多中國學生到歐美留學。他們去學習科學、經濟、法律，或者政治理論。這些留學生回國以後，大部分成為教師、政府中的文官、報人，或者去搞政治。他們很快地使中國人現代化，尤其以知識分子為甚。傳統的中國文明已毫無進步，並已停止產生具有重大價值的文學與藝術。我想，這不是因為這個民族衰微的緣故，只是缺乏材料而已。西方知識的輸入恰好供給了他們所需要的刺激。中國學生不但能幹而且敏銳。中國的高等教育雖然因缺乏基金與良好的圖書館而遭受痛苦，但卻並不缺乏最好的人與材料。中國文明，到目前為止，縱然欠缺科學，但它卻從未包含任何對科學存有敵意的東西。因此，科學知識的傳布並未遭受像歐洲中古的教會所橫施的那些阻礙。我毫不猶疑地相信，假若中國能有一個安定的政府和足夠的基金，中國人在以後的三十年，將在科學方面得到可觀的成就。我覺得他們很可能超過我們西方人，因為他們帶有一種清新的興味和一種文藝復興式的熱忱。事實上，「年輕中國」學習的熱忱一直保持著文藝復興的精神，正如十五世紀的義大利一樣。

中國人與日本人有顯著的區別，中國人所欲從我們這裡學去的，大多不是那些能使他們富有和增進軍事力量的東西，而是那些具有倫理與社會價值或純理知方面興趣的東西。他們絕不認為我們西方文明毫無缺點。一些中國人告訴我，在一九一四年以前，他們找不出很多西方文明的缺點，但是，第一次世界大戰使他們想到西方的生活態度一定有許多不完善的地方。然而，向西方尋求智慧的習慣是很強烈的，過去有一些中國青年以為共產主義是他們所尋找的東西，這種希望終於化成泡影。他們將會知道，經由東西文明的新綜合，他們才能得到解救。日本人把西方的錯誤接受了過去，並一直保留著自己的缺點，但是，希望中國人做一個完全相反的選擇——保持他們自己的優點，並接受我們的長處——也是不太可能的。

我應該指出，西方文明的特殊貢獻是科學方法，而中國文明之特殊功績在於合理的人生觀。我們希望這兩種因素能漸漸地溶匯在一起。

老子以「生而不有，為而不恃，長而不宰」描述「道」的運作。我想，我們可從這些字中找出中國人所看到的人生目的；我們必須承認大多數白種人所建立的人生觀與中國的大不相同。在西方，「有」、「恃」、「宰」，無論國家或個人均熱烈地追求著。這幾個字被尼采建立成了哲學，而尼采的門徒並不限於德國。但是，有人曾說：「你是將西方的實際情形與中國的理論相比；假若你將西方的理論與中國的實際情形相比，那麼實在的光景就很不一樣了。」這句話當然很有道理。老子所希望我們棄絕的三件事的一種：「有」，一般中國人，事實上是很珍惜的。然而其他「恃」與「宰」兩個弊端，我認為，中國實際上較西方為少。他們沒有像西方人那樣對其他民族施以暴力的欲望。中國人的態度是容忍與友善，講求禮貌並希望別人對他們同樣如此。假若中國願意的話，他們能是世界上最有力量的民族，但是他們只需要自由而非「占據」。別的民族如果迫使他們為了自由而戰時，他們可能失去他們的美德，並獲得帝國的興味。他們過去雖是一個具有兩千年歷史的帝國，但對於帝國的愛好卻非常淡薄。雖然中國有許多戰爭，但中國人是愛好和平的。他們的和平主義根源於靜思的習慣；他們不願意改變他們所看到的一切。在他們的繪畫中可以看到，他們以觀察不同形象的生活為樂，他們從不想將任何事物變成他們事先設想的型式。

我想中國人的容忍，超過歐洲人在家裡藉著經驗所想像的一切。我們以為我們自己是容忍的，因為我們容忍的程度比我們祖先為甚。但是，我們仍然實行政治性與社會性的迫害，最糟的是：我們堅信我們的文明與生活方式比其他任何文明與生活方式為優，因此我們到了像中國這樣的國家，便以為我們為中國所能做的最仁慈的事是使他們變成和我們一樣。我相信這種想法是非常錯誤的。照我看來，一般中國人，甚至極窮的，均較一般英國人快樂。中國人之所以比較快樂，因為這個國家建築在一種遠較西方人更人道與文明的基礎上。暴躁與愛好鬥爭不僅使我們犯了許多罪惡，而且導使我們不滿，並未獲得美的享受，甚至根本失去了靜思的德行。在這方面，近百年來，我們變得更糟。我不否認，中國人在另一方面走的太遠，但是，正因如此，我想中國與西方文明的衝激在兩方面均可能得到很好的結果。他們可從我們這裡學得不可缺少的，最低限度的實用效能；我們可從他們那裡學得一些靜思的智慧，當別的古國消滅時，這種智慧使得他們仍然屹立於大地上。我到中國是去教書的，但每天我總覺得他們所教給我的遠比我教給他們的為多。在中國很久的歐洲人中，我發覺持有我這種態度的很多，但是，那些在中國只有短暫勾留或只為賺錢而去的歐洲人中，持有這種態度的卻非常少了。因為我們認為有價值的東西——軍事力量與龐大企業——他們並未超過我們。但是，那些以智慧、美或者生活的簡單享受為有價值的人，會發現中國在這方面所具有的實比紛亂與騷擾的西方為多，那些人喜歡住在這些事物被認為有價值的地方。我盼望中國，為了回報我們給他們的科學知識，能給我們一些胸襟開闊的容忍和靜思式的安心。

（原載《民主評論》第九卷第五期，一九五八年三月五日）

二十劃

二十一劃

二十二劃

索引

一劃

二劃

三劃

四劃

五劃

六劃

七劃

八劃

九劃

十劃

十一劃

十二劃

十三劃

十四劃

十五劃

十六劃

十七劃

十八劃

十九劃